デリバティブ会計の論理

田口聡志 [著]

Derivative
Accounting
Theory

税務経理協会

はじめに

　本書は，会計構造的見地から，デリバティブの会計に係る諸問題についての理論的解明を企図する研究である。

　すなわち，近年，金融技術の発展を背景に，金融商品の会計処理が大きな問題となっている。わが国でも，国際的な動向をうけて，売買目的有価証券や投機目的のデリバティブについては時価評価および当該評価差額の当期損益算入がなされることとなったが，しかしながら，その理論的根拠を巡っては，未だ混沌としているといわざるを得ない。なかでも特にデリバティブの会計を巡っては，理論的には未だ解決に至っていないというのが現状といえよう。そこで本書は，デリバティブ会計に係る諸問題について，会計構造的見地からその説明理論を構築することを目的とするものである。

　本書における重要なキーワードの１つは，この'会計構造'である。すなわち，本書の基本的特徴は，計量的・統計的な実証研究ではブラック・ボックスとされてしまう会計構造的側面に焦点を置き，企業会計の内的整合性の見地からデリバティブ会計に係る説明理論構築を図った点にある。すなわち，社会科学としての会計学においては，投資家に対する意思決定有用性（外生的ユースフルネス）だけでなく，理論としての内的整合性ないし首尾一貫性（内在的コンシステンシー）をも探求していくことが重要となるが，本書は，特にこの点に着目し，複式簿記機構をその拠りどころとしたうえで，デリバティブに係る会計処理方法の理論的根拠について，首尾一貫したかたちで探求することを企図している。

　なお，本書のこうした研究スタイルの根底には，以下に述べる２人の諸先生方の考え方が潜んでいる。

　まず，第１は，山桝忠恕先生のいう'企業会計の原理的解明'という点である。すなわち，山桝先生は，その著書『近代会計理論』において以下のように

述べている。

「……（中略）……われわれとしては，まずもって，この企業会計に内在する計算秩序の体系というものを明らかにすることこそが先決であり，会計学というのは，企業会計の持つそのような統・一・的にして組・織・的・な・計算機構ないし計算秩序の体系を研究対象とし，その原・理・的・解・明を図ろうとするものであると言えよう。」（山桝忠恕『近代会計理論』国元書房，1963年，p.10。但し，傍点は田口）

そしてここで山桝先生のいう原・理・的・解・明こそが，まさに上述の本書の研究スタイルに繋がってくる。すなわち，企業会計は，投資家に対して無秩序に有用な情報を伝達しているのではなく，あくまで統一的・組織的な複式簿記機構（「統一的にして組織的な計算機構ないし計算秩序の体系」）を通じてそれを行っているのである。そうであれば，会計理論構築にあたっては，この複式簿記機構を通じた企業会計の原・理・的・解・明こそが重要となるはずである。よって本書は，こうした複式簿記機構すなわち会計構造を通じたアプローチでもって，デリバティブの会計の原・理・的・解・明を目指すのである。

また第2は，井尻雄士先生のいう'超理論'（super－theory）という点である。すなわち，井尻先生は，その論文「原価主義と労働価値説 －会計理論の役割と深さに関連して－」において，通常の理論の役割として，「説明」，「予測」，および，「作動」の3つを挙げ，さらにそれらと区別される'超理論'（super－theory）における「理解」の重要性について次のように述べている。

「ここで『理解』ということは，単に実在の事象について説明できる，予測できる，またはそれに作動してかえることができる，というレベルのものではない。こういった行為があくまで当該の事象に焦点があるのにたいして，理解のほうの焦点はその事象の根本にある原・理・とそれから生まれる知・識・ということができるであろう。これはまさにアリストテレス的な学問の目的に合致するものであるといえよう。……（中略）……したがって，理解のために生れた理論

はじめに

（ここでいう'超理論'のこと——田口注）というものは，当該事象についての説明力・予測力・作動力に欠けるところのものであっても，それが原理というものを把握するために必要な要素をもっておればその存在意義はあるのである。」
（井尻雄士「原価主義と労働価値説」シャム・サンダー・山地秀俊編『企業会計の経済学的分析』中央経済社，1996年，第7章，p.155。但し，傍点は田口）

「理解ということが説明力・予測力・作動力ということがなくとも価値のあることをのべたが，これはそういった3つの面での貢献がないというわけではない。むしろ『理解なき説明・予測・作動』には大いに危険がともなうものである。それは理解に根ざした判断にもとづく説明・予測・作動には，当該事象よりもっと広い事象から生れる原理を把握することからくる安定性と自信をともなうからである。理解のともなわないそれは微視的で支葉にとらわれたものになりがちで，成功することがあっても一時的なものに終りがちである。」（前掲著，p.156。但し，傍点は田口）

そしてここで井尻先生のいう'超理論'（のもつ「理解」）こそが，まさに上述の本書の研究スタイルに繋がってくる。すなわち，デリバティブの会計に係る諸問題を本質的に解明していくためには，その'枝葉'に固執するのではなく，むしろその事象の根本にある原理を「理解」することの出来る'超理論'を構築することが重要となる。勿論，個別レヴェルでの解決も重要ではあるが，しかしながら，本研究では，そういったものを超えたヨリ根源的な原理に接近したいと考えている。そして，そういった根源的な原理に接近する鍵こそが，先ほどの山桝先生も述べていた「統一的にして組織的な計算機構ないし計算秩序の体系」すなわち複式簿記機構であると思われる。その意味では，本書は，金融技術の発展により日々多様化し細分化されていくデリバティブの1つ1つに個別に対応する'枝葉'の理論を構築するというよりは，むしろ，会計構造的視点から，ヨリ根源的な原理を理解し得る'超理論'の構築を目指すものである。

以上のように，本書では，山桝先生のいう'(複式簿記機構を通じた）企業会計の原理的解明'と井尻先生のいう'超理論'という２つをその根底に置きつつ，デリバティブ会計に係る諸問題を原理的に解明する超理論を構築すべく，会計構造的視点から検討を進めていくことにしたい。

　またこれを敷衍させるかたちで，デリバティブを離れたヨリ根本的な問題意識（企業会計全般に係る問題意識）を述べるとするならば，それは以下のようになる。

　すなわち，今日の「会計ビッグバン」のもとでの企業会計制度の一大変革については，一般的には「『取得原価主義会計』から『時価会計』への移行」とされることが多い。しかしながら，現行会計ルールの立場は，会計測定レヴェルで言えば，実は，原価，時価，および増価（いわゆる『償却原価法』，ないしアキュムレーション法）の３つが対等に存在するいわゆる併存会計の体系であるといえる。

　そしてこの併存会計をどのように位置付けるか，つまり，併存会計をどのように説明するかは非常に重要な問題といえよう。すなわち，「全面的な『時価会計』が妥当であり，現行の併存会計はあくまで過渡的なもの」と説明するのか，または「理論的にも現行の併存会計が妥当である」と説明するのかは，理論研究上大きな問題となろう。そして本書では，デリバティブの会計問題を検討していきつつも，このような企業会計の大枠を決するような重要な問題にも接近していきたいと考えている。

　本書は，上述のような基本的特徴と根本的問題意識のもと，次のような流れでデリバティブ会計の論理を探求していくことにする。

　すなわち，まず第１・２章は，総論的な位置付けであり，本研究のフレームワークおよび金融商品会計の全体像が述べられる。ここでは，第３章以降の個別的検討のための準備作業がなされることとなるが，特に「拡張の論理」および「区分の論理」という概念が重要なキーワードとなる。

　次に第３・４・５章は，第１・２章を承けての各論的位置付けである。すなわち，まず第３・４章では，フォワード型デリバティブである買建先物契約の

はじめに

会計（第3章）および金利スワップの会計（第4章）について検討していく。ここでは，「投下資本なくして利潤なし」というキーワードが軸となって議論が進められていく。また，第5章では，オプション型デリバティブである買建コール・オプションの会計について検討していく。

そして最後に，第6章では全体の纏めがなされることとなる。

本書は，筆者の課程博士論文『デリバティブ会計の論理』（全8章）の第1－5章および第8章に加筆・修正を加えたものである。そして本書は，筆者がこれまでに受けた多くの方々の御指導・御教示の結晶である。筆者がこうして，拙いなりにも1冊の書物を出版することが出来たのは，ひとえに恩師である笠井昭次先生（慶應義塾大学名誉教授，芝浦工業大学大学院教授）の御蔭である。笠井先生には，課程博士論文やそのもととなった論文作成に当たって，非常に親身な御指導を賜った。例えば，本書第3章における買建先物契約の決済基準・両建法は，笠井先生から賜ったアイディアであるし，それ以外にも本書の多くは笠井先生から賜った御指導に拠るものである。

筆者がデリバティブ会計の理論研究に関心を持ったのは，笠井先生の売買目的有価証券の時価評価に係る精緻で首尾一貫した論文に大変感銘を受けたからであるし，またそもそも筆者が研究者になろうと思ったのも，大学院で笠井先生にお会いして，研究者としての首尾一貫した姿勢に大変感銘を受けたからである。その意味では笠井先生なくして本書は存在しなかったし，またそもそも研究者としての筆者も存在しなかっただろう。その御高配は言葉では語り尽くせない。不肖の弟子ではあるが，今後の精進によって学恩に報いたいと思う。

また，筆者が大学院生および助手として過ごした慶應義塾大学でお世話になった数多くの先生方にも感謝申し上げたい。特に，黒川行治先生，友岡賛先生には，講義や演習等を通じて多くのご示唆を賜った。澤悦男先生（現：中央大学専門職大学院教授），小林啓孝先生（現：早稲田大学大学院教授）には，学部および大学院修士課程の指導教授として親身な御指導を賜った。また赤川元章先生には，愚昧なる小生に対し色々と励ましの言葉をかけていただいた。

また，興津裕康先生（近畿大学），石川純治先生（駒澤大学）には日々の暖かい御指導御鞭撻に対して感謝申し上げたい。

　筆者が勤務する多摩大学経営情報学部の諸先生方，とりわけ秋山純一先生には，自由で快適な研究環境を提供して頂いていることに感謝申し上げたい。

　また，筆者の前勤務先である新日本監査法人の方々にも感謝申し上げたい。特に，恩田勲理事・代表社員には，会計監査業務等を通じて実務の厳しさや面白さを教えていただいた。

　またここで，本書のタイトルに込められた思いについて述べておきたい。本書のタイトルは『デリバティブ会計の論理』であるが，実はこれは，笠井先生の御著書『会計構造の論理』（税務経理協会，1994年，改訂版1996年），および，『会計の論理』（税務経理協会，2000年）を意識してのものである。すなわち，筆者は，本書を，僭越ながら笠井先生の『会計構造の論理』および『会計の論理』の姉妹書として構想している。なぜなら，本書は，『会計構造の論理』で検討された会計構造論（特に企業資本等式），および，『会計の論理』で検討された「機能－構造－測定」という会計の全体像を承けるかたちで，新しい経済事象でありかつ現代会計の論理を解き明かす最大の鍵ともいえるデリバティブについての対象理論を構築することを企図しており，その意味で，本書は前2書と大きく関連していると思われるからである。改めて笠井先生のこれまでの学恩に心からお礼を申し上げたいと思う。

　最後に出版事情が厳しい中，本書の出版を快く引き受けてくださった株式会社税務経理協会社長の大坪嘉春氏，および編集に当たった新堀博子氏，中川博樹氏に対して，心からお礼を申し上げる。

2005年3月　　　　　　　　　　　　　　　聖ケ丘の研究室にて

　　　　　　　　　　　　　　　　　　　　　　　　田口　聡志

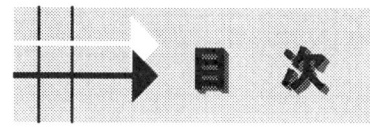

はじめに

第1章 デリバティブ会計序説

Ⅰ はじめに …………………………………………………………… 3
Ⅱ 本研究の基本的思考 …………………………………………… 7
　(1) 分析上の問題意識 ………………………………………………… 7
　(2) 内容上の問題意識 ………………………………………………… 10
Ⅲ 筆者の想定する会計目的 ……………………………………… 14
　(1) はじめに ……………………………………………………………… 14
　(2) 会計責任説 ………………………………………………………… 15
　(3) 小　　括 …………………………………………………………… 18

第2章 金融商品会計の全体像
　　　　－学説整理を中心に－

Ⅰ はじめに …………………………………………………………… 25
Ⅱ 金融商品およびデリバティブの定義 ……………………… 25
Ⅲ 有価証券に係る諸学説の整理 ……………………………… 26
　(1) 有価証券に係る諸学説の整理 ………………………………… 26
　(2) 展　　開 …………………………………………………………… 27

Ⅳ　ま　と　め ……………………………………………………………32
　⑴　次章以降の方向性 ………………………………………………32
　⑵　ヘッジ会計について ……………………………………………33

第3章　買建先物契約の会計

Ⅰ　は じ め に ……………………………………………………………42
Ⅱ　先物契約に係る設例と先行研究の整理 …………………………42
　⑴　先物契約に係る設例………………………………………………42
　⑵　先行研究の整理……………………………………………………44
　⑶　先行研究に対する4つの問題提起………………………………47
Ⅲ　先物契約に係る権利・義務の本質の再整理 ……………………51
　⑴　先物契約に係る権利・義務についての2つの見解……………51
　⑵　先行研究における先物契約そのものに着目する見解…………52
　⑶　原資産を中心に捉える見解と具体的な会計処理方法との関係………53
　⑷　先物契約そのものに着目する見解と具体的な会計処理方法と
　　　の関係………………………………………………………………58
　⑸　小　　　括…………………………………………………………59
Ⅳ　先物契約そのものに着目する見解と具体的な会計処理方
　法との関係⑴－先物契約に係る権利を棚卸資産の延長で捉える立
　場－ ……………………………………………………………………62
　⑴　は じ め に…………………………………………………………62
　⑵　先物契約に係る権利を棚卸資産の延長で捉える立場と資本等
　　　式との関係…………………………………………………………64
　⑶　「決済基準・両建法」との関係 …………………………………65
　⑷　値洗基準・両建法との関係………………………………………67
　⑸　値洗基準・「純額法」との関係 …………………………………77
　⑹　小　　　括…………………………………………………………87

2

V 先物契約そのものに着目する見解と具体的な会計処理方法との関係(2) －先物契約に係る権利を棚卸資産とは異質なものとして捉える立場－ ……………………………………………87
  (1) は じ め に………………………………………………………87
  (2) 先物契約に係る権利を棚卸資産とは異質なものとして捉える立場と企業資本等式との関係……………………………88
  (3) 値洗基準・両建法との関係－投下資本なくして利潤なし－ ………90
  (4) 資本運動［G－先物権利－G′］の意味－先物市場の特質に着目して－ ………………………………………………………98
  (5) 他の会計処理方法との関係 …………………………………105
  (6) 小   括 ……………………………………………………110
 VI 本章の纏め……………………………………………………………111
  (1) 本章の結論－各会計処理方法の再整理及び比較検討を踏まえて－ ………111
  (2) 先行研究に対する4つの問題提起とその点に関する筆者の見解 …113
  (3) デリバティブの位置付けを巡って …………………………115
 補論3－1 先物契約に係る証拠金の会計的解釈を巡って………116
  (1) は じ め に ……………………………………………………116
  (2) 西澤［1995］説の概要 ………………………………………116
  (3) 西澤［1995］説の検討 ………………………………………118
  (4) 纏   め ……………………………………………………127
 補論3－2 収入差額・収支差額・支出差額の関係 ………………128

第4章 金利スワップの会計

 I は じ め に ………………………………………………………153
 II 金利スワップに係る各会計処理方法の概観……………………153
  (1) 設例と具体的な会計処理 ……………………………………153
  (2) 小   括 ……………………………………………………165

Ⅲ　スワップに係る損益の性質 …………………………………………169
- (1) 問題点の整理 ……………………………………………………169
- (2) 金利スワップに係る価格理論－2つの算定式－ ……………170
- (3) D法（「利息・元本交換法」）と価格理論 ……………………171
- (4) B法（「利息交換法」）と価格理論 ……………………………179
- (5) C法と価格理論 …………………………………………………182
- (6) スワップ損益の本質 ……………………………………………187

Ⅳ　A法の本質－現金主義会計と発生主義会計－ ………………195
- (1) 問題点の整理 ……………………………………………………195
- (2) 現金主義会計と発生主義会計 …………………………………197
- (3) 小　　括 …………………………………………………………198

Ⅴ　B法とD法との関係－基本的等式の見地から－ ……………200
- (1) 問題点の整理 ……………………………………………………200
- (2) B法（「利息交換法」）の本質－資本等式の見地から－ ……203
- (3) D法（「利息・元本交換法」）の本質－企業資本等式の見地から－ ………208
- (4) 小　　括 …………………………………………………………216

Ⅵ　B法・C法・D法の関係 …………………………………………217
- (1) B法とD法との関係 ……………………………………………218
- (2) B法とC法との関係 ……………………………………………219
- (3) C法とD法との関係 ……………………………………………221
- (4) 小　　括 …………………………………………………………223

Ⅶ　本章の纏め …………………………………………………………224
- (1) 結　　論 …………………………………………………………224
- (2) デリバティブの位置付けを巡って ……………………………225

第5章　買建コール・オプションの会計

I　はじめに ……………………………………………………237
II　先行研究の概観……………………………………………238
　(1)　定　　義 ……………………………………………238
　(2)　先行研究における各会計処理方法の根拠 ………239
　(3)　小　　括 ……………………………………………241
III　オプションの「保有目的」と各会計処理方法との関係 ………241
　(1)　オプションの「保有目的」…………………………241
　(2)　オプションの「保有目的」と各会計処理方法との関係 ………243
IV　オプション・プレミアムの本質と各会計処理方法との関係 ……………………………………………………245
　(1)　オプション・プレミアムの本質と一取引基準・二取引基準 ………245
　(2)　一取引基準および原資産を中心に捉える見解について …………249
　(3)　二取引基準および権利そのものに着目する見解について（その1）
　　　－権利を商品（W）と同質と捉える見解－ ………………………254
　(4)　二取引基準および権利そのものに着目する見解について（その2）
　　　－権利を商品（W）とは異質（D）と捉える見解－ ………………259
V　オプション損益の性質 ……………………………………262
　(1)　オプション損益の性質～オプション・プレミアムの決定要因～ ………262
　(2)　権利行使を市場での（本源価値分の）換金として解することの
　　　妥当性 ………………………………………………………269
VI　纏　　め …………………………………………………271
　(1)　本章の結論 …………………………………………271
　(2)　デリバティブの位置付けを巡って …………………272

補論5－1　ポジションの「連続」と「断絶」 ……………273

補論 5 – 2　フォワード型デリバティブとオプション型デリバティブ……275

第 6 章　纏めと展望

Ⅰ　本研究の纏め…………………………………………………285
  (1)　本研究で得られたインプリケーション …………………285
  (2)　デリバティブの位置付けを巡って …………………………289
  (3)　現行会計との関係 ……………………………………………293
  (4)　実証的会計理論（positive accounting theory）との関係 …297
Ⅱ　今後の検討課題………………………………………………300
  (1)　はじめに ………………………………………………………300
  (2)　資本維持概念に係る検討課題 ………………………………300
  (3)　デリバティブ負債に係る検討課題 …………………………301
Ⅲ　企業会計的変容の深化………………………………………302
  (1)　企業会計的変容の深化 ………………………………………302
  (2)　属性的定義と関係的定義 ……………………………………303
Ⅳ　お わ り に……………………………………………………306

参 考 文 献………………………………………………………311
索　　　引………………………………………………………321

第1章 デリバティブ会計序説

> ここでは，本研究の大枠における方向性を示すことにする。すなわち，まず，本研究の背後にある筆者の大枠における問題意識ないし現状認識について述べ，そしてそれを承けるかたちで，本研究の基本的思考（分析上の問題意識および内容上の問題意識）について述べることにする。

第1章キーワード

金融商品，有価証券，デリバティブ，必要性の論理，可能性の論理，複式簿記機構，仕訳，全体の論理，部分の論理，「拡張の論理」，「区分の論理」，会計責任説，あるはずの会計

 # I　はじめに

　近年,金融技術の多様化,金融リスクのボラティリティの増大等を背景に,金融商品(Financial Instrument)[1]の会計処理が大きな問題となっている。例えば,わが国においても,いわゆる「金融ビッグバン」と呼ばれる一連の大きな変革の中で,金融商品に係る会計処理は,従来のそれと比べて大きく変化することとなった。すなわち,1999年に公表された金融商品に係る新しい会計基準[2]においては,売買目的有価証券(以下,単に有価証券と略す)については時価評価することとなり,またデリバティブ(Derivative Instrument. 新金融商品もしくは派生金融商品と呼ばれることもある)[3]に関しても財務諸表上オンバランスされることとなった[4]。

　また,わが国だけでなく海外へと目を向けてみると,例えば米国基準においては,有価証券については1993年に公表されたＳＦＡＳ115号によって,その時価評価および時価評価差額の当期損益算入が基準として採用され[5],また,デリバティブについても,1998年に公表されたＳＦＡＳ133号(そしてその一部改訂版として,2000年に公表されたＳＦＡＳ138号および,2003年に公表されたＳＦＡＳ149号)によって,財務諸表上オンバランス化および公正価値[6]評価差額の当期損益算入という会計処理が基準として採用されている[7][8]。また,更にグローバルな動きを追いかけてみると,国際会計基準においては,1998年に公表されたＩＡＳ39号で,有価証券の公正価値評価,および,デリバティブのオンバランス化,そして公正価値評価差額の当期損益算入という会計処理が基準として採用されている[9][10]。

　このように,金融商品の会計処理方法を巡っては,全体としては,時価(公正価値)評価ないしオンバランス化,そして時価(公正価値)評価差額の当期損益算入という方向へ動いているといえる。

　しかしながら,それらが時価(公正価値)評価ないし,オンバランス化される

こととなった根拠は,一体何処にあるのだろうか,と考えてみると,実はその答えは必ずしも明確ではない。

例えば,一般的には,国際的潮流にあわせるため,ないしは,投資家等の情報要求に応えるため[11],というもっぱら必要性の論理から,この問題が論じられることが多い。しかしながら,そのような必要性の論理ではなく,理論的な観点(可能性の論理)から,これらの会計処理方法を合理的に説明することは出来ないのだろうか[12]。

もちろん,特に有価証券に関しては,その時価評価を説明する学説は数多く存在する[13]。しかしながら,それらの中で,通説として学界共通の合意を得ているものが存在するかというと,必ずしも存在しないように筆者には思われるのである。更に,デリバティブに関していえば,その傾向は顕著である。すなわち,デリバティブに関していえば,通説どころか,そもそもその会計処理方法を支える理論的根拠ないし学説自体,非常に少ないようにも思われるのである。

そして,このような現状に関して,例えば,笠井[2001a]は,(有価証券についてではあるが)次のように述べている。

「……そうした意味(有価証券の時価評価が制度化されたにも係わらず,その理論的根拠がいまだ解明されていないという意味——田口注)では,理論より制度が先行しており,その理論的解明は,今日の会計理論にとり焦眉の急を要する課題なのである。」(p.20。傍点は田口)

また同様に,笠井[2001b]は次のように述べている。

「……今日のわが国が,取得原価主義会計論から併存会計論への展開といういわばパラダイム変革の渦中にあるとしたら,有価証券の測定にかかわる諸学説の論争が,もっとあってもしかるべきであろう。それにもかかわらず,いわば無風状態にあるのは,一体,どのように理解したらよいのであろうか。」(p.34。

第1章 デリバティブ会計序説

傍点は田口)

　このように，笠井［2001 a］［2001 b］は，有価証券に係る会計処理方法を巡る現在の理論研究の在り方を危機的な状況として捉えているが，これはひとり有価証券だけの問題ではない。つまり，こうした笠井の問題提起は，有価証券だけでなく金融商品全般に関して，そして，デリバティブに関してもいえるだろう。すなわち，先にみたように，新しい会計基準においては，従来と大きく異なり，デリバティブをオンバランス化し，公正価値評価差額部分を（ヘッジ会計の適用となる場合を除き）当期損益に算入することとなった。しかしながら，そのような会計処理方法について，理論的な根拠が掲げられているのかというと，必ずしもそうではなく，この点では，新しい制度に理論が追いついていないという状況にあるといえる。いや，「追いついていない」というよりむしろ，そもそもそのような会計処理が理論的に妥当かどうかすらも明らかにされないまま，制度化されてしまったともいえる。つまり，現状では，一見ごく当たり前のように，デリバティブをオンバランス化し公正価値評価差額を当期損益に算入する会計処理が新しい会計基準として採用されることとなったのであるが，しかしながら，そのような会計処理が理論的に妥当かどうかということについては，実は必ずしも明らかではないのである。勿論，後述するように，制度（政策）と理論とは切り離して考える必要があり，確かに制度（政策）は必要性の論理もしくは政治的要因等の影響も大きく受けているということは事実である。しかしながら，少なくとも現状では，新しい会計基準で採用されている会計処理を支える理論的な根拠は，実は明らかでないといわざるを得ない。そしてそうであれば，理論研究の立場としては，そのような会計処理方法を巡って，もっと多くの議論ないし論争があってしかるべきであろう。

　しかしながら，デリバティブに係る会計処理方法を巡る先行研究を概観してみると，決してそういう状況にあるとはいえない。まさに笠井［2001 b］のいう無風状態にあるのである。

　では，このような状況に陥ってしまっている原因は，一体何処にあるのだろ

うか。つまり，理論的根拠もしくは学説と呼べるものが皆無であるにも関わらず（しかしながら他方，制度面をみると，投資家等を中心にそのオンバランス化の必要性が叫ばれているにも関わらず），デリバティブに係る会計処理方法を巡っての議論ないし論争が活発化しないのは，一体何故だろうか。

その原因は大きく2つ考えられるかもしれない。まず第1の原因は，すでにこの問題は理論的に解決済であるという学界共通の認識が隠伏しているのかもしれず，このため，もうこれ以上議論の余地はないのではないか，といういわば「暗黙の了解」があるということである。しかしながら，現状をみてみると，（これまでも繰り返し述べてきた通り）そのような学界共通の認識があるとも思われないし，また，これまでにもそのような議論が数多くなされてきたとも思われない。少なくとも先行研究を概観するかぎりにおいては，この問題は理論的に解決済であるとは，決していい切れないように思われるのである。

また，第2の原因は，デリバティブは，有価証券の議論の単なる延長ではないかという認識である。すなわち，有価証券の会計処理を巡る議論は，暗にデリバティブのそれをも想定した議論であり，よって有価証券の会計処理を論ずることで，デリバティブの会計処理の議論も言い尽くせる（有価証券の議論で理論的根拠の検討はなされたのだから，その単なる延長としてのデリバティブの会計処理においては，もはや理論的根拠の検討をする必要はない），と考えられているのかもしれない。この点についてのヨリ詳細な検討は後で行うが，しかしながら，本当にこのような発想で，全てが解決されたといえるのだろうか。いや，そもそもデリバティブを，有価証券の単なる延長と捉えることは妥当なのだろうか。勿論，デリバティブは，広義の金融商品に属するという点で，有価証券とその性質を同じくしているともいえる。しかしながら他方，デリバティブは，第2次（もしくは新）金融商品と呼ばれていることからも推察できるように，有価証券等のような従来の第1次金融商品とは違った性質をも持ち合わせている，ともいえよう。そしてそうであれば，デリバティブと有価証券とは，どこが同じで，どこが違うのか，そしてそのような異同を会計的にはどのように捉えるのが望ましいのか，というごく素朴な問いかけが，そもそもあってしかるべきである

ように思われる。しかしながら現状では，そのようなごく素朴な問いかけすらなしに，デリバティブが有価証券の単なる延長として位置付けられており，この点問題があるように思われる。またそれ以前に，有価証券の会計処理を巡る議論ですら解決をみていないことを鑑みれば，百歩譲ってデリバティブを有価証券の「単なる延長」とすることが妥当であるとしても，その「単なる延長」の根本部分が解決をみていないいじょう，結局デリバティブの会計問題も，解決をみていないといわざるを得ない。その意味においても，このような発想は決して妥当なものとはいい難い。

以上のように考えていくと，極論すれば，デリバティブに係る会計処理方法を巡っては，実は理論的には何も解決していないようにすら思われるのである。

Ⅱ 本研究の基本的思考

(1) 分析上の問題意識

以上のような現状認識から，本研究では，デリバティブに係る会計処理方法について，その理論的根拠を探求していくことにするが，ここで，Ⅰで述べた現状認識との関わりで，筆者の分析上の問題意識について，多少整理ないし敷衍したかたちで述べるとするならば，それは以下の3つに集約出来るものと思われる。

(ⅰ) 比較検討の重視

一般的には主に必要性の論理から，デリバティブのオンバランス化（および公正価値評価差額の当期損益算入）が主張されているが，それをヨリ理論的に，また，ヨリ合理的に説明する論理は何かというと，それは必ずしも明らかではない。そこで本研究では，そのような会計処理方法についての可能性の論理，す

なわち、そのような会計処理方法が、会計全体の枠組の中にその位置を占め得ることの理論的可能性（理論的根拠）について、検討していくことにする。

　なおここで決定的に重要なことは、本研究では、デリバティブのオンバランス化ないし公正価値評価差額の当期損益算入という会計処理が、アプリオリに前提とされているわけではない、という点である。すなわち、本研究においては、そのような現行基準における会計処理方法は、例えばデリバティブをオフバランスとするような他の会計処理方法と同列に位置付けられることになる。そして、それらの比較検討を進めていくことで、それらのうち理論的に最も妥当な会計処理方法は何か、という点について探究していくのが本研究のスタンスなのである。つまり、現行の会計処理方法は、本研究においては、あくまで1つの仮説ないし検討素材にしか過ぎないという点には、くれぐれも留意されたい。

（ii）　仕訳を重視した考察の重視

　また、たとえ理論的な見地から議論がなされていたとしても、先行研究においては、会計機能論（会計目的）と会計測定論とが直接的に結び付けられた論証がなされているケースが多い。例えば、意思決定有用性だからオンバランス化（ないし公正価値評価）が妥当であるとか、会計責任だからオフバランス化が妥当であるとか、そういった議論がこれに該当する。

　勿論、会計目的をどう考えるか（これについては後述する）、そしてそれと会計測定との関係をどう捉えるかは非常に重要なことであり、その意味では、このような（会計機能論と会計測定論とを直接的に結び付ける）議論も、一見すると妥当な気もしなくもない。

　しかしながら、よく考えてみると、このような（会計機能論と会計測定論とを直接結び付ける）議論は、実は重要なポイントを看過してしまっているように思われる。そしてこの重要なポイントとは何かが問題となるが、これが会計構造ないし複式簿記機構に他ならない。すなわち、現行の企業会計は、投資者に対して、あくまで複式簿記機構を通じて、勘定を辿ることで、企業の経済活動の全

体を明らかにしているのである。そしてこの点を鑑みれば，理論研究においては，会計構造ないし複式簿記機構というものが非常に重要となるはずである。少なくとも，それを重視した説明を行う方が，（そうでない説明に比べて）現行の企業会計を首尾一貫したかたちで合理的にかつ精緻に説明し得る可能性が高いといえよう。

　しかしながら，多くの先行研究は，このような点を看過しているものと思われる。つまりそこでは，「機能－構造－測定」という３者の関係が看過され，「機能－測定」（ないし「測定」のみ）というかたちでの理論構築がなされてしまっているのである。このような先行研究の議論は，現行の企業会計についての合理的かつ精緻な説明理論を構築しようとする観点からすれば望ましくないだろう。

　そこで本研究では，会計構造ないし複式簿記機構（ヨリ具体的には仕訳）を重視した上で，検討を進めていくことにする[14]。

（ⅲ）　全体の論理を見据えた考察の重視

　多くの先行研究においては，デリバティブの会計問題については，極めて部分的かつアドホックな議論がなされているように思われる。すなわち，先行研究においては，一方，貸借対照表全体の中での具体的な位置付けが意識されることなく，もっぱらデリバティブという１部分にのみ焦点が注がれて，そのオンバランス化に係る議論がなされたり，また他方，損益計算書全体の中での具体的な位置付けもしくは他の認識・測定原則との関係付けが意識されることなく，もっぱらアドホックな視点から，デリバティブに係る認識・測定原則が議論されたり，といった傾向が強いように思われる。

　しかしながら，このような部分の論理[15]に陥った議論は，ごく素朴に考えると奇妙なことである。すなわち，デリバティブに係る各種情報が単独で公表されるなら別であるが，今日，公表されるのは，あくまで貸借対照表や損益計算書といった財務諸表[16]であり，デリバティブの会計問題に関しても，そのことを前提としたうえで議論がなされているはずである。つまり，少なくとも現行

会計に関する説明理論の構築を企図するのであれば，貸借対照表・損益計算書という枠組が大前提となるはずであり，またそうであるからこそ，デリバティブの会計問題にしても，そのような枠組に受け容れられるのかどうかという視点から議論を進めることが求められる。にもかかわらず，多くの先行研究においては，そのような枠組との関わりについては検討がなされず，もっぱら，その1構成要素に過ぎないデリバティブだけが取り上げられており，この点問題がある。

そしてそうであれば，全体の論理[17]の発想をもって議論を進めていくことが重要となる。すなわち，一方，貸借対照表全体との関わりの中で，デリバティブはどのように位置付けられるのか（例えば，棚卸資産や，他の金融資産との関係をどう捉えるのか，もしくは，借方と貸方（金融資産と金融負債）との関係をどのように位置付けるのか等）検討することが重要となるし，また他方，損益計算書との関わりの中で，デリバティブがどのように位置付けられるのか（デリバティブに係る認識・測定原則は一体何か，また，その認識・測定原則は，例えば棚卸資産におけるそれらとどう関係しているのか等）検討することが重要となる。

そこで本研究においては，この全体の論理という点に留意した上で，検討を進めていくことにする。

（2）　内容上の問題意識

（1）における分析上の問題意識を承けるかたちで，（2）では，（メタ理論のレヴェルではなく対象理論のレヴェルにおける）内容上の問題意識を述べることにする。それは大きく2つある。

（i）「拡張の論理」と「区分の論理」
　　　－財務諸表全体の中での金融商品の位置付け－

まず第1の問題意識は，財務諸表全体の中で，金融商品（そして特にデリバティブ）をどのように位置付けるのが望ましいのか，という点である。

第1章　デリバティブ会計序説

　これについては，石川［2001a］［2002a］における，「拡張の論理」と「区分の論理」という概念が重要となる。すなわち，石川［2001a］［2002a］は，金融商品の会計に係る問題に対する考え方の違いを，「拡張の論理」と「区分の論理」という2つに分類している[18]。ここで一方，「拡張の論理」とは，金融商品を伝統的な貨幣性資産・費用性資産2分類の範疇で考えたり，時価評価損益を伝統的な実現概念の延長線上で捉えたりする考え方をいう[19]。つまり，金融商品と棚卸資産とをある種同質的なものとして位置付け，会計的にも金融商品を棚卸資産の何らかの延長線上で捉えようとするのが，この立場における基本的な思考である。また他方，「区分の論理」とは，実物経済を基礎にする実物資産と，金融・証券経済を基礎にする金融資産・負債とを区別したうえで金融商品の会計を捉える考え方をいう[20]。つまり，金融商品と棚卸資産とを異質なものとして捉え，会計的にもそれらを何らかのかたちで区別したうえで捉えていこうとするのが，この立場における基本的な思考である。

　つまり，この（「拡張の論理」か「区分の論理」かという）問題は，実物経済と金融・証券経済との関係をどう位置付けるか，そしてそれを会計的にはどのように捉えるのが望ましいか，という基本的かつ根本的な問題である。そして，本研究においては，金融商品のうち，特にデリバティブの会計問題について，「拡張の論理」で捉えるのが望ましいのか，それとも，「区分の論理」で捉えるのが望ましいのかという点について，検討していくことにする[21]。

(ⅱ)　有価証券とデリバティブとの関係
－金融商品全体の中でのデリバティブの位置付け－

　ただし，（ⅰ）を考えるうえで更に重要となるのが，金融商品全体の中でのデリバティブの位置付けである。すなわち，先の「拡張の論理」および「区分の論理」という概念は，（例えば石川［2001a］［2002a］においては）主に，金融商品全体を想定した上で（そしてそれを棚卸資産との関係で会計的にどう位置付けるかという視点で）用いられていた。しかしながら，本研究のように，金融商品のうち，特にデリバティブに焦点を当てて議論を進めていくのであれば，金融商品

11

全体に対して，その１構成要素たるデリバティブはどのように位置付けることが出来るのか，そしてそれを会計的にはどのように捉えるのが望ましいのか，という点を更なる問題意識として認識しておく必要がある。

またこれは，本章Ⅰで述べた意味でも重要である。すなわち，先にⅠでは，デリバティブの会計問題を巡る議論があまりなされない原因の１つは，デリバティブに係る議論が有価証券の議論の単なる延長として捉えられているところにあるのかもしれないが，しかしながら，それ（デリバティブの議論が有価証券の議論の単なる延長であること）は自明のことなのか，という問題提起をなした。そしてこの意味においても，金融商品全体において，デリバティブはどのように位置付けられるのか，という点が重要となると思われるのである。

なおここで，このことを（（ⅰ）の問題も踏まえたうえで）更に敷衍させて述べるとすれば，会計におけるデリバティブの位置付けについては，現状では非常に混沌としているように思われるのである。ヨリ具体的には，先行研究ないし現状の理論研究においては，大きく２つの意味での混乱ないし問題があるように思われる。まず第１は，上述のように，デリバティブを有価証券の単なる延長として位置付けてしまっているという意味での混乱（ないし問題），また第２は，デリバティブのまったく新しい経済事象としての側面にのみ着目して位置付けてしまっているという意味での混乱（ないし問題）である。

まず前者について述べる。すなわち，上述のように，デリバティブに関しては，まず第１に，ただ単純に有価証券の議論の延長として考えることができる，という認識が一般的にはあるのかもしれない。すなわち，有価証券の会計処理をめぐる議論は，暗にデリバティブのそれをも想定した議論であり，よって有価証券の会計処理を論ずることで，デリバティブの会計処理の議論も言い尽くせる（有価証券の議論で理論的根拠の検討はなされたのだから，その単なる延長としてのデリバティブの会計処理においては，もはや理論的根拠の検討をする必要はない），と考えられているのかもしれない。

しかしながら，もし仮にそうした考えが背景にあるとしても，このようにデリバティブをただ単純に有価証券（の議論）の延長としてのみ捉えてよいのかと

いうことについては，問題がないわけではない。すなわち，先述のように，確
かに，デリバティブは，有価証券同様，広義の金融商品に属するので，デリバ
ティブに係る議論を，有価証券の議論の延長として捉えることも不可能ではな
い。しかしながら，デリバティブは，他方で，第2次（もしくは新）金融商品と
呼ばれていることからも推察できるように，有価証券等のような従来の第1次
金融商品とはまた違った性質をも持ち合わせている，ということも無視し得な
いように思われる。すなわち，デリバティブは，（リース契約などと同様）従来に
はなかったまったく新しい経済事象としての性質をも持ち合わせている，とい
うことも出来るのではないだろうか。そして，このような点を考慮するならば，
デリバティブの会計処理については，ただ単純に有価証券（の議論）の延長と
捉え，それで議論を終わらせるのではなく，ヨリ踏み込んだかたちで議論を行
うことが重要であると思われるのである[22]。

　しかしながら，他方では，この従来にはなかったまったく新しい経済事象と
しての側面にのみ着目して，デリバティブの会計処理を論じる説も存在するが，
これが後者の混乱（ないし問題）である。すなわち，デリバティブを，従来には
なかったまったく新しい経済事象として捉えたうえで，会計的にも「新しいも
のには新しい器で」ということで，例えば，従来の収益費用観から資産負債観
へ転換[23]することでデリバティブがオンバランス化されるとする見解[24]が，
これに該当する。しかしながら，このような見解についても，問題がないわけ
ではない。例えば，資産負債観への転換という場合，それはどのレヴェルでの
転換を指しているのか，すなわち，会計全体の枠組としては一体どのような体
系になるのかといった点については必ずしも明らかではないのである。つまり，
デリバティブに関して資産負債観に転換するという場合，では，有価証券に関
してはどうなのか，また棚卸資産についてはどうなのか，といった全体の枠組
の中での位置付けないし関係付けという視点が，そこでは欠落してしまってい
るのである[25]。

　このように，先行研究ないし現状の理論研究においては，デリバティブの位
置付けに関して，大きく2つの意味での混乱（ないし問題）があると思われる。

そしてそうであれば，会計におけるデリバティブの位置付けについては，現状では非常に混沌としているものと思われるのである。そして，このように考えていくと，デリバティブの会計処理を巡る問題は，やはり，混沌としているといわざるを得ない。その意味でも，①まず金融商品を財務諸表全体の中でどのように位置付けるのか，そして②デリバティブを金融商品全体の中でどのように位置付けるのか，という点は，非常に重要であると思われるのである。そこで本研究では，このような点を踏まえたうえで，以下考察を進めていくことにする。

Ⅲ　筆者の想定する会計目的

（1）　はじめに

　先にⅡ（1）（ⅱ）において，筆者は会計機能論（会計目的）と会計測定論とを直接的に結び付けて議論する多くの先行研究に対して問題を感じていると述べた。そしてそのうえで，会計機能論（会計目的）と会計測定論とを直接的に結び付けるのではなく，「機能－構造－測定」という関係を重視して検討を進めていくことが，少なくとも現行の企業会計に関する合理的な説明理論を構築しようとするうえでは重要であると述べた。

　しかしながら，それは勿論，理論研究における会計目的そのものの存在を否定するものではない。つまり，ここでの問題は，あくまで会計目的と測定の問題とを直接結び付けてしまうことであって，会計目的そのものの存在が問題となっているのではない。

　そしてそうであれば，理論研究を進めていくうえでは，やはり，全体の大枠として筆者が一体どのような会計目的を想定しているのか明らかにしておく必要があるだろうし，またそうすることが後の議論を進めるうえで非常に重要で

あると思われる。そこでⅢにおいては，筆者の想定する会計目的を明らかにすることにする。

（2） 会計責任説

　結論的に言えば，筆者の想定する会計目的は，会計責任（accountability）である。ただし，それは，井尻［1976］のいう意味における会計責任である。つまり，ここでのポイントは大きく2つある。

　まず第1のポイントは，筆者が本研究で目指すところは，あくまで，(演繹的推論による) 説明理論としての説明力の高さおよび首尾一貫性という点にあり，特に何か規範的な議論をしようとしているわけではないという点である。

　つまり，ここで筆者が会計責任という会計目的を掲げるのは，そうした方が，現行会計について首尾一貫したかたちでヨリ説明力の高い説明理論が構築出来るのではないかと考えているからに他ならない。そしてこのことを更に掘り下げるために，ここで，井尻［1976］がどういう意味で会計責任という概念を用いているのかについて，井尻［1976］の記述を実際に辿ることで確認することにする。すなわち，井尻［1976］のいう会計責任の意味は（そして筆者がここで会計責任に依拠することの意味は），井尻［1976］の次の2つの記述に如実に表れているものと思われる。

　「まずはじめに，会計システムではすべての取引が記録されているという事実に，とくに注目したい。かりに会計の目標が，意思決定者のために有用な情報を提供するということに限られるとしたら，会計実務ではなぜ，記録し報告すべき項目がもう少し選択的に限定されないのであろうか。たとえば，なぜ，データ収集のため統計サンプリングの手法が採用されないのであろうか。ここで，現行実務が不合理だからと答えるのは簡単だが，なぜ取引を100％記録する必要があるのか，そこには何か合理的な理由がないのか，いま少し考えてみよう。」
（p.48。但し，傍点は田口）

「……（中略）……したがって，会計は，企業活動とその成果の記録と報告から出発し，会計責任の解除によって終わることになる。少なくとも現行実務を合理的に解釈しようとするかぎり，これが会計の基本的な性格であるといえる。……（中略）……もちろん，会計責任が会計の中心目的だとはみなさない人もいるであろう。われわれは，会計責任が会計の主要目的になるべきだとか，そうあるべきでないという政策論を述べているのではない。われわれがここで強調しているのは，会計責任が会計の根底にある目的だと解釈すると，現行の会計実務がよりよく理解できる，ということである。また，会計をこのように見ないかぎり，現行実務の多くの部分が矛盾した不合理なものに見えるということを，いいたいのである。」(pp.49-50。但し，傍点は田口)

ここでの井尻［1976］の記述を纏めるとすれば，次のようになるだろう。すなわち，まず，現行の企業会計は，仕訳そして誘導法の採用により，企業の経済活動の全体を記録し，そしてそこから貸借対照表および損益計算書を作成している。そして，このように複式簿記機構によって作成された貸借対照表および損益計算書を公表することによって，企業の経済活動の全体を投資者に対して伝達するというのが，現行の企業会計の体系であるといえる。つまりこの意味で，現行の企業会計は，複式簿記機構により企業の経済活動を「記録し報告することを基礎とする会計責任の複雑なネットワークに依存している」(井尻［1976］p.49。但し，傍点は田口) といえる。そしてそうであれば，会計責任というものを会計の根底にある目的として想定する方が，そのように想定しない場合に比して，現行会計についてのヨリよい理解が得られるということになる。よって，（複式簿記機構を前提とした）現行の企業会計に関する説明理論を構築しようとするのであれば，会計責任というものを会計の根底にある目的として想定する方が，ヨリ首尾一貫したかたちで，かつ，ヨリ説得力のあるかたちで，その理論構築を進めることが出来るものと思われる。このことから，筆者は，（井尻［1976］のいう意味での）会計責任を会計目的に掲げることとする。

第1章 デリバティブ会計序説

　また第2のポイントは，会計責任説に依拠することは，決して情報の有用性そのものを否定するものではないということである。

　例えば，井尻［1976］は，会計責任説に対比させるかたちで，意思決定（有用性）説を挙げているが[26]，両者の違いは，会計システム（ないし会計構造）の有無にある[27]。そして筆者は，この井尻［1976］のいう意味での会計責任説にたつのである。つまり，この意味での会計責任説に依拠することは，決して投資者に対する情報の有用性そのものを否定することにはならないのである。ここでは，①会計責任説と意思決定（有用性）説とが会計システムの有無により区別されていること，および，②意思決定（有用性）説（会計システムの存在を想定しない考え方）と情報の有用性そのものとはイコールではない，という2つの点に留意されたい。つまり，意思決定（有用性）説にたたないと情報の有用性そのものが捨象されてしまう，という訳ではないのである。

　すなわち，第1のポイントでもみたように，ここでの会計責任とは，それを想定した方が，現行会計をヨリよく理解（説明）出来るのではないか，という視点にたった概念であり，目指すところはあくまで説明力の高さである。そしてその意味では，会計情報が有用であることを否定するものではないし，また，会計が投資者に対して有用な情報を提供することそのものを否定するものではないのである。この点に関して，例えば一般的には，会計責任という概念は，情報の有用性を否定する立場であるかのような捉え方がなされることもあるが，これは妥当な捉え方とはいえないし，少なくとも筆者は，そのような意味で会計責任という概念を用いてはいない。例えば，Ohlson［1995］のように，会計情報（会計利益）の有用性を実証する研究[28]があるが，筆者の立場は，そのような研究と相反するものではないのである。

　ただ，そのような（投資者に対する）情報が複式簿記機構から算出される財務諸表上の会計情報に限定されるという意味で，確かに情報の有用性が複式簿記機構の存在によってある程度の制約を受ける可能性はあるという点は否めないというのは事実である。しかしながら，そのような限定は，現行の企業会計がそのようなシステムにたついじょう，そして現行の企業会計に係る説明理論を

構築するという立場にたついじょうは，仕方がないことであるといえるし，また，そのような制約が妥当か否かという議論は別の次元のことであって（つまり価値判断の問題であって），それについてはこの立場から（そして本研究で）論じることではない。

　ここまでの議論を纏めると次のようになる。すなわち，会計責任説にたったとしても，情報の有用性そのものが否定されるのではなく，この点，一部の先行研究にあるような（会計責任説は情報の有用性を否定しているという）捉え方は妥当とはいえない。但し，そこでの有用性とはあくまで，複式簿記機構によってアウトプットされた財務諸表上の会計情報におけるそれに限定され，決して会計システムないし会計構造を放棄したうえでの有用性までをも肯定するものではない。この意味では，情報の有用性はあくまで（会計システムの存在に次ぐ）二次的なものないしは結果的なものとして位置付けられているといえる。

（3）小　　括

　以上のように本研究では，説明理論の構築という観点から，井尻［1976］のいう意味での会計責任という会計目的を採用したうえで，以下議論を進めていくことにする。ただ，その場合でも，一部の先行研究にあるように，会計目的と測定の問題とを直接的に結び付けて議論するのではなく，あくまで，「機能－構造－測定」という3者の関係（特にその中心に位置する会計構造ないし複式簿記機構）を踏まえたうえで，以下考察を行うことにする[29)30)]。

（注）
1) 小宮山［2000］が指摘するように，Financial Instrument という用語を直訳すれば，金融手段，もしくは，金融手法というものになる。しかしながら，わが国では金融商品という用語が定着しており，また会計基準・意見書等でもこの金融商品という用語が用いられている。そこで本研究でも，この金融商品という用語を用いることにする。小宮山［2000］p.1を参照のこと。
2) 企業会計審議会［1999 a］［1999 b］参照。

第1章 デリバティブ会計序説

3) 文献によっては,「デリバティブ『取引』」というように,「取引」という用語をも含めたうえで表記がなされている。しかしながら,会計学の議論をするうえでは,「取引」という用語をここに含めると議論がヨリ複雑になってしまう恐れがあると思われる。すなわち,まずその「取引」とは何をさすのかについて,一般的・経済的な意味合いでの「取引」なのか,会計的な意味合いでの「取引」なのか問題となるし,もし仮に後者の意味合いを込めて「デリバティブ取引」とするならば,従来の会計上の「取引」概念と,「デリバティブ取引」といった場合の「取引」概念は同じか否か等々,様々な問題があるように思われる。そこで,ここではさしあたって「取引」という用語を含めずに,単に「デリバティブ」と表記することにする。
4) わが国の金融商品に係る新しい会計基準の概説書は数多くあるが,例えば,大塚編［1999］もしくは菊谷・岡村・神谷［2002］等を参照されたい。
5) ＦＡＳＢ［1993］参照。
6) 公正価値という概念を巡っては様々な議論があるが,本研究においては非常に広い意味で用いている。すなわち,時価だけでなく,現在価値等をも含めた広義の意味で公正価値という用語を用いている。なお,この点については,吉田［1999］第6章もしくは,高寺・草野［2004］等を参照。
7) ＦＡＳＢ［1998］［2000］［2003］参照。
8) なお,米国財務会計基準審議会（ＦＡＳＢ）による一連の金融商品プロジェクトに関しては,例えば,米国財務会計基準（金融商品）研究委員会編［1995］等を参照。
9) ＩＡＳＣ［1998］参照。なお,国際会計基準委員会（現・国際会計基準審議会）における金融商品プロジェクトは今も続いており,2000年12月には,金融商品に係る全面公正価値評価を提唱したＩＡＳＣ［1997］の流れをくむＪＷＧ［2000］が公表されているし,またその後も,ＩＡＳ32号およびＩＡＳ39号の改定作業が続いている。
10) 米国基準および国際会計基準における金融商品プロジェクトについては,例えば,吉田［2001］［2003］,草野［2005］,もしくは荻［2002］等を参照。なお,ここでは包括利益概念（包括利益計算書）の位置付けが１つ重要となるが,本研究では,当面の問題意識から,さしあたりこれを考察の対象外とする。包括利益については,例えば,石川［2000］,佐藤編［2003］,山田［1999］,辻山［2002］,大日方［2002］等を参照されたい。
11) このような点については,例えば,企業会計審議会［1999ｂ］Ⅲの三(1)(2)(3)等を参照されたい。
12) この点については,笠井［2000ｂ］における必要性の論理および可能性の論理という概念が重要となる。すなわち,笠井［2000ｂ］によれば,経済状況の変化等によってある会計処理方法の必要性が認められるとしても,そのことは直ちに,当該会計処理方法をある理論体系に組み込むことを理論的に正当化するものではなく,そうした必要性の論理とはまた別の次元で,当該会計処理方法がある理論体系の枠組にその位置を占め得ることの理論的可能性（可能性の論理）が改めて問われなけ

ればならないという（p.169参照）。なお，この点については，Ⅱで改めて述べることにする。
13) 有価証券時価評価に係る諸学説については，第2章で整理することにする。
14) なお，この点については，笠井［2001b］のいう記録中心観と財務諸表中心観という視点が1つ重要となる（笠井［2001b］pp.79-82（特に，p.81図表20）参照）。すなわち，出来上がったものとしての貸借対照表および損益計算書を出発点として議論するかぎりは（財務諸表中心観の立場），確かに，会計目的（例えば意思決定者への役立ち）と，（出来上がったものとしての貸借対照表および損益計算書における）オンバランス化の問題ないし公正価値評価差額部分を当期損益に算入するか否かという問題とが，直接的に繋がるのも当然のことなのかもしれない。しかしながら，現行企業会計をヨリ合理的に説明しようという筆者の立場からすると，そのような立場に依拠するよりも，現行会計における複式簿記機構の存在を踏まえたうえで理論構築を行う記録中心観に依拠した方が，ヨリ合理的な説明理論を構築し得る可能性があると思われるのである。なお，この点については，Ⅲで改めて述べることにする。
15) 部分の論理という用語については，笠井［2000b］「初めに」もしくは第4章等を参照されたい。
16) 財務諸表，特に基本財務諸表といった場合，キャッシュフロー計算書をどう位置付けるかは大きな問題であるが，本研究の当面の問題意識には関係しないと思われるので，この問題については置いておくことにする。
17) 全体の論理については，笠井［2000b］「初めに」もしくは第4章等を参照。なお，このような全体の論理の発想は，実は先に述べた可能性の論理とも密接に関係しているという点には留意されたい。すなわち，（財務諸表全体との関わりがどうなっているのかという）全体の論理の発想があってはじめて，（そのような処理ないし原則がある理論体系の枠組にその位置を占め得ることの理論的根拠たる）可能性の論理が明らかにされるのである。そしてこの点については特に，笠井［2000b］pp.168-169を参照。
18) 石川［2001a］pp.6-8および石川［2002a］pp.29-31参照。
19) 石川［2001a］p.6および石川［2002a］p.29参照。
20) 石川［2001a］pp.6-7および石川［2002a］p.30参照。
21) なお，石川［2004］においては，この2つに加えて，新たに「補完の論理」という概念が提示されている。ここで「補完の論理」とは，「評価手続による利益計算（金融商品に適用されるストック志向の利益計算のこと──田口注）が，配分手続による利益計算（棚卸資産等に適用される伝統的なフロー志向の利益計算のこと──田口注）を『基本』として，利益計算という全体を『補完』する」（p.40．但し，傍点は田口）体系をいう。そしてこの「補完の論理」を想定するならば，会計全体の説明体系としては「拡張の論理」「補完の論理」そして「区分の論理」という3つが想定し得ることとなる。
　しかしながら，石川［2004］は，これら3つの関係について以下のように述べて

いる。

「……（中略）……今日の企業会計の全体構成は，『拡張の論理』ではそれが伝統的会計枠組みの拡張であるがゆえに，全体構成は一元論的構成となる。また…（中略）…『補完の論理』も，補完であるがゆえに，同じく一元論的構成となる。補完も拡張も，ともに従来の会計枠組（配分・対応・実現の枠組）を基本とした一元論的全体観となる点で共通する。これに対し，ここでの『区分の論理』は，区分であるがゆえに，いずれが基本ということはなく，併存的二元論の構成をとることになる。」（p.44。但し，傍点は田口）

すなわち，これら3つは，大きくは，従来の会計枠組を基本とした1元論的構成たる「拡張の論理」および「補完の論理」と，2元論的構成たる「区分の論理」との2項対立として描くことが出来る。そして，デリバティブの会計を探求するうえでは，この2項対立こそが最も重要であると思われるため，本研究では，これら3つの枠組を，「『拡張の論理』（および『補完の論理』）vs.『区分の論理』」というかたちで，2項対立として捉えて議論することにする。

22) この点について，例えばIASC［1997］は，以下のように述べている。「…（中略）…両者（基本金融商品と派生金融商品のことを指す——田口注）を区別する必要は，派生金融商品と基本金融商品の会計が異なる場合にのみ重要な問題となる。」（IASC［1997］第2章注釈1） しかしながら，本当に，両者の「結論」が異なる場合にのみ重要な問題なのだろうか。逆にいえば，両者の「結論」が同じであるなら，両者を区別して議論をすることは重要ではないのであろうか。「結論」が同じなら，その「過程」は重要ではないのであろうか。いや，そもそもその「過程」を経なければ，「結論」が同じかどうかということは，明らかにはならないのではないだろうか。

思うに，理論研究の立場からすれば，重要なのはその「結果」ではなく，むしろその「過程」ないし「論理」の方であるように思われる。なお，この点に関連して，例えば，石川［2000］は以下のように述べている。ここでの議論と題材は異なるが（石川［2000］は，有価証券の時価評価論争に関連して述べている），筆者の問題意識と重なるところがあるのであえて示すことにする。「……（中略）……筆者にとっての関心は，原価か時価かそれ自体にあるのではなく，そのいずれであってもその論理のほうにある。……（中略）……科学的考察とは本来そういうものである。」（石川［2000］p.17）

23) 収益費用観および資産負債観については，例えば，藤井［1997］，徳賀［2002］および津守［2002］等を参照。

24) 例えば，庄司［2000］等を参照。

25) なお，この他にも，そもそも収益費用観および資産負債観とは一体何なのか（特に，収益費用観とされているものの，そもそもの解釈が妥当であるのか）といった点についても，明らかではないように思われ，この点でもこのような見解は妥当とはいえない。なお，このような見解については，後の章で更なる検討を加えることにする。

26) 井尻［1976］序文参照。
27) なお，この意味で両説が区別される場合，両説はas－well－asの関係（併存しうる関係）ではなく，either－orの関係（相互排他的な関係）となっている。この点に関しては，井尻［1976］のほか，笠井［2000ｂ］第１章（特にpp.50－56参照）等を参照されたい。
28) Ohlson［1995］およびそれ以降における会計情報の有用性ないし価値関連性（株価説明力）を示す実証研究については，例えば須田［2000］第５章第６・７節，もしくは，八重倉［1998］［2003］等を参照。
29) なお，この他にも，理論と政策とを峻別したうえで議論を進めることの重要性を，ここで挙げておきたい。もちろん，理論（論理）というものは，政策形成においても重要な役割を演じることとなるのであるが，しかしながら，理論上の問題と政策上の問題とは，区別しておくことが重要であると思われる（なお，この点については，井尻［1976］pp.15－17を参照されたい）。また，この点に関していえば，筆者の根本的な問題意識は，確かに，会計基準（政策）に起因するものであったが，しかしながら，本研究の主眼は，あくまで理論の方にあるという点には留意されたい。なお，会計政策については，例えば，濱本［1988－1989］，ワッツ＆ジマーマン（須田訳）［1991］第６－８章，中村［1992］，須田［1993］，大石［2000］，徳賀［2001］等を参照されたい。
30) また理論としても，笠井［2000ｂ］のいうあるはずの会計を構築することの重要性を，ここで挙げておきたい。例えば，一部には，一方，カオスたる現行実践（ある会計）をただ無批判に記述するものであったり，また他方，自らの信念に基づいたあるべき論（あるべき会計）をただ独善的にならべるものであったりという先行研究も，僅かながらに存在する。しかしながら，本研究はそのいずれを目指すものでもない。すなわち筆者は，規範理論ではなくあくまで説明理論を構築しようと考えており（すなわち，あるべき会計でなく，あるはずの会計の構築にその主眼があり），また，現行実践におけるカオスをカオスのまま説明しようとしている（ある会計の記述）のではなく，現行会計の基礎理念に基づいたあるはずの会計というものをいったん想定した上で，そのあるはずの会計を説明しようというスタンスをとっているのである（演繹的推論による説明理論の構築）。なお，ここでの，ある会計，あるべき会計，そして，あるはずの会計という概念については，笠井［2000ｂ］第３章（特に，pp.156－158注６）を参照。

第2章
金融商品会計の全体像
―学説整理を中心に―

　前章では，筆者の根本的な問題意識を提示し，またそれを承けるかたちで，本研究の基本的思考を明らかにした。

　そして本章からは，具体的な考察に入ることになる。但し，本研究で取り扱うデリバティブにすぐさま焦点を当てるのではなく，全体の中の金融商品，そして金融商品の中のデリバティブ，という（前章での）視点を踏まえ，まず本章では，主に金融商品の中でも最も先行研究が多いと思われ，また，学説と呼ばれるものが存在すると思われる売買目的有価証券に焦点を絞る。そして，その会計処理を巡って一体どのような学説があり，またそれらをどのように整理することが出来るのか，そして，それが後のデリバティブの考察にどのように関わってくるのか，という点について，検討を進めていくことにする。

第2章キーワード

金融商品,有価証券,デリバティブ,「拡張の論理」,「区分の論理」,勘定分類依拠観,勘定分類非依拠観,「取得原価主義会計」,「時価会計」,併存会計,「単一の債権債務関係」,「二重の債権債務関係」,フォワード型デリバティブ,オプション型デリバティブ,ヘッジ会計

Ⅰ　はじめに

　本章では，全体の中の金融商品，そして金融商品の中のデリバティブ，という（前章での）視点を踏まえ，金融商品の中でも特に有価証券に焦点を絞り，それに係る会計処理を巡って，一体どのような学説があり，またそれらをどのように整理することが出来るのか，そしてそれが後のデリバティブの議論とどう関係してくるのかという点を纏めることにする。

Ⅱ　金融商品およびデリバティブの定義

　まず，議論の出発点として，金融商品についての定義を示す。例えば，ＩＡＳＣ［1995］は以下のように定義している。すなわち，金融商品とは，一方の企業に金融資産を，他の企業に金融負債あるいは持分金融商品の双方を生じさせるあらゆる契約[1]をいう[2]。
　そしてヨリ具体的には，現金預金，受取債権，有価証券[3]，支払債務，社債等の第１次金融商品の他に，先物（Futures）・先渡（Forward）契約，オプション（Option），スワップ（Swap）等の第２次金融商品，すなわちデリバティブがこれに含まれることになる。
　次に，デリバティブの定義を示すことにする。
　デリバティブについても，各基準および論者によって定義は様々であるが，ここでは以下のように定義する。すなわち，デリバティブとは，原資産（金利，指標，債権，通貨，株式，商品[4]等）[5]の市場価格・変数の値によって相対的にその価値が定められるような金融契約をいう[6]。そして具体的には，先に示したように，先物・先渡契約，オプション，スワップといった基本的なデリバティブの他，組み合わせ商品（第１次金融商品と基本的なデリバティブとの組み合わ

せ，または基本的なデリバティブ同士の組み合わせ[7]等)[8]が挙げられる。

なお，ＦＡＳＢ［1998］は，デリバティブの有する経済的な特質を列挙したうえで，これらの特質を満たすものをデリバティブと定義している。そして，そこで取り上げられている経済的な特質とは以下の３つである（パラグラフ６）[9]。

① 次の(a)および(b)のいずれか，もしくはその両方があること。
  (a) 基礎変数（金利，証券価格，為替相場，指数など）
  (b) 名目数量（通貨単位，株式数など）もしくは支払条件（基礎変数が特定の方向へ動くことを仮定して確定または確定可能な決済方法）
② 初期純投資（initial net investment）がないこと，もしくは，市場要因の変動に対する反応が類似する他の契約と比べて，初期純投資が少額であること（名目数量の初期純投資を要求されないこと）
③ 差金決済（net settlement）またはそれに類似の決済が行われること

Ⅲ 有価証券に係る諸学説の整理

（１） 有価証券に係る諸学説の整理

ここでは金融商品のうち，特に有価証券に係る会計処理方法を巡っての先行研究（各学説）を整理する。そしてそれを図示すると＜図表２－１＞のようになる。

<図表2-1> 有価証券に係る諸学説の整理[10]

	『取得原価主義会計』	『時 価 会 計』	併 存 会 計
勘定分類 非依拠観	田中(弘)説[11] 加古説[12]	公正価値会計説(古賀)[13]	実現可能性説(醍醐)[14]
勘定分類 依 拠 観	貨幣動態説(井上)[15]	財貨動態説(井上)[16]	実物資本・擬制資本説 　　　　　　　(石川)[17] 流動・固定説(森田)[18] 主観のれん説(斎藤)[19] 企業資本等式説(笠井)[20]

　まず，<図表2-1>における上段のメルクマールは，主に測定に関わるものである。そして，それは大きく3つ，『取得原価主義会計』，『時価会計』，併存会計に分けることが出来るものと思われる。なお，現行会計ルールの立場は，原価，時価，および増価（いわゆる『償却原価法』，アキュムレーション法）の3つが存在する併存会計の体系であるといえる。また<図表2-1>における左列のメルクマールは，各学説が，何らかの勘定分類に依拠したものか否かに関わるものである。そして，勘定分類に依拠しない体系を勘定分類非依拠観，依拠する体系を勘定分類依拠観として示している[21]。なお，各諸学説の具体的な内容については，ここでは個別的に取り上げないことにするが[22]，ただ，これらの諸学説のほとんどにおいては，デリバティブに係る会計処理方法についての具体的レヴェルにおける説明まではなされていないという点には留意しておきたい。

（2）展　　　開

　ここでは(1)での整理を踏まえて，特に第1章Ⅱで述べたことを具体的な諸学説の中で改めて確認することで，後のデリバティブに係る会計処理を巡っての考察に繋げることにする。そしてそれを図に纏めると<図表2-2>のようになると思われる。

<図表2-2> 展　　開

```
① 財務諸表全体における金融商品の位置付け
   →「拡張の論理」か？「区分の論理」か？
② 金融商品全体におけるデリバティブの位置付け
   →有価証券（第1次金融商品）とデリバティブ（第2次金融商品）とを
    どう関係付けるか？
③ 貸借対照表・損益計算書全体との具体的な関わり
   ・貸借対照表との関わり→借方（資産）と貸方（負債）とをどう関連付
                         けるか？
   ・損益計算書との関わり→具体的な認識・測定原則は何か？
```

（i）　財務諸表全体における金融商品の位置付け
　　　－「拡張の論理」か？「区分の論理」か？－

　先の第1章Ⅱ(2)(i)においては、実物経済と金融・証券経済との関係をどう位置付けるか、そしてそれを会計的にはどのように捉えるのが望ましいか、という基本的かつ根本的な問題について、石川［2001a］［2002a］における「拡張の論理」と「区分の論理」という概念を用いることで問題提起を行った。そしてここではそのことを、具体的な諸学説の中で、改めて確認してみることにする。

　そこで、＜図表2-1＞における諸学説のうち、特に現行の会計ルールが採用する併存会計の立場を支持する学説に焦点を絞ったうえで、「拡張の論理」の立場と「区分の論理」の立場に分類するとすれば、それは＜図表2-3＞のように纏めることが出来るものと思われる。

　ここで一方、「拡張の論理」の立場は、金融商品と棚卸資産とをある種同質的なものとして位置付け、会計的にも金融商品を棚卸資産の何らかの延長線上で（例えば、同じ実現概念・実現可能性概念というかたちで）捉えようとする立場であり、具体的には＜図表2-3＞に示されるような学説（実現可能性説、流動・固定説、主観のれん説）が挙げられると思われる。また他方、「区分の論理」の立場は、実物経済を基礎にする実物資産と、金融・証券経済を基礎にする金融資産・負債とを異質なものとして捉え、会計的にもそれらを何らかのかたちで区

第2章　金融商品会計の全体像

<図表2-3>　「拡張」か「区分」かという視点から
の有価証券に係る諸学説の再分類

有価証券の捉え方	代　表　的　学　説
「拡張の論理」	・実現可能性説（醍醐） ・流動・固定説（森田） ・主観のれん説（斎藤）
「区分の論理」	・企業資本等式説（笠井） ・実物資本・擬制資本説（石川）

別したうえで捉えていこうとする立場であり，具体的には，＜図表2-3＞に示されるような学説（企業資本等式説，実物資本・擬制資本説）が挙げられると思われる[23]。

(ⅱ)　金融商品全体におけるデリバティブの位置付け
　　　－有価証券とデリバティブとをどう関係付けるか－

では次に，金融商品全体におけるデリバティブの位置付けについては，どのように考えるのが望ましいのであろうか。例えば＜図表2-1＞および＜図表2-3＞の整理は，主に有価証券の会計に係るものであったが，そこでの整理を，更にデリバティブの会計について展開していくことは出来ないだろうか。

ここで，先の「拡張の論理」と「区分の論理」は，主に実物経済（棚卸資産）と金融経済（金融商品）との関係に係るものであった。そこでこれを，特に金融経済（金融商品）について，更に大きく2つ，すなわち，第1次金融商品（有価証券[24]）と第2次金融商品（デリバティブ）とに分けるとすれば，一体どのような分類が可能となるだろうか。それを図に纏めたのが＜図表2-4＞である。

<図表2-4> 全体におけるデリバティブ会計の位置付け

		実物経済	金融経済	
		棚卸資産	有価証券	デリバティブ
「拡張の論理」	タイプA	←―――――――――――――――――→		
	タイプB	←―――――――――――→		←→
「区分の論理」	タイプA	←―――→	←―――――→	
	タイプB	←―――→	←―→	←→

　すなわち，＜図表2-4＞に示されるように，デリバティブの会計をどのように位置付けるかについては，純理論的には大きく4つの立場が想定し得るものと思われる。

　まず一方，「拡張の論理」にたつとしても，更にデリバティブについてまで棚卸資産の延長として捉えることが可能であり，そして全てが何らかの統一的な原則等により説明されるとする立場（「拡張の論理」タイプA）が1つ想定し得るし，またそれに対して，デリバティブについてのみは，何らかのかたちで異質なものとして（例えば，既存の概念では説明出来ないまったく新しい経済事象として）捉え，そしてそれについては会計上も区別する立場（「拡張の論理」タイプB）がまた1つ想定し得る[25]。

　また他方，「区分の論理」でも同じことがいえる。すなわち，「区分の論理」にたつとしても，有価証券とデリバティブは同質なものと捉えることが可能であり，そして金融商品全体に関しては何らかの統一的な原則等により（棚卸資産についてのそれとは区別されたかたちで）説明されるとする立場（「区分の論理」タイプA）が1つ想定し得るし，またそれに対して，同じ金融商品といえども，有価証券とデリバティブはまったく異質なものであり（例えば，デリバティブは既存の概念では説明出来ないまったく新しい経済事象であり），そして同じ金融商品としても，有価証券とデリバティブとを会計上も明確に区別する立場（「区分の論理」タイプB）がまた1つ想定し得る。なお，この「区分の論理」については，タイプAとタイプBの線引きが難しいようにも思われるが，一応理論的には，2つのものが想定し得るし，一応そのような分類を想定したうえで議論を進め

第2章 金融商品会計の全体像

ていく方が，ヨリ精緻な理論を構築していくうえでも重要と思われる。

なお，この点について言及している先行研究は存在しないため，上述の「拡張の論理」の各学説および「区分の論理」の各学説ともに，どの立場にたっているかについては，必ずしも明確ではない。

(ⅲ) （再び）貸借対照表・損益計算書全体との具体的な関わり

これは(ⅰ)および(ⅱ)とも関係するところではあるのだが，貸借対照表・損益計算書全体との具体的な関わりの中でデリバティブというものをどう位置付けるかは，非常に重要な問題である。まず一方，貸借対照表との関わりでいえば，借方（資産）と貸方（負債）とをどう関連付けるか，また，そのオンバランス化の根拠は具体的には何処にあるのか，という点が重要となるし，また他方，損益計算書との関わりでいえば，公正価値評価差額に係る具体的な認識・測定原則は何か，という点が重要となる。

ここで例えば損益計算書との関わりについて，前述の2つの立場における考え方を探ってみると，一方，「拡張の論理」の立場は，主に損益の認識原則を実現基準ないしはその拡張たる実現可能性基準に求めている。また他方，「区分の論理」の立場は（そして例えば企業資本等式説においては），損益の認識原則を実現・実現可能性基準とは区別された狭義発生主義に求める。このように，2つの立場では，認識原則1つとっても，それぞれ考え方が異なっているのである。そしてこれらの考え方の妥当性については，個々のデリバティブの特質に即して（つまり，意味論レヴェルを重視した考察により），ヨリ具体的なかたちで検討していく必要があるものと思われる。

Ⅳ まとめ

（1） 次章以降の方向性

　以上，本章では，まず金融商品およびデリバティブの定義付けを行い，そして，金融商品のうち，特に学説と呼ばれるものが数多く存在すると思われる有価証券の会計に焦点を当て，その諸学説を整理した。また，それを承けるかたちで，デリバティブの会計問題をどう捉えていくかという点についての具体的な方向性を，Ⅲ（1）における有価証券の会計に係る諸学説を整理・発展させるかたちで検討していった。

　そして，次章から，デリバティブを巡るヨリ具体的な会計処理方法の議論に入っていくことにするが，便宜上，以下ではフォワード型デリバティブ（先物・先渡契約，およびスワップ）と，オプション型デリバティブ（オプション）とを区別しておく。そして本研究では，一方，前者に該当するものとして買建先物契約（第3章で検討）と金利スワップ（第4章で検討）を，また他方，後者に該当するものとして買建コール・オプション（第5章で検討）を，それぞれ取り扱う。

　なお，このような分類は，会計理論的には田中（茂）[2000]の指摘する金融商品の2つのタイプに対応している。すなわち，田中（茂）[2000]によれば，金融商品は，大きく，「単一の債権債務関係」を持つものと，「二重の債権債務関係」を持つものという2つに分類し得るという[26]。ここで，一方，「単一の債権債務関係」とは，将来，債務者から債権者への一方的な財の移転が生じる可能性のある債権債務関係をいい，上記のオプション型デリバティブがこれに該当する。これに対して他方，「二重の債権債務関係」とは，将来，双方向的な財の移転が生じる可能性のある債権債務関係をいい，上記のフォワード型デリバティブがこれに該当する[27]。なお，これらを図に示したものが＜図表2－5＞である。

第2章　金融商品会計の全体像

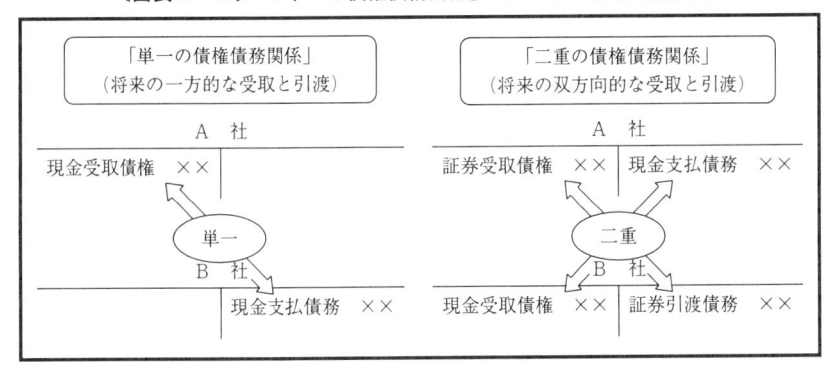

<図表2-5> 「単一の債権債務関係」と「二重の債権債務関係」

```
┌─────────────────────────────────┬─────────────────────────────────┐
│   「単一の債権債務関係」         │   「二重の債権債務関係」         │
│  （将来の一方的な受取と引渡）    │  （将来の双方向的な受取と引渡）  │
│          A　社                   │          A　社                   │
│ 現金受取債権 ××                 │ 証券受取債権 ××   現金支払債務 ×× │
│           ↖                      │           ↖     ↗                │
│            (単一)                │            (二重)                │
│           ↙                      │           ↙     ↘                │
│          B　社                   │          B　社                   │
│        現金支払債務 ××          │ 現金受取債権 ××   証券引渡債務 ×× │
└─────────────────────────────────┴─────────────────────────────────┘
```

このように，同じデリバティブであっても，「単一の債権債務関係」となるのか（オプション型デリバティブ），「二重の債権債務関係」となるのか（フォワード型デリバティブ）は，会計的には非常に重要である。

（2）ヘッジ会計について

なお，本研究では，以下の理由から，ヘッジ会計[28]の適用対象となるデリバティブについては考察の対象外としておく。

すなわち，確かに現実のデリバティブはヘッジ目的で利用されることが多く，この意味では，デリバティブの会計を考えるうえではヘッジ会計の問題も重要といえる。

しかしながら，ヘッジ会計の問題は，ひとりデリバティブだけの問題ではないともいえる。例えば，①確定約定や予定取引をヘッジ対象とする場合は，そのようなヘッジ対象との関係でヘッジ手段を考える必要があるし（この点，確定約定や予定取引といったヘッジ対象の方を会計上どのように捉えるかといった点がむしろ大きな問題となろう），また，②ヘッジ手段の側も，必ずしもデリバティブに限定されるものではない（確かに現実にはヘッジ手段としてデリバティブが用いられることが多いが，しかしながら，ヘッジ手段はそれだけに限定されるものではなく様々なものが用いられているし，また用いられ得る）。このように考えれば，ヘッジ会計の

問題はデリバティブ会計の問題に付随した論点というよりはむしろ、デリバティブ会計の問題とは別個独立した論点として捉える方が、理論研究上は望ましいように思われる。

このような理由から、本研究では、ヘッジ会計の適用対象となるデリバティブについては、考察の対象外とすることにする。

(注)
1) IASC [1995] パラグラフ5参照。なお、IASC [1995] では、このあとに、金融資産、金融負債及び持分金融商品を以下のように定義している。

> 金融資産とは、以下のあらゆる資産をいう。
> (a) 現金
> (b) 他の企業から現金あるいは他の金融資産を受け取ることが出来る契約上の権利
> (c) 金融商品を潜在的に有利な条件で他の企業と交換できる契約上の権利
> (d) 他の企業の持分金融商品
> 金融負債とは、以下のような契約上の義務を負うあらゆる負債をいう。
> (a) 他の企業に現金もしくは他の金融資産を引き渡す義務
> (b) 金融商品を潜在的に不利な条件で他の企業と交換する義務
> 持分金融商品とは、企業の全ての負債を控除したあとの残余財産権を証する契約である。

2) なお、わが国の金融商品に係る会計基準(企業会計審議会 [1999a]) では、適用範囲の明確化という理由から、IAS基準やFASB基準にみられるような抽象的な定義をせず、以下のように具体的な項目の列挙をもってその範囲を示しているにとどまっている。

<『金融商品に係る会計基準』における金融資産と金融負債の範囲>

> 金融資産とは、現金預金、受取手形、売掛金及び貸付金等の金銭債権、株式その他の出資証券及び公社債等の有価証券並びに先物取引、先渡取引、オプション取引、スワップ取引及びこれらに類似する取引(以下、「デリバティブ取引」という。)により生ずる正味の債権等をいう。
> 金融負債とは、支払手形、買掛金、借入金及び社債等の金銭債務並びにデリバティブ取引により生ずる正味の債務等をいう。　(第一の一)
> 金融資産及び金融負債の範囲には、複数種類の金融資産又は金融負債が組み合わされている複合金融商品も含まれる。　(注解1)

(企業会計審議会 [1999a] 第一の一及び同注解1参照)

第 2 章 金融商品会計の全体像

3）　有価証券のうち株式は，ある種のデリバティブといえなくもない。例えば，大村［1999］によれば，株式は，「企業の価値（暖簾）を原資産にして，期末に企業の価値が企業の債務を超えたときに債務返済後の残余利益すべての分配を受け取ることができるという条件のついたデリバティブ」であり，株価の変動は「原資産である企業の価値の変動」と考えることも出来るとしている（pp.89-90）。確かに，原理的にはこう解釈することも可能であるが，しかしこれを，後述するような本研究でいう意味合いでのデリバティブに果たして含めてよいかどうかについては疑問が残る。そこで，本研究では，一般的・伝統的な理解に従って，有価証券を第1次金融商品に含めて議論する。

4）　なお，コモディティ型（現物商品に係る）デリバティブを金融商品の範囲に含めるか否かについては議論が分かれるところである。例えば，わが国の基準では，これを金融商品の範囲には含めないとしている（但し，金融商品と同様の会計処理をなすよう定めている。企業会計審議会［1999 a］注解1参照）。
　　　これは非常に重要な問題といえるが，本研究ではとりあえず，現行制度に従いこれを含めないこととして議論する。なお，この点に関しては，古賀［2000］p.92，小宮山［2000］p.42，萩・川本［1997］p.100, pp.286-287，矢澤監修・太田昭和監査法人編［1997］p.44，および黒川［2001］等を参照。

5）　ここに示した通り，原資産といえども，特に，資産である必要はないといえる。例えば，「TOPIX（東証株価指数）」や「日経300」といった株価指数も原資産になりうる。この点について，大村［1999］は以下のように述べている。「……（中略）……原資産で統一して表現するが，これはあくまでも便宜的にである。」（p.89）「この場合（株価指数や金利が原資産となる場合を指す――田口注）は，原市場とでも呼んだほうが適切かもしれない。」（p.90）

6）　古賀［1999］p.3，吉田［1999］p.8，ハル［1994］p.17，小宮山［2000］p.151等を参照。

7）　ヨリ具体的には，ゼロコストオプション等に代表されるエキゾチックオプション（Exotic option）や，キャップ，フロアー，カラー，スワップション等様々なものが考えられる。これらについては，可児［1997］第8章等に詳しい。

8）　なお，この背後には，ビルディングブロック・アプローチ（Building Block Approach）という考え方が存在すると思われる。ビルディングブロック・アプローチとは，複雑な条件のデリバティブでも，その内容は，基本的な金融商品に分解可能であるとする考え方であり，金融エンジニアリングにおいては，Smithson［1987］が最初に提唱したものとされている。

9）　なお，わが国の実務指針でもこれと同様の特質が挙げられている。日本公認会計士協会［2001］（パラグラフ6）参照。また，ＦＡＳＢ［1998］に関連しては，インストラクター用マニュアルが出ているが，これを邦訳したものとして，古賀・河﨑訳・ＦＡＳＢ編［2000］がある。

10）　この図表については，笠井［2000 b］p.479，石川［2002 b］，および，笠井昭次教授が，「財務会計各論」（慶應義塾大学商学部，2002年度）において講述してい

たものを参考にしている。
11) 田中（弘）［1999］［2001］［2002］等を参照。
12) 加古［1991］等を参照。
13) 古賀［1999］［2000］等を参照。なお，このような全面公正価値会計の立場については，例えば，Barth & Landsman［1995］が参考になろう。すなわち，この体系の背後には，企業価値評価という視点が存在するものと思われる。
14) 醍醐［1990］［1993］等を参照。
15) 井上［1993］［1996］等を参照。
16) 井上［1993］［1995］［1999］等を参照。また，有価証券でなく減損会計を巡る議論であるが，井上［2000］についてもあわせて参照されたい。
17) 石川［2000］参照。
18) 森田［1995］参照。
19) 斎藤［1995］等参照。
20) 笠井［2000ｂ］（特に第4部）参照。
21) 勘定分類依拠観，および，勘定分類非依拠観という概念については，笠井［2000ｂ］p.478参照。
22) この点については，例えば，笠井［2000ｂ］第12章，石川［2000］第5・6・7章，石川［2002ｂ］，もしくは，笠井［2001ａ］［2001ｂ］［2002-2003］等における網羅的かつ詳細な比較検討を参照されたい。
23) なお，後者の「区分の論理」の立場については，ここで挙げた諸学説のように何か具体的な体系が提示されているわけではない（し，特に明示的なかたちで「区分の論理」の立場であることが主張されている訳ではない）が，例えば，白鳥［2000］（特に三(2)），柴［1999ａ］p.200，もしくは，津守［2002］（特に結章）等においても，その方向性が示唆されているように思われる。
24) なお，第1次金融商品としては様々なものが挙げられると思われるが，ここでは考察の便宜上，（売買目的）有価証券に限定して以下議論を進めていくことにする。すなわち，例えば，わが国の会計基準における，満期保有目的債券やその他有価証券については，本研究の考察の対象外とする。
25) 但し，タイプBは，有価証券とデリバティブの間には何らかの区分が必要という意味ではすでに「拡張の論理」とは呼べないかもしれない。ただそのような問題があるにせよ，とりあえずここでは，純粋理論的に考えるとこのような場合分けも可能となるという意味で，タイプBというものをあえて想定しておくことにする。
26) 田中（茂）［2000］p.377参照。
27) 但し，田中（茂）［2000］はこの（単一と二重の）違いを，第1次金融商品と第2次金融商品との違いに用いており，筆者の考え方とは実は大きく異なる点には留意されたい。すなわち，まず一方，田中（茂）［2000］は，第1次金融商品を「単一の債権債務関係」とし，第2次金融商品を（フォワード型であれオプション型であれ）「二重の債権債務関係」と捉えているのに対し，他方，筆者は，第1次金融商品およびオプション型の第2次金融商品を「単一の債権債務関係」とし，フォワー

ド型第2次金融商品を「二重の債権債務関係」と捉えている点,大きく異なる。つまり,オプション型デリバティブに「二重の債権債務関係」が存在するか否かがここでのポイントになるが,田中(茂)[2000]は存在すると考えており,他方,筆者(田口)は存在しないと考えているのである。この点については後の第5章で述べることにするが,とりあえずここでは,筆者は,田中(茂)[2000]の整理図を借りるものの,但し,完全に依拠しているわけではないという点にはくれぐれも留意されたい。

28) ヘッジ会計については,白鳥他訳[1997],大日方[1995b],斎藤[1996],古賀[1995],浦崎[2002]等を参照。

第3章

買建先物契約の会計

　本章では，投機目的の先物契約に焦点を当て，その会計処理方法に関する理論的根拠に接近することにする。そして，ここでは特に，先行研究に対して大きく以下の4つの問題提起を掲げることにする。

① （先物契約の貸借対照表能力に関して）先物契約オンバランス化の論理は，契約会計もしくはその延長線上にしかないのか。
② （先物契約の損益計算書能力に関して）先物契約に係る損益は，本当に実現・実現可能基準で説明出来るのか。
③ （①②を纏めたかたちで）デリバティブの会計問題は「拡張の論理」の問題か，それとも「区分の論理」の問題か。
④ 差金決済性の捉え方ないし位置付けは妥当か否か。

　これらについて結論的には筆者は以下のように考える。

① クリアリング・ハウスの存在により，売り手と買い手とが構造的に分断されているという先物市場そのものの仕組みからすれば，会計上は，先物市場における企業資本の（現在時点における）運用と調達という貸借関係（先物市場との資本の貸借関係）が存在すると想定出来，よって，契約会計の考え方に依拠せずとも，先物契約のオンバランス化が合理的に説明出来る。
② 先物市場におけるヘッジャーからスペキュレーターへのリスク移転機能を鑑みれば，先物契約から生じる損益は，ある一定期間ポ

ジションをとり続ける(リスクに耐え続ける)ことに対して一面的に生じる時間的報酬(「連続」)であり,実現・実現可能基準(「断絶」)からはそのような損益を合理的に説明することは困難である。
③ デリバティブの会計問題は,実物経済と金融経済とを区分する「区分の論理」の問題として捉えることで合理的な説明が可能となる。
④ 差金決済性ということは,会計処理を考えるうえでは決定的なポイントとはならない(「投下資本なくして利潤なし」)。

そして本章では上記①~④について,具体的な仕訳を辿ることで明らかにしていくことにする。

第3章キーワード

先物契約,契約会計,「拡張の論理」,「区分の論理」,差金決済性,先物契約に係る権利・義務,原資産を中心に捉える見解,先物契約そのものに着目する見解,先物契約に係る権利を棚卸資産の延長で捉える立場,先物契約に係る権利を棚卸資産とは異質なものとして捉える立場,資本等式,価額帰属規則,支出額系統,収入額系統,「投下資本なくして利潤なし」,企業資本等式,派遣分,証拠金

第3章 買建先物契約の会計

<3章の全体像>

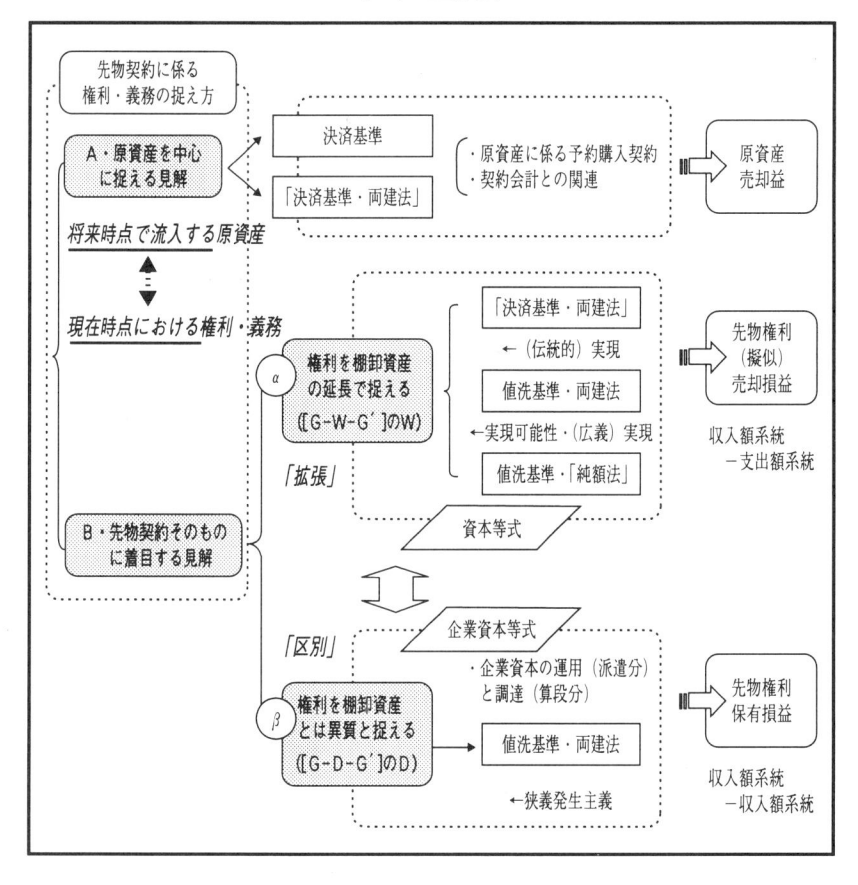

```
先物契約に係る
権利・義務の捉え方

A・原資産を中心          決済基準           ・原資産に係る予約購入契約        原資産
に捉える見解         「決済基準・両建法」      ・契約会計との関連           売却益

将来時点で流入する原資産
     ≠
現在時点における権利・義務
                                  「決済基準・両建法」
                     権利を棚卸資産       ← (伝統的)実現        先物権利
                     の延長で捉える       値洗基準・両建法       (擬似)
                      ([G-W-G']のW)   ←実現可能性・(広義)実現   売却損益
                         α           値洗基準・「純額法」
                        「拡張」                              収入額系統
                                      資本等式                -支出額系統
B・先物契約そのもの
  に着目する見解
                                     企業資本等式
                   「区別」            ・企業資本の運用(派遣分)
                     権利を棚卸資産        と調達(算段分)         先物権利
                     とは異質と捉える      値洗基準・両建法         保有損益
                      ([G-D-G']のD)
                         β                                  収入額系統
                                     ←狭義発生主義             -収入額系統
```

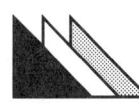

I　はじめに

　本章では，投機目的の先物契約に焦点を当て，その会計処理方法に関する理論的根拠に接近することにしたい。まずⅡでは，先物契約に係る会計処理方法を確認した後，それらに係る先行研究をサーベイすることにする。そして，そのような先行研究に対して大きく４つの問題提起を行った上で，Ⅲ以降では，次のように考察を進めていく。すなわち，まず，先物契約に係る権利・義務を会計的にどのように捉えるのが望ましいかを整理し（Ⅲ），そしてそれを手がかりとして，先物契約に係る各会計処理方法の比較検討を進めていくことにする（Ⅲ・Ⅳ・Ⅴ）。なお，ここでは具体的な仕訳を実際に辿ることで，検討を進めていくことにする。そして最後にⅥでは，本章の纏めを行うことにする。

Ⅱ　先物契約に係る設例と先行研究の整理

（１）　先物契約に係る設例

　先物契約（futures）とは，ある特定の資産（原資産と呼ばれる）を，将来のある時点に，現時点で約定した価格・数量等で受渡しする取引所取引をいう[1][2][3]。なお，本章での以下の議論は全て，買建の先物契約を想定することにする。
　ここでは特に，買建債券先物契約を想定し，＜図表３－１＞のような設例を設けることにする。そして，この設例に沿って実際に仕訳を行うと，＜図表３－２＞のようになる。なお，ここでは，先物契約の会計処理方法に係る本質を摑むことにその主眼があることから，諸仮定等については出来るだけ簡略化し

第3章　買建先物契約の会計

た4)5)。

<図表3-1>　設　例

①	×1年期首 (当社は暦年)	以下の条件で買建の債券先物契約を結んだ。 債券元本：1,000 契約期間：×1年1月1日から×10年12月31日まで
②	×1年末	先物価格が1,100に上昇した。
③	×2年末	先物価格が1,050に下落した。
④	×3年期首	手仕舞いを行った。先物価格は③と同じであった。

<図表3-2>　具体的仕訳

	決済基準		値洗基準・両建法		値洗基準・「純額法」	
	借　方	貸　方	借　方	貸　方	借　方	貸　方
①	仕訳なし		先物資産 1,000	先物負債 1,000	先物差額資産 0	先物損益 0
					(もしくは，仕訳なし)	
②	仕訳なし		先物資産 100	先物利得 100	先物差額資産 100	先物利得 100
③	仕訳なし		先物損失 50	先物資産 50	先物損失 50	先物差額資産 50
④	現　金 50	先物利得 50	先物負債 1,000 現　金 50	先物資産 1,050	現　金 50	先物差額資産 50

　<図表3-2>に示されるように，先物契約に係る会計処理方法としては，大きく3つの方法が考えられる。すなわち，決済基準，値洗基準・両建法および値洗基準・「純額法」6)の3つである7)。

　まず，決済基準とは，実際の現金授受があった場合にのみ仕訳を行う会計処理方法をいう。すなわち，この方法のもとでは，<図表3-2>に示されている通り，実際の現金授受のある決済時にのみ，仕訳が行われることになる。次に，値洗基準・両建法とは，先物契約に係る権利および義務を，資産および負債として，両建でオンバランスする方法をいう。最後に，値洗基準・「純額法」とは，先物契約に係る権利および義務（もしくは資産・負債）を相殺し純額で計上する方法をいう。そして，値洗基準・両建法，および，値洗基準・「純額法」によれば，<図表3-2>に示されている通り，各期末において，先物

資産の公正価値評価が行われ，また，その公正価値評価差額部分については先物損益として計上されることとなる。

（2） 先行研究の整理

次に，先物契約に係る会計処理方法を巡る先行研究に目を向けてみることにする。すなわち，上記3つの会計処理方法を支える理論的根拠は，通説的には，一体何処にあるとされているのであろうか。それを纏めたものが，＜図表3－3＞である。

＜図表3－3＞　先行研究の整理

会計処理法	先行研究における論拠	
決済基準	先物契約が未履行契約であること	
値洗基準・両建法	B／S能力	契約会計もしくはその延長線上にある概念（取引概念拡張，会計上の属性等）を適用ないし導入することにより，未履行契約を会計的に計上することが可能となること[8]
	P／L能力	実現・実現可能性基準により損益計上が可能となること
値洗基準・「純額法」	（B／S能力，P／L能力に関する議論は，値洗基準・両建法と同様）差金決済性の重視	

（ⅰ）　先行研究における決済基準の論拠

＜図表3－3＞に示されている通り，先行研究においては，決済基準の論拠としては，先物契約が未履行契約[9]であることが挙げられている。すなわち，先物契約は，約束と約束との交換[10]であるから，約定時には完全未履行の状態にある。よって，そのような未履行契約たる先物契約は，現行の会計体系においては財務諸表上オフバランスとされるというのである[11]。

（ⅱ）　先行研究における値洗基準・両建法の論拠

これに対して，値洗基準・両建法については，主に＜図表3－3＞に示され

ている通り，大きく2つの観点，すなわち，先物契約の貸借対照表能力および損益計算書能力という2つの観点から，その根拠付けがなされていると思われる。

まず一方，貸借対照表能力（厳密には，先物契約に係る権利および義務の貸借対照表能力）については，主に契約会計もしくはその延長線上から論じられることが多い。ここにおいて契約会計とは，認識時点を現行の財の受領時点から契約時点に拡張することにより未履行契約を認識する新しい会計領域をいう[12]。そして，契約会計による未履行契約オンバランス化の要件は，(a)資産性・負債性，(b)意思決定有用性を満たすための（目的適合性等の）質的規準，(c)確定性（契約の履行が厳しいペナルティを伴うことなしに回避し得ないこと），の3つとされ[13]，先物契約はこれら3つの要件を満たすとされるのである[14]。また，この点については，未履行契約に関する権利・義務は会計上の取引として認め得るといった観点（取引概念拡張[15][16]の観点），もしくは，当該権利・義務の貸借対照表能力は「会計上の属性」[17]から正当化し得るといった観点から論じられることもある。

また他方，損益計算書能力（厳密には，先物契約に係る公正価値変動部分の損益計算書能力）については，実現基準もしくは実現可能性基準の観点から論じられることが多い。

まず，前者の実現基準について述べる。例えば，森田［1986］によれば，値洗基準を適用した際の公正価値評価差額部分については，実現の2要件，すなわち，①損益の確実性・確定性，および，②資金的裏付けという要件を満たすという。すなわち，①先物契約は，商製品の場合とは異なり，反対売買取引（差金決済）によって，その損益を企業自身の意思でいつでも確定出来ることから，先物契約に係る公正価値変動部分は損益の確実性・確定性という要件を満たし，また，②期末未決済の先物契約の利益は，確かに現金化されていないが，それは，いつでも決済によって現金化出来ることから，先物契約に係る公正価値変動部分は資金的裏付けという要件を満たす，とされる[18]。

また，後者の実現可能性基準について述べる。例えば，醍醐［1990］は，先

物契約に係る会計処理方法のうち，一方，決済基準を実現基準の適用としたうえで，他方，値洗基準は実現可能性基準によって説明されるという。ここで，実現可能性基準とは，「特別な努力なしに増価を合理的に見積もり可能な価格で流動性ある資産に転換できる客観的状態が存在すること」(p.85)という要件，ヨリ具体的には，「分離可能性」(企業の現在の事業活動の継続に支障をおよぼさない範囲で分離し得る増価であること)を要件として，損益を計上しようというものであるという。そして，先物契約については，「企業の意思でその時期や金額が選択される決済そのものよりも，随時その額で決済が可能な時価の変動こそ，会計が表現すべき事象である」(p.86)として，実現可能性基準による値洗基準の妥当性が主張されるのである[19]。

以上のように，先行研究においては，主に貸借対照表能力および損益計算書能力という2つの観点から，値洗基準・両建法の妥当性が主張されている。

(iii) 先行研究における値洗基準・「純額法」の論拠

値洗基準・「純額法」については，基本的には値洗基準・両建法と同様のロジックで，その妥当性が主張されているように思われる。但し，<図表3-3>にも示されている通り，先物契約の差金決済性というところから，先物契約に係る権利・義務(もしくは資産・負債)が相殺されて純額で計上されると考える点で，値洗基準・両建法とは異なる。

すなわち，例えば，IASC［1995］は，次の2つの要件を掲げ，これらの要件を満たすのであれば，権利・義務(もしくは資産・負債)は相殺され，その純額が貸借対照表上計上されなければならないとしている。ここで，2つの要件とは，①認識された金額を相殺する法的な強制力のある権利を有していること，および，②純額で決済する意図もしくは資産の回収と債務の決済とを同時に実行する意図があること，という2つである(パラグラフ33)。そして，先物契約の場合，差金決済性という点から，つまり，将来の反対売買によって純額で決済されることが予定されているという点から，要件①および②を満たすとされ，そしてこのことから，先物契約に係る権利・義務(もしくは資産・負債)

について純額計上がなされる値洗基準・「純額法」の妥当性が主張されることとなる[20]。

（3） 先行研究に対する4つの問題提起

　以上，先行研究の大まかな整理を行った。本章では，先行研究の1つ1つについて，詳細な検討をすることは出来ないが，その大枠について，いくつか問題提起を行うことにする。ここでの問題提起は，先行研究における問題点と連動しているのだが，それは大きく4つあるように思われる。

　まず，先行研究に対する第1の問題提起は，先物契約の貸借対照表能力に関して，先物契約オンバランス化の論理は，契約会計もしくはその延長線上にしかないのか，ということである。

　すなわち，先行研究においては，先物契約に係る権利・義務の貸借対照表能力については，主に契約会計もしくはその延長線上で論じられている。しかしながら，一方，①契約会計導入ということであれば，それは一体どういったレヴェルでの「導入」なのかその全体像が明らかではない（例えば，それがデリバティブについてのみの「導入」なのか否かについては明らかではない）ように思われるし，また他方，②契約会計の延長線上での議論であったとしても，①と同様に既存の概念との関係付けが明らかでなく，結局アドホックな解決にしかならない（例えば，もっぱら先物契約オンバランス化のためにだけ考えられ，かつ，他の既存の概念との関係付けが蔑ろにされているような諸条件が，ただやみくもに羅列されるだけでしかない）ようにも思われるのである[21]。

　そこで，そのような方向とはまた違った論理で[22][23][24]貸借対照表能力が論じられないかが問題となるが，この点について結論的には筆者は，会計構造，特に，企業資本等式における企業資本の調達と運用という点が1つ重要となると考えている。そこで，本章では，このことについて，以下検討していくことにする。

　なお，この点は，オンバランスされる資産・負債としてどういうものが想定

されているのかということと大きく関係する。例えば，先行研究のように，契約会計によって未履行契約のオンバランス化がなされるとしても，そのようにオンバランスされるものとして，一体どのような性質の資産または負債が予定されているのかについては，必ずしも明らかではない。すなわち，オンバランスされる先物契約の本質，ないし先物契約に係る権利・義務の本質は何かということが必ずしも明確ではないのである。しかし，この点をどう捉えるかで，その後の論理構成は大きく変わってくるものと思われる。つまり，契約会計であれ，また別の論理であれ，先物契約（ないしそれに係る権利・義務）そのものの本質を捉える必要があるだろう。そこでⅢでは，この点について検討を行う。

なお，この点について結論的にいえば筆者は，大きく2つの見解があると考えている。すなわち，第1は，原資産を中心に捉える見解であり，また第2は，先物契約に係る権利そのものに着目する見解である。そして特に，後者の見解は，そのような権利を棚卸資産の延長線上で捉えるか否かにより，更に2つの立場に細分化されるものと思われるが，この点についての詳細は，Ⅲ以降で検討することにする。

また，先行研究に対する第2の問題提起は，損益計算書能力に関して，先物契約に係る利得・損失は，本当に実現基準もしくは実現可能性基準で説明出来るのか，ということである。すなわち，先行研究においては，先物契約の公正価値変動に係る利得・損失は，伝統的な実現基準を何らかのかたちで拡張した広義の実現基準もしくは実現可能性基準によって説明されている。しかしながら，そこでは，棚卸資産等に適用される伝統的ないわゆる「プロダクト型」[25]の実現概念との関係付けについては，検討されていないように思われる。つまり，先行研究のように，デリバティブたる先物契約を，棚卸資産等に適用される概念たる実現（もしくはその延長）で説明するのであれば，先物契約を，棚卸資産と何らかの意味で同質のもの，もしくは，その延長線上にあるものとして捉えていることになる。しかしながら，もし仮にデリバティブを，棚卸資産と同質のものと捉えるのであれば，そこに何らかの犠牲と成果の対応というものが想定されなければならないように思われるが，先物契約（の公正価値評価差額

部分)について,どのような犠牲と成果が想定されているのかについては,先行研究では明らかではない[26]。つまり,もし仮に,先行研究のような方向性でデリバティブを捉えるのであれば,デリバティブと棚卸資産とでは,どこが同じであり,そして,どういった論理のもと,同一の(実現・実現可能性)概念を用いることが出来るのかという点について検討しなければならないが,先行研究においては,そのような検討が行われていない。そこで本章では,このような点について,先物契約から生じる損益の本質との関係で,検討していく必要がある。

そして第1の問題提起(貸借対照表能力の問題)と,第2の問題提起(損益計算書能力の問題)とを更に推し進めて考えていくと,デリバティブの会計問題については,商品等棚卸資産を拡張したかたちで捉えることが望ましいのか(「拡張の論理」),それとも,商品等棚卸資産とは異質なものとして捉えることが望ましいのか(「区分の論理」),という第1章および第2章でも述べてきた基本的かつ根本的な問題に行き着くこととなる。そして,これが第3の問題提起となる。すなわち,デリバティブの会計問題を,あくまで価値生産運動に係る[G−W−G′]という国民経済のシェーマの範疇で捉えるのか,それともそういった範疇とはまた別の視点から捉えるのか,という基本問題である。この点について結論的には筆者は,デリバティブの会計問題は,棚卸資産等に係る[G−W−G′]という価値生産運動に係る議論の延長線上では論じられず,それとはまた違った[G−D−G′]という資本派遣運動に係る議論として論じなければならないと考えているが,このような(デリバティブの会計問題は,「拡張の論理」の問題か,「区分の論理」の問題か,という)点についても,以下で検討していく必要がある。

最後に,先行研究に対する第4の問題提起は,差金決済性ということは会計処理方法の妥当性を決する重要な論拠になり得るのか,ということである。すなわち,先行研究においては,会計処理方法の検討において,差金決済性ということが過度に強調され過ぎているように思われる。例えば,先行研究のいくつかにおいては,先物契約の差金決済性が過度に強調された上で,先物契約に

係る権利・義務（もしくは資産・負債）の相殺そして純額計上が主張されている。

しかしながら，決済方法の問題と貸借対照表能力の問題とが，本当に連動しているのかというと，この点疑問が残る。すなわち，ごく素朴に考えるならば，将来差金決済を行うということをもって，すぐさま貸借対照表においても純額計上すべきであるとは，決して言い切れないように思われるのである。例えばここで，先の＜図表3－2＞における，値洗基準・両建法の④手仕舞い時（差金決済時）の仕訳を思い出してみると，[（借）先物負債1,000，現金50（貸）先物資産1,050]となっている。つまり，先物契約に係る権利・義務（もしくは資産・負債）を純額計上せず総額（両建）計上する値洗基準・両建法によっても，差金決済が，仕訳上で十分に表現されている。このように，決済の方法それ自体と，決済に至るまでの企業資本の運動（貸借対照表能力）とは，別次元の問題といえよう。だとすれば，先物契約の差金決済性ということをもって，貸借対照表能力としても純額計上が認されるとは，決して言い切れない。むしろここでは，後述するように「投下資本なくして利潤なし」という発想が重要となるのであるが，いずれにせよ，仕訳を想定することなく，過度に先物契約の差金決済性を強調し，そしてそのことから，直ちに値洗基準・「純額法」の妥当性を主張するような先行研究の発想は，問題なしとはいえない。このような点からも，単に記述的に，そして過度に差金決済性を強調し議論を進めるのではなく，具体的な仕訳を辿ることで，会計処理方法の比較検討を行うことが求められるだろう[27]。

以上，先行研究に対する4つの問題提起，すなわち，①先物契約のオンバランス化は，契約会計とは別の論理で説明出来ないのか，②先物契約に係る損益は，本当に実現・実現可能性基準で説明出来るのか，③デリバティブの会計問題は「拡張の論理」の問題か，それとも「区分の論理」の問題か，④差金決済性ということは会計処理方法の妥当性を決する論拠になり得るのか，という4つの点を踏まえ，以下，各会計処理方法の再整理ないし比較検討を行うことにする。

ただ，そのような議論の前提として，先物契約に係る権利・義務の本質とい

うものを，いま1度整理することが必要であると思われるので，この点についてまずⅢの冒頭で検討することにする。そしてそのような整理を手がかりとして，具体的な会計処理方法について再整理ないし比較検討を行っていくことにする。

Ⅲ 先物契約に係る権利・義務の本質の再整理

（1） 先物契約に係る権利・義務についての2つの見解

ここでは，先物契約に係る権利・義務の捉え方について再整理を行うこととする。

先行研究においては，先物契約に係る権利・義務の捉え方としては，大きく2つの見解がある。

第1は，原資産を中心に捉える見解である。すなわち，先物契約に係る権利および義務を，「将来ある特定の時点である特定の単位の原資産を購入する権利」および「将来ある特定の時点である特定の単位の原資産を購入するための対価を支払う義務」と解する見解である。この見解のもとでは，先物契約は，原資産に係る一種の予約購入契約とみなされており，当該先物契約に係る権利・義務は，当該予約購入における将来の原資産そのものの授受に係る権利・義務として理解されることとなる。

また第2は，先物契約そのものに着目する考え方である。そして，これにはいくつかの考え方があるが，例えば，嶺［1989］によれば，先物契約に係る権利および義務は，「買建てた価格よりも高い価格かまたは低い価格で将来転売することによって決済する権利および義務」と捉えられることとなる。

そして，先行研究においては，これら2つの見解を巡って，次のような議論がなされている。すなわち，前者の考え方は現引き（実際の原資産の購入）を想

定しているため，先物契約の差金決済性からすると望ましくないとの批判がなされ[28]，そして，そのような批判を承けるかたちで，後者の考え方は先物契約の「経済的実質」を捉えており望ましい，という議論がなされている。

そこで本節では，まず（2）で，後者の見解に焦点を当てることにする。そしてそれを足掛かりとして，（3）以降で，先行研究における議論の全体像について，実際の仕訳を辿ることで再整理を行うことにする。

（2） 先行研究における先物契約そのものに着目する見解

（1）に掲げた2つの見解のうちの後者，すなわち，先物契約そのものに着目する見解は，例えば，嶺［1989］において支持されている。

ここで嶺［1989］は，前者の原資産を中心に捉える見解は，「現物の受渡しによる決済を前提とする限りにおいては妥当であるが，差金決済をも含めた先物契約に基づく権利・義務の説明としては不完全であり，決して妥当なものとはいえない」（p.27）としたうえで，当該権利・義務を，次のように考える。

すなわち，嶺［1989］は，「現物の受渡しによる決済方法と反対売買による差金決済方法のいずれにせよ，先物契約は将来，相手方に決済させる権利と自ら決済する義務を生ぜしめる」（p.27）とした上で，買建先物契約に係る権利・義務を，「買建てた価格よりも高い価格かまたは低い価格で将来転売する（または現物を受取り，対価を支払う）ことによって決済する権利・義務」（p.27）と捉えるのである[29]。

すなわち，このような嶺［1989］の権利・義務の捉え方は，例えば，野村総合研究所編［1991］における債券先物契約の定義に適う。すなわち，野村総合研究所編［1991］によれば，債券先物契約（取引）とは，「ある対象債券（アンダーライング；Underlying securities；現物債）を，現時点の約定価格で，将来の一定期日に，一定量を購入もしくは売却する『権利（Contract）』の取引」（p.115。但し，傍点は田口）をいう。つまり，原資産に係る現実のモノの動き（もしくはそ

れに対する総額のカネの動き）があるかないかに関わらず，そのようなモノの動き（もしくはカネの動き）を想定する権利（そしてそれに対する支払義務）を創出したうえで，当該権利を先物市場で売買することが，（債券）先物契約に他ならないのである。つまり，先物契約においては，原資産に係るモノ・カネの動きはそもそもフィクションであり，あくまでそれに係る権利の側が，先物市場で売買されているのである。そしてそうであれば，先物契約に係る権利・義務についても，単に原資産を中心に捉えるのではなく（すなわち，原資産の一種の予約購入契約と捉えるのではなく），先物市場において売買される権利（そしてそれに対する支払義務）そのものと捉える方が，実際の取引実態に照らしてヨリ自然であると思われる。その意味で，嶺［1989］における権利・義務の捉え方は妥当といえる。

（3） 原資産を中心に捉える見解と具体的な会計処理方法との関係

そしてこのことを踏まえたうえで，次に，先物契約の権利・義務に係る2つの見解と，実際の会計処理方法との関係について検討していくことにする。(3)ではいったん，2つの見解のうち，原資産を中心に捉える見解に立ち返ったうえで，このような見解と具体的な会計処理方法との関係について考えてみる。すなわち，多くの先行研究においては，原資産を中心とする見解は，実際の現引きを想定していることから，先物契約の差金決済性に反し望ましくないとされるが，このような批判の内容について，実際の仕訳とのかかわりの中で，検討してみることにする。

原資産を中心に捉える見解は，（先の＜図表3－2＞における3つの会計処理方法の1つである）決済基準と結び付くが，この他にも（先の3つの会計処理方法にはなかったが）「決済基準・両建法」[30]ともいうべき会計処理方法と結び付くように思われる。そして，それらの会計処理方法を（先の＜図表3－1＞における設例のもと）具体的な仕訳で示すと＜図表3－4＞のようになる。

<図表3-4> 原資産を中心に捉える見解と具体的な会計処理方法との関係

		(イ) 決済基準		(ロ) 「決済基準・両建法」	
		借 方	貸 方	借 方	貸 方
①	×1年期首約定	仕訳なし		「将来原資産」1,000	将来対価支払義務 1,000
②	×1年期末	仕訳なし		仕訳なし	
③	×2年期末	仕訳なし		仕訳なし	
④ ×3年期首	(a) 現引き	原資産 1,000	未払金 1,000	原資産 1,000 将来対価支払義務 1,000	「将来原資産」1,000 未払金 1,000
	(b) 転売	未収入金 1,050	原資産 1,000 原資産売却益 50	未収入金 1,050	原資産 1,000 原資産売却益 50
	(c) 決済	未払金 1,000 現金 50	未収入金 1,050	未払金 1,000 現金 50	未収入金 1,050

　すなわち，原資産を中心に捉える見解においては，原資産に係る一種の予約購入が想定され，当該予約購入に係るコミットメント部分が先物契約の本質であるとされる。よって，具体的な会計処理方法としては，(イ)文字通り原資産の予約購入契約と解し，実際の原資産の購入までは仕訳を行わない決済基準（<図表3-4>左列(イ)）だけではなく，(ロ)当該予約購入に係るコミットメント部分を契約会計によりオンバランス化するが，当該コミットメント部分については（あくまでも原資産が中心ゆえ）評価替えを行わない「決済基準・両建法」（<図表3-4>右列(ロ)）という方法も想定し得るように思われる。

　そしてここでのポイントは，以下の5つである。

(ⅰ) 第1のポイント ～契約会計～

　まず第1のポイントは，特に①×1年期首約定時における入帳規約に関して，(イ)の決済基準について契約会計で（コミットメント部分を）オンバランスしたものが(ロ)の「決済基準・両建法」となっており，また逆に，(ロ)の「決済基準・両建法」について未履行契約を根拠に（コミットメント部分を）オフバランスとし

たものが(イ)の決済基準となっている，ということである．すなわち，原資産を中心に捉える見解では，原資産に係る一種の予約購入が想定されることから，まさに，契約会計における議論が当てはまることとなる．

(ⅱ) 第2のポイント ～「将来原資産」～

次に第2のポイントは，特に(ロ)「決済基準・両建法」について，①で計上される借方側は，具体的には，「将来原資産」として位置付けられることになるということである．すなわち，第1のポイントで述べた通り，(ロ)の「決済基準・両建法」においては，原資産の予約購入に係るコミットメント部分が契約会計によってオンバランス化される．そしてここでは，あくまで（コミットメントそのものではなく）原資産の将来の流入に焦点があるので，契約会計によってオンバランス化されるコミットメント部分の借方，すなわち「将来ある特定の時点である特定の単位の原資産を購入する権利」は，権利そのものとしてではなく，「企業に将来流入するであろう原資産」として捉えられることとなる．つまり，(ロ)「決済基準・両建法」の①で計上される借方の「将来原資産」は，④で現引きおよび転売が擬制される原資産と（将来項目か，それとも現在項目か，という違いこそあれ）その本質は同じであると捉えられていることになる[31]．

なお，このような意味においても，(ロ)「決済基準・両建法」の①における仕訳は，備忘記録とは異なるという点については留意されたい．すなわち，原資産の予約購入契約につき，あくまで契約会計の適用によりコミットメント部分が（「将来原資産」として）オンバランスされるということであるから，これは単なる備忘記録とは一線を画するものである．

(ⅲ) 第3のポイント ～原資産の購入・売却擬制～

そして第3のポイントは，このような見解に立つ限り，④において原資産の現引きおよび転売が擬制されるということである．すなわち，原資産を中心に捉える見解においては，原資産の予約購入が想定されることとなるが，このような想定を貫徹するのであれば，④×3年期首における決済時においては，

いったん当該予約契約を履行し原資産の購入をなし，そしてそのうえで，当該原資産について反対売買，すなわち売却を行ったと仮定する必要がある。そしてそのことは，＜図表3－4＞の仕訳では④×3年期首における(a)および(b)に示されている。すなわち，(a)が原資産の購入（契約の履行）を擬制した仕訳を，(b)が原資産の売却を擬制した仕訳を，それぞれ示している。

　ここで先行研究においては，原資産を中心に捉える見解は実際の現引きを想定している，という指摘があったが，そのことが，まさにここで具体的な仕訳のかたちで示されている。つまり，＜図表3－4＞④(a)(b)の仕訳が物語っているように，原資産を中心に捉える見解は，確かに，原資産の購入および売却を擬制している。よって，この点について"のみ"いえば，先行研究の指摘は的を射ているといえる。しかしながら，ここで留意しなければならないのは，このように擬制することが，"すぐさま"差金決済性に反するという訳ではないということである。これについては後述する。

(iv)　第4のポイント　～原資産"売却益"～

　続いて第4のポイントは，（第3のポイントのように解するのであれば）④の先物利得の"本質"は原資産売却益とならざるを得ないということである。すなわち，第3のポイントで述べた通り，この見解における原資産の予約購入という視点を貫徹するためには，④においては，原資産の購入および売却が擬制される必要がある。そうであれば，④で生じる先物利得50は，原資産の売却擬制から生じる原資産売却益として理解されることになる。つまりここでは，先物利得50は，先物契約そのものから生じたものとしてではなく，あくまで原資産（の売却）から生じたものとして理解されることとなるのである。そして，このことを示しているのが，＜図表3－4＞④(b)の仕訳（特に貸方）である。

(ⅴ)　第5のポイント　～差金決済性との関係～

　最後に第5のポイントは，しかしながら，このような原資産の購入・売却擬制それ自体は，先物契約の差金決済性に反するものではない，ということであ

第3章　買建先物契約の会計

る。すなわち、たとえ原資産の出入りを擬制したとしても、当該原資産の購入ないし売却に係る決済については、＜図表3－4＞④(c)の仕訳に示されているように、(原資産購入に係る) 未払金1,000と (原資産売却に係る) 未収入金1,050との差額50によってなすことが出来る[32]。つまり、差金決済性は、その名が示す通り、あくまで決済、すなわち、最終的な現金授受に係る未収入金と未払金 (との相殺) にのみ関係するものであって、原資産の購入・売却擬制の方には関係しないのである。よって、原資産の購入・売却擬制それ自体は、差金決済性に反するものではない。

　ここで先行研究においては、原資産を中心に捉える見解は差金決済性に反し妥当ではない、という指摘があったが、これは上述の議論を鑑みれば、いささか的外れであるように思われる。すなわち、原資産を中心に捉える見解は、確かに原資産の購入・売却を擬制するものの、少なくとも差金決済性には反していない。つまり、原資産を中心に捉える見解が妥当ではないことの理由は、少なくとも差金決済性 (に反する) というところにはない。

(vi) 原資産を中心に捉える見解の問題点

　では、原資産を中心に捉える見解が妥当ではないことの理由は、一体何処にあるのだろうか。このことを、上記5つのポイントを纏めるかたちで述べるとするならば、次のようになる。

　すなわち、原資産を中心に捉える見解は、先物契約を原資産の予約購入契約という視点から捉えることとなる。このため、当該コミットメント部分 (先物契約に係る権利・義務) については、原資産の予約購入における一連のプロセスの中に組み込まれてしまうことになる (原資産の予約購入の一部をなすものとして位置付けられてしまうことになる)。よって、具体的な会計処理方法についても、まず一方、先物契約をあくまで原資産に関しての未履行契約として捉えることから、結局は契約会計の範疇における議論 (原資産の予約購入について、当該予約に係るコミットメント部分を原資産本体とはまた別にオンバランスするか否かという議論) に行き着くこととなり、この点妥当とはいえない。つまり、このような理

解では，結局先にⅡで述べたような（契約会計導入に係る）問題点に行き着くことになってしまい，妥当とはいえない。また他方，決済時に生じる先物利得50についても，あくまで原資産売却益としてしか理解出来ず，この点でも妥当とはいえない。すなわち，先に述べた通り，先物契約における原資産はあくまでフィクションであり，例えば，株価指数など，実際に売買出来ないものについても原資産の対象となり得る。そうであるにもかかわらず，先物契約から生じる損益をただ単純に原資産売却益として位置付けてしまうのは，そのような先物契約に固有の性質を無視することになり，この点実際の取引実態に即した説明とはいえない。

　以上のように，原資産を中心に捉える見解は，それが結局は契約会計の議論に行き着かざるを得ないこと，また，先物利得を原資産売却益として理解せざるを得ないこと，という2点から妥当とはいえないように思われる[33]。

（4）　先物契約そのものに着目する見解と具体的な会計処理方法との関係

　これに対して，先物契約そのものに着目する見解と具体的な会計処理方法との関係は，どうなっているのであろうか。（4）では，この点についての概略を述べることにする（ヨリ詳細な考察については，Ⅳ以降で行うことにする）。

　先に(2)で検討した通り，先物契約そのものに着目する見解においては，原資産ではなく先物契約という権利そのもの（そしてそれに対する支払義務）に焦点が置かれ，そのような権利が，1つの独立した金融商品として先物市場で売買されていると捉えられることとなる。すなわち，この見解のもとでは，原資産に係るモノ・カネの動きはそもそもフィクションであるとされ，あくまでそれに係る権利が先物市場で売買されていると捉えられるのである。

　そして，特にこの借方側の権利を，どのように捉えるかについては，更に2つの立場があるように思われる。

　まず第1は，当該権利を，（一応1つの金融商品とは捉えるものの，しかしそのよ

うな金融商品を）あくまで棚卸資産の延長線上のものとして捉える立場である。これは先の第3の問題提起でいう「拡張の論理」の考え方を採る立場である。

そして第2は，当該権利を，（1つの金融商品として捉え，かつ）商品等棚卸資産とは異質なものとして捉える立場である。これは先の第3の問題提起でいう「区分の論理」の考え方を採る立場である。

そして，そういった2つの立場と，具体的な会計処理方法との関係について，結論的には筆者は次のように考えている。（仕訳を辿ったうえでの詳細な検討は，ⅣおよびⅤにおいて行うことにするが）一方，前者の立場は，具体的には次の3つの会計処理方法と結び付くものと思われる。すなわち，＜図表3－2＞に示されている3つの会計処理方法のうちの，値洗基準・両建法と値洗基準・「純額法」という2つと，「決済基準・両建法」（但し先の原資産を中心に捉える見解におけるそれとは素性の異なるもの）である。また他方，後者の立場は，具体的には次の会計処理方法と結び付くものと思われる。すなわち，＜図表3－2＞に示されている3つの会計処理方法のうちの，値洗基準・両建法である。

（5）小　　括

以上の議論を纏めると，＜図表3－5＞のようになる[34]。

<図表3-5> 先物契約に係る権利・義務の本質と
具体的な会計処理方法との関係

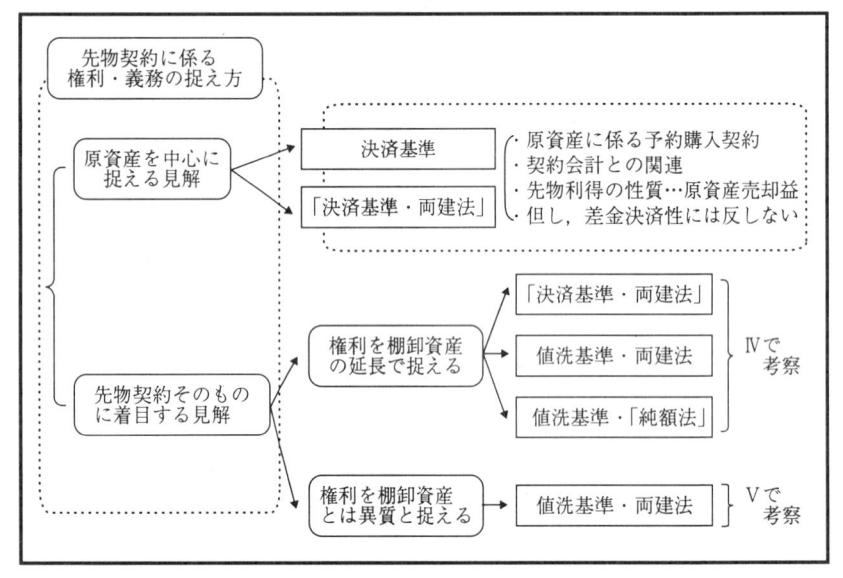

```
先物契約に係る
権利・義務の捉え方

原資産を中心に ──→ 決済基準        ・原資産に係る予約購入契約
  捉える見解         「決済基準・両建法」  ・契約会計との関連
                              ・先物利得の性質…原資産売却益
                              ・但し，差金決済性には反しない

                   権利を棚卸資産 ──→「決済基準・両建法」
                   の延長で捉える   値洗基準・両建法     }Ⅳで
先物契約そのもの                   値洗基準・「純額法」    考察
に着目する見解
                   権利を棚卸資産 ──→ 値洗基準・両建法   }Ⅴで
                   とは異質と捉える                    考察
```

　そして，ここでの考察について，先のⅡ（3）における4つの問題提起と関連させて述べるとすれば次のようになる。

　まず，先物契約に係る権利・義務について，原資産を中心に捉える見解によれば，結局は，契約会計の範疇の議論に行き着くことになってしまう。すなわち，先の第1の問題提起に関連させて述べるとすれば，この見解では，結局，契約会計とは別の論理で，先物契約に係る会計処理方法を説明することは困難であるように思われるし，また，第2の問題提起に関連させて述べるとすれば，この見解では，先物契約から生じる損益を原資産売却益としてしか位置付けられず，この点妥当とはいえない。しかしながら，これに対して，先物契約そのものに着目する見解によれば，契約会計とは別の論理で先物契約に係る会計処理方法を説明することが可能となるかもしれないし，また，先物契約から生じる損益を別のかたちで位置付けることが可能となるかもしれない。そこで，Ⅳ以降で，これらの点について検討していくことにする。

第3章　買建先物契約の会計

　しかしながら他方，先物契約そのものに着目する見解によるとしても，当該権利をどう位置付けるかで，その論理は大きく異なるように思われる。すなわち，これが主に第3の問題提起に係るところであるが，先物契約に係る権利を，先物市場で売買される権利そのものと捉えたとしても，当該権利を，あくまで商品等棚卸資産と同質なものと位置付けるのか（「拡張の論理」），それとも，商品等棚卸資産とは異質なものとして位置付けるのか（「区分の論理」）によって，その後の論理構成は大きく異なるように思われる。そこで，この点についても，Ⅳ以降で検討していくことにする。

　また最後に，先行研究においては，原資産を中心に捉える見解は差金決済性に反し望ましくないとされていたが，これは的外れな指摘であろう。すなわち，これが第4の問題提起に係るところであるが，原資産を中心に捉える見解においても，差金決済性ということは具体的な仕訳レヴェルにおいて十分に表現されるため，それは決して差金決済性ということに反するものではない。むしろ，原資産を中心に捉える見解の問題点は別のところにあり，この点，差金決済性を過度に強調した議論を行うのは妥当ではないように思われる。勿論，差金決済という性質は先物契約を語る上で1つ重要ではあるのだが，具体的な仕訳を想定することなく，過度にそれを重視するのは，望ましいこととはいえない。そこで，Ⅳ以降の考察においては，この点に留意して，具体的な仕訳を辿っていくことで検討を進めていくことにする。

Ⅳ 先物契約そのものに着目する見解と具体的な会計処理方法との関係(1)－先物契約に係る権利を棚卸資産の延長で捉える立場－

(1) はじめに

ⅣおよびⅤでは，先物契約そのものに着目する見解と具体的な会計処理方法との関係について，ヨリ詳細な検討を行うことにする。まずⅣでは，先物契約そのものに着目する見解のうち，特に，先物契約に係る権利を商品等棚卸資産の延長で捉える立場に焦点を当て，それと具体的な会計処理方法との関係について検討する。つまり，本章における第3の問題提起に照らしていえば，当該権利を「拡張の論理」で捉える立場と会計処理方法との関わりについて考察を行う。そして結論的にいえば筆者は，この立場は，具体的な会計処理方法としては，「決済基準・両建法」，値洗基準・両建法，および，値洗基準・「純額法」の3つと結び付くものと考える。

なお，ⅣおよびⅤで重要となるのは，仕訳および基本的等式である。すなわち，前述の通り，本研究においては仕訳を辿った考察が1つ重要となるのであるが，特にⅣおよびⅤにおいては，そのような考察を更に深めるため，それぞれの考え方の背後にある基本的等式は何かということにまで遡ったうえで検討を進めていくことにする。

そこで，以下の議論を（Ⅳだけでなく Ⅴについてもあわせて），予め図表に纏めてみると，それは＜図表3－6＞のようになる。

＜図表3－6＞にも示されている通り，先物契約に係る権利を商品等棚卸資産の延長線上で捉える立場は，オーソドックスな説明では資本循環シェーマ［$G-W-G'$］でいう W として，当該権利を位置付けているということになる。そしてこの背後には，資本等式が横たわっているものと思われる。この点について（2）で検討する。

第3章 買建先物契約の会計

<図表3-6> 先物契約そのものに着目する見解における2つの立場
と具体的会計処理方法との関係（Ⅳ・Ⅴの全体像）

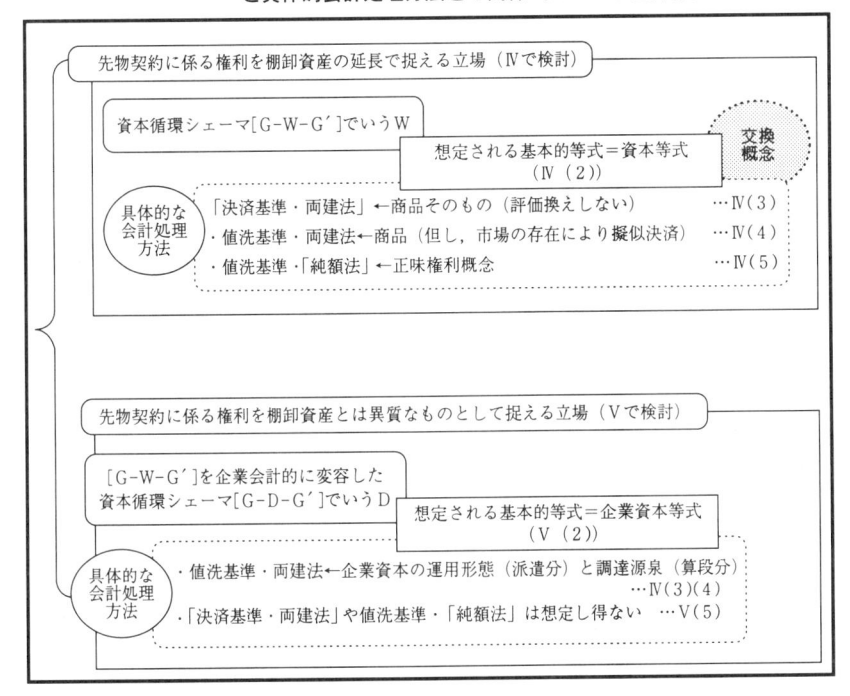

```
┌─ 先物契約に係る権利を棚卸資産の延長で捉える立場（Ⅳで検討）
│
│   資本循環シェーマ[G-W-G′]でいうW
│                        想定される基本的等式＝資本等式    交換
│                              （Ⅳ(2)）                概念
│   具体的な  ・「決済基準・両建法」←商品そのもの（評価換えしない）  …Ⅳ(3)
│   会計処理  ・値洗基準・両建法←商品（但し，市場の存在により擬似決済） …Ⅳ(4)
│   方法     ・値洗基準・「純額法」←正味権利概念              …Ⅳ(5)
│
├─ 先物契約に係る権利を棚卸資産とは異質なものとして捉える立場（Ⅴで検討）
│
│   [G-W-G′]を企業会計的に変容した
│   資本循環シェーマ[G-D-G′]でいうD
│                        想定される基本的等式＝企業資本等式
│                              （Ⅴ(2)）
│   具体的な  ・値洗基準・両建法←企業資本の運用形態（派遣分）と調達源泉（算段分）
│   会計処理                                         …Ⅳ(3)(4)
│   方法     ・「決済基準・両建法」や値洗基準・「純額法」は想定し得ない …Ⅴ(5)
```

また，それを踏まえたうえで，具体的な会計処理方法との関係について検討すると，この立場は，「決済基準・両建法」，値洗基準・両建法，および，値洗基準・「純額法」と結び付くものと思われる。そこで，これらについて，(3)以降で検討していくことにする。すなわち，(3)で「決済基準・両建法」について，(4)で値洗基準・両建法について，(5)で値洗基準・「純額法」について，それぞれ論じることにする。そして最後に(6)では，この立場についての纏めを行うことにする。

（2） 先物契約に係る権利を棚卸資産の延長で捉える立場と資本等式との関係

ここではまず，後の議論の前提として，この立場の背後にある基本的等式は何かという点について検討を行う。

先物契約に係る権利を商品等棚卸資産の延長で捉える立場は，文字通り，先物契約に係る権利を先物市場で売買される権利そのものとして捉えたうえで，当該権利を（市場で売買出来るものという意味で）ある種棚卸資産の延長線上にあるものとして位置付けている。つまり，ここでもし仮に資本循環シェーマ［G－W－G′］を用いて説明するとすれば，この立場では，当該権利を，あくまで棚卸資産に適用される当該資本循環シェーマ［G－W－G′］の枠組の中で，Wとして捉えているということになる。

ここで，先物契約に係る権利を商品等棚卸資産の延長で捉える立場の背後には，特に，商業資本を前提とした場合における損益創出の背後には，どのような基礎概念が横たわっているのであろうか。これには様々なものが考えられると思われるが，特にここでは交換概念が重要となるように思われる[35]。すなわち，商業資本を前提とすると，企業が利潤を産み出すためには，商品市場との交換を想定しなければならない。つまり，企業が利潤を産み出そうとすれば，まず投下過程において，貨幣と商品の交換が生ずるのみならず（資本循環シェーマの［G－W］に相当），回収過程においても商品と貨幣との交換が必要になる（資本循環シェーマの［W－G′］に相当）。商業資本を前提とした場合は，この回収過程における交換によって企業利潤が産み出されているものと思われる。そのことに鑑みれば，この立場における損益創出の背後には，交換概念が横たわっているものと考えてよいだろう。よって，先物契約に係る先物権利をWとみる立場の背後には，交換概念がその基礎として横たわっていると思われる。

次に，こうした考え方は，どのような基本的等式と関わりがあるのか考えてみよう。例えばここで，非均衡思考体系[36]の基本的等式として資本等式を，均衡思考体系[37]の基本的等式として企業資本等式を考えてみよう。資本等式およ

び企業資本等式においては，どちらも商業資本に係る［G－W－G´］という資本循環シェーマが想定されているが，まず，資本等式においては，その全体的枠組がまさに上述の交換概念によって基礎付けられている。すなわち，資本等式は，正の資産と負の資産という枠組を設け，正負という違いこそあれ，資産と負債とを同一のカテゴリーとみる。そして，そのようなものとしての資産・負債間における交換という枠組の中で先物契約を捉えるのである。

それに対し，企業資本等式においては，あくまで運用と調達という2面的対立がその枠組をなしている。そしてそういった運用と調達という枠組の中で先物契約を捉えているのである。

ここでは結局のところ，どちらの基本的等式が先物契約に係る先物権利をWとみる立場の背後に存在するのかが問題となるのだが，①企業資本等式の観点からすれば，この［G－W－G´］という資本循環シェーマとはまた別に，［G－D－G´］という資本派遣過程に係る資本循環のシェーマをも想定しており，運用と調達の枠組の中で（そして特に運用形態として）先物資産をみるとすれば，後述のように（Wではなくむしろ）Dとして捉えた方がヨリ合理的であること，また②先物資産をWと捉える立場をとる論者の多くが資本等式に依拠しているように思われること[38]，という2点を鑑みれば，この立場の背後には，資本等式が存在するものと考えられるだろう[39]。

そこで以下では，この立場では先物契約に係る権利が資本循環シェーマ［G－W－G´］でいえばWとして捉えられていること[40]，そしてその背後には，資本等式が存在すると考えられること，といった点に留意して検討を進めていくことにする。

（3）「決済基準・両建法」との関係

（2）を踏まえたうえで，（3）以降では，先物契約に係る権利を商品等棚卸資産の延長で捉える立場と具体的な会計処理方法との関係について述べる。そしてここではまず，「決済基準・両建法」との関係について述べる。

先物契約に係る権利を商品等棚卸資産の延長で捉える立場は,「決済基準・両建法」ともいうべき会計処理方法と結び付く。そしてその具体的仕訳を示したのが,＜図表3－7＞である。

<図表3－7> 「決済基準・両建法」

		借　　　方		貸　　　方	
①		先　物　権　利	1,000	先物権利買掛金[41]	1,000
②		仕訳なし			
③		仕訳なし			
④	(A)	先物権利売掛金	1,050	先　物　権　利 先物権利売却益	1,000 50
	(B)	先物権利買掛金 現　　　　金	1,000 50	先物権利売掛金	1,050

　すなわち,この立場のように,先物契約に係る権利を,先物市場で売買される商品（[G－W－G´]におけるW）と捉えるのであれば,①×1年期首における約定時には,先物権利という無形の商品1,000を掛けで購入したものとして仕訳することになる（＜図表3－7＞①の仕訳）。そして,この立場では,当該先物権利を,通常の棚卸資産と同様に[G－W－G´]におけるWとして捉えるので,通常の棚卸資産同様,実際の売却までは（すなわち,WがG´に転換するまでは）,評価替えを行わないことになる。よって,②×1年期末および③×2年期末については,仕訳なしとなる（＜図表3－7＞②および③）。そして,④×3年期首における手仕舞い時には,先物市場において先物権利の売却をなしたと解すこととなり（つまり,この時点ではじめて,WがG´に転換したと解する）,当該先物権利の売却に係る仕訳がなされることになる（＜図表3－7＞④(A)の仕訳）。そして,ここでの決済は差額部分の50についてのみ行われるため,先物権利に係る買掛金1,000と売掛金1,050の相殺,および,当該差額部分50についての現金受取の仕訳がなされることになる（＜図表3－7＞④(B)の仕訳）。

　なお,ここでの「決済基準・両建法」と,先にⅢで検討した原資産を中心に捉える見解における「決済基準・両建法」（＜図表3－4＞における(ロ)の仕訳）と

は，(一見すると似てなくもないが)全く素性の異なるものであるという点には留意されたい。すなわち，借方側について，例えば①×1年期首約定時に着目すると，一方，原資産を中心に捉える見解における「決済基準・両建法」においては，あくまで将来(時点において流入する)原資産がオンバランスされていたが，他方，ここでの「決済基準・両建法」においては，現在(時点において既に存在する)権利そのものがオンバランスされており，この点で，両者はその素性を異にするものである。また，このことから，④×3年期首手仕舞い時についても違いが生じている。すなわち，一方，原資産を中心に捉える見解における「決済基準・両建法」においては，いったん将来原資産から現在原資産への転換が想定され，そしてその上で現在原資産の売却が想定されるが，他方，ここでの「決済基準・両建法」においては，(先物権利はそもそも現在項目であるため)将来項目から現在項目への転換がなく，すぐさま現在権利の売却が想定されることとなり，この点においても両者は異なっている[42]。

以上のように，先物契約に係る権利を商品等棚卸資産の延長で捉える立場は，「決済基準・両建法」と結び付くことになるが，ここでの先物利得50は，先物権利売却益として解さざるを得なくなる(<図表3-7>④(A)貸方)。そしてこのように，先物利得が売却益となることの問題点については，(4)での値洗基準・両建法の考察において，あわせて検討することにする。

(4) 値洗基準・両建法との関係

次に，値洗基準・両建法との関係について述べる。

先物契約に係る権利を商品等棚卸資産の延長で捉える立場は，値洗基準・両建法とも結び付くように思われる。

ここでのポイントは大きく3つある。すなわち，(イ)この立場の背後にある資本等式の見地からは，先物契約に係る権利・義務はそれぞれどのように解されるのか，また，(ロ)特に借方側の先物権利の測定属性は，収入額系統(アウトプット系統)となるのか，それとも支出額系統(インプット系統)となるのか，そし

て最後に，(ハ)先物利得・損失の性格はどのようになるのか，という３つである。そしてこれらの点について，結論的には筆者は，資本等式の見地からは，(イ)先物契約に係る権利・義務は，正の財産・負の財産として，それぞれ把握され，(ロ)特に借方側の先物権利の測定属性は支出額系統となる。そしてこのことから，(ハ)先物利得・損失は，擬似売却差額とならざるを得ない，と考えている。そこで以下，(イ)および(ロ)については（ i ）で，(ハ)については（ii）で，それぞれ検討することにする。そして最後に（iii）で，この点についての纏めを行う。なお，一般的に理解されているかたちでの値洗基準・両建法の仕訳を思い出してみると，それは＜図表３－８＞のようになる。

＜図表３－８＞　一般的に理解されているかたちでの値洗基準・両建法

	借　　方		貸　　方	
①	先　物　資　産	1,000	先　物　負　債	1,000
②	先　物　資　産	100	先　物　利　得	100
③	先　物　損　失	50	先　物　資　産	50
④	先　物　負　債 現　　　　金	1,000 50	先　物　資　産	1,050

（ i ）　先物契約に係る権利・義務の性質および測定属性

まず(イ)について検討する。すなわち，背後にある資本等式の見地からすると，先物契約に係る権利・義務は，どのように解されることとなるのだろうか。

ここで資本等式とは，企業の純財産を計算するものであり，一方，借方の資産を正の財産として，また他方，貸方の負債を負の財産として，それぞれ位置付ける。そしてこのように考えるならば，資本等式の見地からは，先物契約に係る権利・義務は，正の財産・負の財産として，それぞれ位置付けられることになる。すなわち，一方，先物契約に係る権利の側は，企業の有する正の財産として，また他方，先物契約に係る義務の側は，企業の有する負の財産として，それぞれ解されることとなる。そして，これを，(値洗基準・両建法における借方

の先物資産（先物権利）および貸方の先物負債（先物権利買掛金）についてもあわせて）図示すると＜図表３－９＞のようになる。

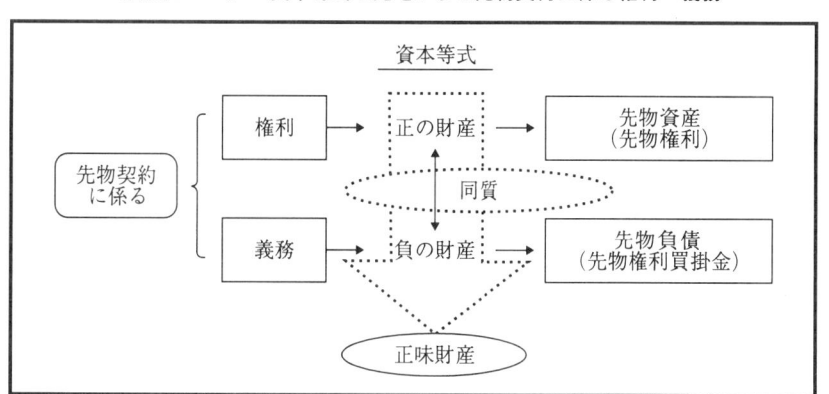

＜図表３－９＞　資本等式の見地からの先物契約に係る権利・義務

次に、㈡について検討する。すなわち、借方の先物資産（先物権利）の測定属性はどのように理解出来るだろうか。

ここで、先物資産（先物権利）の測定属性は、それを商品（W）と同質的なものと理解するかぎりは、支出額系統になると思われる[43]。ここでは、井尻［1968］における基本財規則および価額帰属規則という概念が重要となる。

すなわちまず、井尻［1968］によれば、財は基本財と非基本財に区別され、基本財については、その数量測度によって測られることになる。これは基本財規則と呼ばれる[44]。ここで現行会計では、現金が基本財となる[45]ことから、基本財たる現金はその数量測度（例えば、日本国内であれば円）で測定されることになる。

そしてそのうえで、ある財の変動は「交換公理によって全て増分 $d+$ と減分 $d-$ との交換という形で把握されるので、まず減分の価額 $v(d-)$ を決定し…次に増分の価額 $v(d+)$ を減分の価額 $v(d-)$ に等しいとおく」(p.130。但し、傍点は田口) とされるのである。つまり、財の変動は全て、交換公理によって、一方の財の増分と他方の財の減分との関係として把握されることとなり、また、特に「もし増分が非基本財である場合（つまり、増分が現金等でない場

合―――田口注)は,増分の価額を減分の価額に等しいとおく」(p.132)ことになるのである。これは,価額帰属規則と呼ばれる[46]。

そして,このことを,井尻[1968]における現金支払による小麦購入の例[47]で確認することにしたい。すなわち,「1000俵の小麦が3600万円の現金を払って購入されたとする」(p.130)ならば,「減分の価額は基本財規則により3600万円であるから,増分たる小麦1000俵の価額を(価額帰属規則により―――田口注)3600万円と決める」(p.130)ことにするのである。つまり,この場合,一般的には[(借)小麦××(貸)現金××]と仕訳されるが,まず,現金は基本財そのものであるから,基本財規則によって,貸方の現金の値は3,600万円とされる。よって,仕訳は[(借)小麦××(貸)現金3,600万円]となる。そして次に,非基本財である借方の小麦であるが,ここで価額帰属規則が適用される。すなわち,借方の小麦の増分については,(その小麦自体の価値いかんにかかわらず)価額帰属規則により,3,600万円という現金減分の数値がそのまま付されることとなるのである。よって,仕訳は[(借)小麦3,600万円(貸)現金3,600万円]となる。このように,2つの規則の適用によって,非基本財である借方の小麦の値3,600万円は,支出額系統(インプット系統)の値として理解されることになるのである。

このように,借方の資産が商品(W)等の非基本財である場合は,当該資産の増分は,交換の相手方(一般的には基本財)の減分で測られることになる。つまり,借方の非基本財(W)は支出額系統の値をとることになるのである。そして,ここでの先物資産(先物権利)は商品(W)と同質のものと捉えられているので,井尻[1968]でいう非基本財に該当し,よって,その測定属性は支出額系統となるのである[48][49]。つまり,ここでのポイントを要約すれば,「Wは支出額系統」ということになろう。

そしてこのことを仕訳で(特に①に限定した上で)表すとすれば,それは<図表3-10>のようになる。

第3章　買建先物契約の会計

<図表3−10>　資本等式の見地からの値洗基準・両建法

一般的に理解されているかたちでの値洗基準・両建法		資本等式の見地からの値洗基準・両建法	
借　方	貸　方	借　方	貸　方
① 先物資産　1,000	先物負債　1,000	先物権利　1,000 正の財産　↑ <支出額系統>	先物権利 買　掛　金　1,000 負の財産

(ⅱ)　先物契約に係る利得・損失の性格

次に㈹について検討する。結論的には筆者は，先物利得・損失については，一種の決済を擬制とした擬似的な売却損益としか解し得ないように思われる。すなわち，特に各項目の測定属性の点で先の「Wは支出額系統」という考えに適うようにするためには，(い) 先物契約について何らかの擬似決済を想定しなければならないし，またそうすることで，(ろ) 先物契約から生じる利得・損失については「収入額系統と支出額系統との差額」という意味での売却差額としてしか理解出来ないように思われるのである。そしてこのことを（特に①②に焦点を当てて）仕訳で示すと，<図表3−11>のようになる。なお，図表の左列は，一般的に理解されているかたちでの値洗基準・両建法の仕訳を，また右列は，その仕訳の資本等式による解釈を，それぞれ示している。

ここで，<図表3−11>における②×1年期末時における仕訳についてのポイントは，大きく2つある。

まず第1のポイントは，測定属性の点で「Wは支出額系統」という考え方に適うようにするためには，先物契約について何らかの意味での擬似決済を想定しなければならないということである。

すなわち，（ⅰ）で検討した通り，「Wは支出額系統」という考え方からすれば，先物資産の測定値は支出額系統となることから，最初の①における先物資産残高1,000は支出額系統の値として理解されることとなる（<図表3−11>右列「左の仕訳の資本等式による解釈」①の仕訳における借方側の先物権利1,000）。そし

71

<図表3-11> 資本等式の見地からの値洗基準・両建法

	一般的に理解されているかたちでの値洗基準・両建法			左の仕訳の資本等式による解釈			
	借方		貸方		借方		貸方
①	先物資産 1,000		先物負債 1,000		先物権利 1,000 <支出額系統> → 正の財産		先物買掛金 1,000 負の財産
②	先物資産 $\underline{100}$ ↑ <？？>		先物利得 100	資産側 (A)	現金 $\underline{1,100}$ ↑ <収入額系統>		先物権利 1,000 先物疑似売却益 100 ← <支出額系統>
				(B)	先物権利 $\underline{1,100}$ ↑ <支出額系統>		現金 1,100 <収入額1,100−支出額1,000>
				負債側 (A)	先物買掛金 1,000		現金 1,000
				(B)	現金 1,000		先物買掛金 1,000

て次に，②×1年期末であるが，「Wは支出額系統」という考え方からすれば，ここでの先物資産×1年期末残高1,100についても，支出額系統として理解される必要がある。

しかしながら，ここでの先物資産×1年期末残高1,100を，ただ単純に（一般的に理解されているように）「×1年期末における先物価格」と解するのであれば，その1,100は（企業が現時点で権利を売却すれば得られるであろう金額として）収入額系統の値と解さざるを得ない。であれば，①で支出額系統であった先物資産の値が，②では収入額系統に，突然として変化してしまっているということになり，それでは「Wは支出額系統」という考え方には反してしまう。

また，②×1年期末における先物資産残高1,100を，（誘導法的に）1,000と100との総和と捉えたとしても，同様のことがいえる。すなわち，もし仮に，②の仕訳［（借）先物資産100（貸）先物利得100］における借方の先物資産100の素性が，支出額系統であると解することが出来るのであれば，確かに，先物資産残高1,100は，（支出額系統たる①1,000と，同じく支出額系統たる100との総和であることから）支出額系統の金額と解することが出来，特に問題は生じない。しかしながら，ここでの先物資産100は，結局，先物価格の×1年期末1,100と×1年期首1,000との差額，つまり，先物価格の（×1年期首1,000から×1年期末1,100への）上昇分であることから，企業が追加的に獲得した利得分つまり収入額系統の値と解さざるを得ないように思われる。このように考えると，先物資産100については，少なくとも支出額系統の値と捉えるのは，自然な解釈とはいえない。であれば，支出額系統である①1,000と，収入額系統（もしくは，少なくとも支出額系統とはいえない）100との総和である，(②における先物資産の)残高1,100の値の属性は，少なくとも，支出額系統の値とはいえないこととなり，この点，「Wは支出額系統」という考え方に反する。

以上のように，②×1年期末における先物資産残高1,100を，一方，ただ単純に「×1年期末における先物価格」と解しても，また他方，＜図表3－11＞左列の仕訳②［（借）先物資産100（貸）先物利得100］を前提としたうえで，誘導法的に1,000と100との総和と解しても，どちらの場合も「Wは支出額系統」

という考え方に反することになってしまう。

そこで,「Wは支出額系統」という考え方に適うようにするためには,つまり,②における先物資産残高1,100の測定属性を支出額系統と解するためには,②の仕訳を,次のように分解して考える必要がある。すなわち,(A)まずいったん,現金決済を擬制して1,100の現金収入があったと考える。すなわち,先物権利をいったん売却し,それについての現金収入があったと想定する(＜図表3－11＞右列「左の仕訳の資本等式による解釈」における②「資産側」(A)の仕訳［(借方) 現金1,100 (貸方) 先物権利1,000, 先物権利擬似売却益100］に相当)。そのうえで(B)すぐに当該現金1,100を現時点の新たな正の財産たる先物権利1,100と交換する(＜図表3－11＞右列「左の仕訳の資本等式による解釈」②「資産側」(B)の仕訳［(借方) 先物権利1,100 (貸方) 現金1,100］に相当)と考える必要がある。そしてこのように解するならば,新たに(交換により)獲得された正の財産たる先物権利については,井尻[1968]のいう基本財規則および価額帰属規則によって,交換において擬制した現金の支出額1,100がそのまま付されることになる。すなわち,②における先物資産1,100は,支出額系統の値となり,この点「Wは支出額系統」という考え方には適うこととなる。

このように,「Wは支出額系統」という考え方に適うようにするためには,いったん決済を行ったと擬制して,一般的に理解されているかたちでの仕訳を,＜図表3－11＞右列②の仕訳のように改変する必要があるのである。そしてこのような意味で,先物契約から生じる損益は,擬似決済を想定した場合の,擬似決済差額(権利売却損益)として理解されることとなる。

そして次に,第2のポイントは,もしこのように(つまり,＜図表3－11＞右列における②「資産側」(A)(B)の仕訳のように)解するとするならば,先物利得100の性質は,結局「収入額系統と支出額系統との差額」という意味においても売却(決済)差額としてしか理解出来ないという点である。すなわち,②の仕訳を上述のように解した場合,(＜図表3－11＞左列②でいう)先物利得100は,(井尻[1968]のいう)基本財たる現金の1,100(収入額系統)と,先物資産残高1,000と(支出額系統)の差額として求められることとなるが,ここで,「収入額系統と

第3章　買建先物契約の会計

支出額系統との差額」であるということは、一体何を意味しているのであろうか。

ここでは笠井［2000ｂ］の見解が重要となる。すなわち、笠井［2000ｂ］は、有価証券の損益の性格を検討する過程において、一方、「収入額系統と支出額系統との差額」については売却損益、他方、「収入額系統と収入額系統との差額」については保有損益として、それぞれ理解することが出来ると述べている[50]。つまり、まず一方、売却活動においては、当該売却に係る犠牲と成果の対応から損益が生じることとなる。よって、売却損益の本質は、成果価値を表す収入額系統（の値）と犠牲価値を表す支出額系統（の値）との差額という点にある。また他方、保有活動においては、そのような犠牲と成果の対応はなく、保有財の単なる価格差として損益が認識されることとなる。よって、保有損益の本質は、2時点間の単なる価格差、すなわち収入額系統（の値）と収入額系統（の値）との差額という点にある[51]。

そしてこのように考えると、ここでの「収入額系統と支出額系統との差額」たる「先物権利擬似売却益100」は、「擬似売却を想定した」という用語上の意味からだけでなく、その測定属性の意味からしても（つまり、「収入額系統1,100と支出額系統1,000との差額」という意味においても）、売却損益としての性質を備えている、ということになる。つまり、逆にいえば、当該100は、笠井［2000ｂ］のいう「収入額と収入額との差額」としての保有損益としては理解し得ないのである[52]。

(ⅲ) 売却損益としての理解の妥当性

以上のように、この立場においては、先物契約から生じる利得・損失については、一方、「Ｗは支出額系統」という考え方にあわせるために先物権利の擬似売却を想定しなければならないという意味においても、また他方、「収入額系統と支出額系統との差額」という意味においても、売却損益としての性質を有することになる。

そして、このことを更に敷衍していえば、この立場は、広義実現概念および

実現可能性概念とも結び付くことになる。すなわち，もし仮に，売却ということを伝統的な（狭義の）実現と解すると，先行研究でいわれているところの広義実現・実現可能（基準に基づく広義実現・実現可能）利得とは，まさにこの擬似売却利得であるように思われる。つまり，先物契約は市場の存在によりいつでも決済することが可能であるから（先物契約に係る権利は，市場でいつでも売却すなわち実現することが可能であるから），権利の売却（広義実現・実現可能性の「実現」に相当）を擬制（広義実現・実現可能性の「広義」・「可能性」に相当）しても何ら問題がない，というのが先行研究における（広義実現・実現可能性基準を推す）主張であるが，これはまさに，ここでの擬似売却を想定することに他ならないだろう[53]）。そして，このことを更に，（3）での「決済基準・両建法」との関係で述べるとすれば，一方，「決済基準・両建法」は伝統的な（狭義の）実現基準を，また他方，値洗基準・両建法は，それを拡張した実現可能性基準（もしくは広義の実現基準）を，それぞれ採用しているといえる。すなわち，先物権利そのものを棚卸資産の延長で捉える立場については，まず，通常の伝統的な（狭義の）実現基準を適用すれば「決済基準・両建法」と結び付き，そして，伝統的な（狭義の）実現基準を拡張した実現可能性基準（もしくは広義の実現基準）を適用すれば，ここでの値洗基準・両建法と結び付くことになるといえよう。

　しかしながら，この立場のように，先物契約に係る損益を売却損益として位置付けることは，先物権利の価格が毎時変動し，先物利得（または損失）が毎時生じていることにはそぐわない。すなわち，ここでの（擬似）売却損益という解釈では，（時の経過に伴い先物権利そのものの価格が毎時連続的に上下変動するという意味での）先物利得の時間的利得性を合理的に説明出来ないように思われる。

　但し，このような筆者の見解については，次のような反論があり得るかもしれない。すなわち，擬似売却という考え方においても，理念的には，（毎期末ごとではなく）当該権利の価格変動のつど決済を擬制すれば，先物利得の時間的利得性もそれなりに説明出来るのではないか，という反論である。しかしながら，この点について筆者は，以下の2つの点から問題なしとしない。

　まず第1は，そのように解しても，擬似売却利得は，結局のところ，収入額

系統の値と支出額系統の値との差額とならざるを得ないという点である。つまり，本来，保有活動から生じる時間的利得は，収入額系統の値と収入額系統の値との差額として求められるはずであるが，資本等式の見地からの擬似売却差額は，(たとえ先物権利の価格変動のつど擬似売却を想定したとしても) 結局は収入額と支出額との差額として理解せざるを得ないこととなる。であれば，もし仮に先物価格変動のつど擬似売却を想定したとしても，それが (収入額系統の値と収入額系統の値との差額であるという) 保有損益としての性質[54]を有していないいじょう，先物利得の時間利得性を説明したとはいえないだろう。

また第2は，そのような (先物価格変動のつど擬似売却するという) 仮定は，実際の手仕舞い (決済) に入るまで，当該企業が先物権利を保有し続けているということに反するという点である。すなわち，企業は実際の手仕舞いに入るまで，先物契約に係る権利を保有し続けることとなる。そして，そのような権利を保有し続けているからこそ，当該先物契約からの利得・損失が生じることとなるのである。つまり，先物契約における利得・損失は，(擬似的であれ) 売却するということから生じるのではなく (つまり，「断絶」から損益が生じるのではなく)，そのような権利を保有し続けていることから生じる (つまり，「連続」から損益が生じる) のである。そしてそのような権利を保有し続けていることから生じる時間的な報酬こそが，まさに保有損益であるといえる。なお，この点については，後のV (4) (i) において詳述するが，ともあれ，このように考えるならば，先物価格変動のつど擬似売却を行うという説明は，先物利得・損失の性質からすると合理的とはいえないように思われるのである[55]。

(5) 値洗基準・「純額法」との関係

次に，値洗基準・「純額法」との結び付きについて述べる。

先物契約を棚卸資産の延長で捉える立場は，値洗基準・「純額法」と結び付くものと思われる。但し，ヨリ厳密にいえば，そこでは大きく2つの値洗基準・「純額法」が想定し得るように思われる。すなわち，一方，先のIV (4)

で検討した値洗基準・両建法の簡便的会計処理方法としての値洗基準・「純額
法」と、また他方、正則的会計処理方法としての値洗基準・「純額法」という
2つである。そして、そういった解釈の違いは、相殺のレヴェルの相違（どの
レヴェルで相殺がなされるかの違い）に起因するものである。すなわち、このよう
な2つの解釈の背後には、(a)資産・負債のレヴェルで相殺されると考えるのか
（簡便的処理方法としての解釈）、それとも、(b)権利・義務のレヴェルで相殺され
ると考えるのか（正則的処理方法としての解釈）、といった違いがある。そして、
このことを（資本等式の見地と関連させたうえで）図に示したのが、＜図表3－12＞
および＜図表3－13＞である。

　そして以下では、これらのうちの後者、すなわち、正則的会計処理方法とし
ての値洗基準・「純額法」を想定したうえで、検討を進めることにする[56]。

　＜図表3－13＞に示されている通り、正則的会計処理方法としての値洗基
準・「純額法」においては、先物契約に係る権利・義務は、それぞれ単独では
資産・負債の定義を満たし得ず、それらは権利・義務のレヴェルで相殺され、
当該相殺後の正味権利（もしくは義務）部分のみが資産（もしくは負債）の定義を
満たすものとされる[57]。すなわち、ここでは、先物契約に係る権利・義務を同
質的なものと捉えたうえで、それらを相殺した正味権利部分を、棚卸資産の延
長線上にあるものとして（つまり、［G－W－G´］でいうところのWとして）捉え

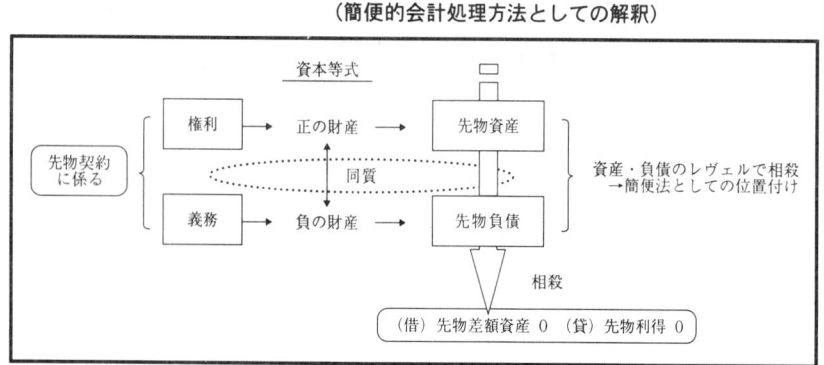

＜図表3－12＞　権利・義務および資産・負債の相殺
（簡便的会計処理方法としての解釈）

第3章　買建先物契約の会計

<図表3-13>　権利・義務および資産・負債の相殺
　　　　　　（正則的会計処理方法としての解釈）

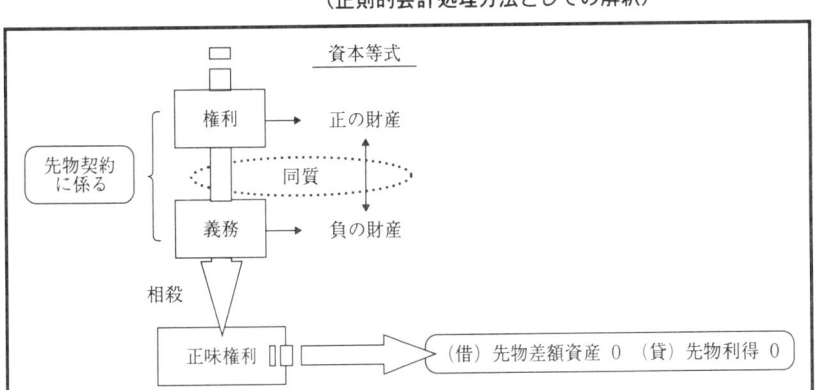

```
                    資本等式
      ┌─ 権利  → 正の財産
先物契約│      ┊ 同質 ┊
に係る  │      ┊      ┊
      └─ 義務  → 負の財産
        │
      相殺
        ▼
      正味権利 ──→ （借）先物差額資産 0　（貸）先物利得 0

      権利・義務のレヴェルで相殺→正則的処理方法としての位置付け
```

ているということになる。そしてこのように考えると，これは，ここまで検討してきた考え方とは少し趣が異なる。つまり，一方，(3)(4)においては，先物権利側のみを独立した金融商品と捉え，そしてそれを棚卸資産の延長線上にあるもの（W）として捉えてきた（そして義務の側は，当該権利に係る買掛金として捉えてきた）。しかしながら，他方，ここでの考え方は，権利と義務とを一体として正味権利と位置付けたうえで，当該正味権利を独立した金融商品と捉えるのである。そしてそのうえで，当該正味権利部分について，棚卸資産の延長線上にあるもの（W）として捉えるのである（そして，このことからも，これが値洗基準・両建法の単なる簡便法ではないということが分かる）。

しかしながら，このように値洗基準・「純額法」を正則的な会計処理方法とした場合，いくつかの問題が生じるように思われる。そこでこの点について，実際の仕訳を辿ることで以下検討することにする。なおここで，値洗基準・「純額法」に関して，一般的に理解されているかたちでの仕訳を思い出してみると，<図表3-14>のようになる。

結論的には筆者は，この場合の問題点は大きく4つあると考えているが，ここではそれらについて，設例における時系列順に（すなわち①から④までの順で）

<図表3-14> 一般的に理解されているかたちでの
値洗基準・「純額法」

	仕 訳			
	借　　方		貸　　方	
①	先物差額資産	0	先物損益	0
	もしくは「仕訳なし」			
②	先物差額資産	100	先物利得	100
③	先物損失	50	先物差額資産	50
④	現　　金	50	先物差額資産	50

追って検討することにする。

（i）　第1の問題点　－①約定時の仕訳について－

　まず第1の問題点は、①約定時の仕訳におけるいわゆるゼロ認識に係る問題である。すなわち、値洗基準・「純額法」においては、約定時の正味権利の値がゼロであることから、理念的には、[（借）先物差額資産0（貸）先物損益0]という仕訳を行うことになる。しかしながら、金額がゼロのものを計上することの理論的根拠が一体何処にあるのかについては明らかではない（貸借対照表能力および損益計算書能力の問題）。そこで、このようないわゆるゼロ認識を避けるために、約定時においては「仕訳なし」とされることがあるが、しかしながら、もし仮に「仕訳なし」としたとしても、今度は、先物契約についての約定をなしたということが勘定上明らかにされず、結局期末になって、先物差額資産（負債）および先物利得（損失）がいわば突然の如く生じたかのように勘定上表現されてしまうこととなり、この点妥当とはいえないように思われる。このように、一方、約定時の正味権利の値がゼロということから、そのまま素直にゼロ認識を行ったとしても貸借対照表能力および損益計算書能力の観点から妥当とはいえないし、また他方、そのようなゼロ認識を避けるために「仕訳なし」としたとしても、結局は妥当とはいえないように思われる。

第3章　買建先物契約の会計

(ii)　第2の問題点
　　　－②③各期末における先物利得・損失の計上根拠について－

　次に，第2の問題は，②×1年期末時および③×2年期末時の仕訳に関連して，先物利得および先物損失の計上根拠が不明であるという点である。すなわち，例えば②における貸方の先物利得100であるが，ここでの先物利得100とは，一体，企業のどのような活動から生じたものなのだろうか。もっとも，この点については，「企業の投資活動から生じた利得」という記述的な説明がなされるのかもしれない。しかしながら，そのようなこと（投資活動から生じた利得ということ）が，ここで仕訳上に表現されているのか考えてみると，値洗基準・「純額法」の仕訳においては，そのことは十分には表現されていないように思われる。すなわち，値洗基準・「純額法」においては，②以前において，企業の（買建先物契約という）投資活動が表現されていないにもかかわらず，×1年期末時における正味権利部分の公正価値の上昇分（ここでは100）が，②の時点でいわば突然の如く仕訳上現れることとなる。つまり，値洗基準・「純額法」においては，企業の投資活動に係る投下資本が存在しないにもかかわらず，利得が生じてしまっているかのように仕訳がなされていることとなる。

　しかしながら，素朴に考えて，投下される資本なくして利潤が生じるということが，企業の経済活動において果たしてあり得るのだろうか。つまり，ここでは，「投下資本なくして利潤なし」という考えが重要になる。すなわち，確かに，先物契約は（証拠金の存在は除いておくとすれば）当初の現金支出は存在しないことから，「当初の現金支出なくして利潤が生じる」ということについてはいえるのかもしれない。しかしながら，そのことと「投下される資本なくして利潤が生じる」こととは同義ではない。ここでは，（投下される）資本という概念と，（支出される）現金という概念とを，明確に区別する必要がある。そして，この点からすれば，値洗基準・「純額法」における大きな問題は，「当初の現金支出がない」ということが，仕訳上「投下資本がない」というかたちで理解されてしまっていることである[58]。すなわち，少なくとも，先物利得を「企業の投資活動から生じた利得」であると理解するいじょうは，そのような

81

性質を具体的に表すようなかたちで仕訳することが求められる。しかしながら，値洗基準・「純額法」の仕訳においては，「当初の現金支出がない」ということが，「投下資本がない」というかたちで理解されてしまっているため，そのような（先物利得が「企業の投資活動から生じた利得」であるという）性質が十分に表現出来なくなってしまっているのである[59]。

なお，このような先物利得の計上論拠については，例えば，先の（4）値洗基準・両建法においては，現金授受のある擬似決済を想定した説明がなされていた。そこで，この値洗基準・「純額法」においても，それと同様の説明がなし得ないか問題となるが，この点については第3の問題点とも大きく関連するので，次の第3の問題点とあわせて検討することにする。

(iii) 第3の問題点
　　－②③各期末における先物差額資産の測定属性について－

そして，第3の問題は，②×1年期末時および③×2年期末の仕訳に関連して，先物差額資産の貸借対照表残高の素性が明らかでないという点である。

すなわち，例えば，②×1年期末時における先物差額資産残高100については，②の仕訳［(借) 先物差額資産100 (貸) 先物利得100］から素朴に考えるとすれば，（企業が獲得した利潤に係る資産の増加ということで）収入額系統の値と解されてしまうこととなる。そこで，この②の仕訳を，先の「Wは支出額系統」という考え方に適うように，（先に（4）値洗基準・両建法で検討したような）現金授受のある擬似決済を想定したものに改変して考えてみることにする。そしてそれを図に纏めると，＜図表3－15＞のようになる。

＜図表3－15＞に示される通り，「Wは支出額系統」という考え方からは，②の仕訳を2つに分解して考える必要があると思われる。すなわち，まず，(A)先物契約に係る正味権利部分の価値上昇分100について，（擬似）決済[60]利得が計上され（＜図表3－15＞右列「資本等式による解釈」(A)の仕訳の貸方「擬似決済利得100」），そしてそれに見合うだけの現金受取が擬制される（＜図表3－15＞右列「資本等式による解釈」(A)の仕訳の借方「現金100」）。そしてそのうえで，(B)受け取っ

第3章 買建先物契約の会計

<図表3－15> 資本等式による②の仕訳の解釈

一般的に理解されているかたちでの値洗基準・「純額法」		資本等式による解釈	
借　方	貸　方	借　方	貸　方
② 先物差額資産 100	先物利得 100	(A) 現　金　100 (B) 先物差額資産 100 　　　　↑ 　　<支出額系統>	疑似決済利得 100 現　金　100 ←<支出額系統>

た現金100を新たに先物差額資産100に投下すると擬制するのである（すなわち，<図表3－15>右列「資本等式による解釈」(B)の仕訳［(借方) 先物差額資産100 (貸方) 現金100］）。そしてこのように，仕訳を2つに分解することで，②×1年期末における先物差額資産残高100を，（井尻［1968］のいう基本財規則および価額帰属規則の適用により）支出額系統の値として理解することが可能となるのである。

このように，ここではもっぱら「Wは支出額系統」という考え方に適うようにするという視点から，②の仕訳を2つに分解して考えることとした。しかしながら，ここで分解した2つの仕訳には何か実質的な意味があるのだろうか。結論的には，このように分けた2つの仕訳は実質的な意味が欠落してしまっているように筆者には思われるのである。

すなわち，まず(A)については，先の第2の問題と同様の疑問が生じる。すなわち，決済を擬制しその分の現金収入があったと解し，［(借) 現金100 (貸) 擬似決済利得100］という仕訳を行ったとしても，この貸方に生ずる利得100の性質については明らかとはならない。つまり，(A)の仕訳においては「投下資本なくして利潤が生じるのか」という問題が，改めて問われなければならないだろう。

また，(B)については，新たに100の現金支出が擬制されており，そしてこれが先物差額資産100として計上されているが，このことの意味内容についても決して明らかではない。すなわち，ここで，100の現金支出が先物差額資産100として計上されていることを鑑みれば，もしかすると，現金支出100を新たな

投下資本100として捉えているのかもしれないが,これは素朴に考えると極めて奇妙なことである。つまり,このように(投下資本100と)解するならば,一方,(A)における利得100については,そのもととなる投下資本が存在しないにもかかわらず生じているということになるのであるが,他方,(B)よりも後,すなわち,×1年期末より後に生じる利得(損失)については,この100の投下資本がもととなって(すなわち,投下資本が存在しその上で利得(損失)が)生じているということになる。そして,もしこのように解するのであれば,先物契約から生じる利得・損失には,(その利得・損失のもととなる)投下資本があるものと,投下資本がないものという2つのタイプの利得・損失が存在するという非対称性が生じてしまうこととなり,この点矛盾が生じる。

このように,先物差額資産残高の素性を「Wは支出額系統」という考え方にあわせるため,②の仕訳を＜図表3－15＞のように2つに分解するとしても,それら2つの仕訳には,実質的な意味が欠落してしまうこととなり(いやそれどころか,大きな矛盾点を抱えてしまうこととなり),この点問題が生じる。

(ⅳ) 第4の問題点
－④手仕舞い時の仕訳について－

そして最後に,第4の問題は,④×3年期首手仕舞い時の仕訳に関連して,差金決済の意味が仕訳に十分に反映されていないという点である。すなわち,④×3年期首手仕舞い時においては,[(借)現金50(貸)先物差額資産50]という仕訳がなされることとなるが,この仕訳が意味するところは,一体何であろうか。

勿論,これは,×3年期首手仕舞い時における先物権利の公正価値1,050と,×1年期首約定時における先物権利の公正価値1,000(想定元本)との差額部分50について,現金の授受により差金決済したということを示しているということになるのであるが,しかしながら,実際の仕訳上ではこのうち,差額部分の50について現金を受け取ったということしか示されていないこととなる。すなわち,確かに,記述的には「1,050と1,000との差額部分50について,現金の授

受により差金決済した」という説明が可能であるのだが、しかしながら、実際の仕訳からは、「先物差額資産50の減少と共に50の現金を受け取った」という解釈しかなし得ないのである。つまり、このような仕訳では、その50が1,050と1,000との差額であるということについて、勘定からは辿ることが出来ないのである。すなわち、この50が、具体的にはどういった金額をその基礎として算定されたものなのか、あるいは、どういった金額の差額として計上されたものなのか、ということが、勘定上からは一切明らかにされないのである。だとすれば、このような仕訳が、果たして差金決済の意味を十分に反映したものであるか疑問が残る。

しかしながら、このような筆者の見解に対しては、次のような反論があり得るかもしれない。すなわち、差金決済性というところからすれば、差額部分の50だけ仕訳から判明すれば十分ではないだろうか、という反論である。つまり、先物契約の差金決済性からすれば、総額部分の実際の現金授受があるわけではないので、その差額部分の金額だけ判明すれば足りるとする反論もないわけではない。しかしながら、これに対しては筆者は、以下の2つの点から問題なしとはしない。

まず第1には、たとえもし仮に、50という差額部分だけを知りたいとしても、それが何と何の差額かということが分からなければ、当該50の本質(当該50が本当に意味していること)が結局理解出来ないのではないか、という点である。これについて、例えば、(会計の議論ではないが) 野球の試合を想定すると、たとえ得点差が1点であるとしても、それが1対0なのか(投手戦)、もしくは11対10なのか(乱打戦)によって、その得点差の1点が意味するところは大きく異なる[61]。であれば、ここでの差額部分50についても、それがどういう値とどういう値との差額として求められたものなのかが明らかにされなければ(ここでは1,050と1,000との差額)、その差額部分50を本当に理解することは出来ないように思われるのである[62]。

また第2には、上述のような[(借)現金50 (貸)先物差額資産50]という仕訳では、実はそもそも当該50が差金決済をした結果として生じたものなのか

どうかということすらも理解出来ないのではないか，という点である。つまり，50という数値がそもそも差額であるということすら分からないのではないかという点である。すなわち，確かに，上述の仕訳からは，50だけの現金が増加し，そしてそれと同額だけ先物資産が減少したということについては，仕訳から理解することが出来る。しかしながら，この仕訳は，それ以上でも，それ以下でもない。つまり，この仕訳からでは，実はそもそも当該50という金額が，差金決済をなした場合の当該差金部分であるということすらも勘定上辿ることが出来ないように思われる。つまり，この仕訳が差金決済に係る仕訳なのか否かということについても，実は理解出来ないように思われるのである。この意味からしても，このような仕訳は決して妥当とはいえない。

　そして，この第4の問題点を，Ⅱ（3）における4つの問題提起のうち，第4の問題提起にかかわらしめて述べるとするならば次のようになる。すなわち，通説的には先物契約の差金決済性というところから，値洗基準・「純額法」が主張されているが，しかしながら実は，その値洗基準・「純額法」では，差金決済が意味するところが仕訳上十分に反映されておらず，この点妥当とはいえないように思われる。これに対して，他方，値洗基準・両建法によれば，上述のような問題点は解消されることなり，先物契約における特質の1つである差金決済性というものを，仕訳において十分に表現し得るように思われるのである。

　以上のように，値洗基準・「純額法」の仕訳については，大きく4つの問題点が考えられるが，これらの問題点を敷衍するならば，結局のところ，正味権利部分を資産計上した先物差額資産というものが，会計的に1つの独立した資産として意味をもち得るのか，という問題に行き着くように思われる。つまり，上述の考察を踏まえるとすれば，会計的には，権利・義務の正味差額部分は1つの独立した資産として意味をもち得ず，それを先物差額資産という1つの独立した資産として計上することは決して妥当とはいえない。そして，このように考えるならば，値洗基準・「純額法」は，仕訳上決して妥当とはいえないだろう。

（6） 小　　　括

　以上のように，先物権利を（いったん１つの金融商品として捉え，そしてそのうえで）棚卸資産の延長で捉える立場は，３つの会計処理方法と結び付くと思われる。すなわち，その３つとは，「決済基準・両建法」（（３）で検討），値洗基準・両建法（（４）で検討），値洗基準・「純額法」（（５）で検討）である。

　この立場によれば，先物権利は，現在時点における１つ独立した金融商品と捉えられることとなり，この点，契約会計とは違った方向性で，理論構築がなし得るように思われる（第１の問題提起）。

　しかしながら，一方，「決済基準・両建法」，および値洗基準・両建法においては，先物契約から生じる利得・損失を，伝統的な（狭義の）実現基準，もしくはそれを拡張した実現可能性基準（広義の実現基準）の適用による売却損益として理解せざるを得ず，先物契約の実態にそぐわず妥当とはいえない（第２の問題提起）。また他方，値洗基準・「純額法」においては，そもそも仕訳の意味からして問題があり，この点妥当とはいえない（第４の問題提起）。

　以上のように考えると，先物権利を棚卸資産の延長で捉える立場（つまり，第３の問題提起にかかわらしめていえば，「拡張の論理」の立場）は，理論的には決して妥当とはいえないように思われるのである。

Ⅴ　先物契約そのものに着目する見解と具体的な会計処理方法との関係（２）－先物契約に係る権利を棚卸資産とは異質なものとして捉える立場－

（１）　はじめに

　次にⅤでは，先物契約そのものに着目する見解のうち，特に先物契約に係る権利を商品等棚卸資産とは異質なものとして捉える立場に焦点を当て，それと

具体的な会計処理方法との関係について検討する。つまり，本章における第3の問題提起に照らしていえば，当該権利を「区分の論理」で捉える立場と会計処理方法とのかかわりについて考察を行う。

まず（2）では，その議論の前提として，この立場の背後にある基本的等式は何か検討することにする。結論的には筆者は，この背後には企業資本等式が存在すると考えているが，このことについてまず検討を行うことにする。

そしてそれを承けるかたちで，（3）以降で，具体的な会計処理方法との関係について考察を進めていく。結論的にいえば筆者は，この立場は，具体的な会計処理方法としては，値洗基準・両建法と結び付くものと解する。そこでこの点について，（3）（4）で検討する。そして，この立場は，決済基準，「決済基準・両建法」，もしくは，値洗基準・「純額法」とは結び付かないと思われるが，この点については（5）で検討する。そして最後に（6）では，この立場についての纏めを行うことにする。

（2）　先物契約に係る権利を棚卸資産とは異質なものとして捉える立場と企業資本等式との関係

ここではまず，後の議論の前提として，この立場の背後にある基本的等式は何かという点について検討を行う。

先物契約に係る権利を棚卸資産とは異質なものとして捉える立場は，文字通り，先物契約に係る権利を先物市場で売買される権利そのものとして捉えたうえで，当該権利を棚卸資産とは異質のもの（棚卸資産の延長線上では捉えられないもの）として位置付けていることになる。そしてこのことを，もし仮に，資本循環シェーマにかかわらしめて説明するとするならば，この立場は，当該権利を［G－W－G´］の枠組では説明できない（Wとして位置付けられない）ものとして捉えているということになる[63]。すなわち，先物契約に係る［G－先物権利－G´］という資本運動について，［G－W－G´］という資本運動とは異質なものとして捉えているというのがこの立場ということになる。

そこで，［G－先物権利－G´］という資本運動を，［G－W－G´］という資本運動は異質なものとして捉えるこの立場の背後にある基本的等式は何かが，ここで問われなければならないが，それが企業資本等式[64]であると思われる。すなわち，企業資本等式は，国民経済に係る資本循環シェーマ［G－W－G´］とはまた別に，企業会計に係る資本循環のシェーマ［G－D－G´］というものを想定している[65]。この点，［G－先物権利－G´］という資本運動を［G－W－G´］とは異質なものとして捉えるここでの立場は，［G－D－G´］という資本運動を想定している企業資本等式の見解になじむものと思われる。

なおここで重要となるのは，獲得された企業利潤がどのような市場に係るものであるのかという点である。すなわち，企業資本等式においては，資産側については，まず，それ自体利潤を産むものなのか，それとも利潤を産まないものなのか，という点が重視され，前者は行使分，後者は待機分として区分される。そして前者の行使分については更に，その利潤産出方法の違いにより，一方，価値生産運動（［G－W－G´］）に係る2面的な利潤を産み出す資産は充用分として，また他方，資本貸与運動（［G－D－G´］）に係る1面的な利潤を産み出す資産は派遣分として，それぞれ区分されるのである。そしてこの充用分と派遣分との違いこそが，ここでの企業利潤が獲得される市場の違い（実物市場（実物経済）か，それとも，金融・証券市場（金融・証券経済）か）に他ならない[66]。そして，このような企業資本等式の見地からすれば，［G－先物権利－G´］という資本運動については，価値生産運動［G－W－G´］ではなく，資本派遣運動［G－D－G´］として捉えられることになるが（つまり，先物権利は派遣分Dとして捉えられることになるが），この点の詳細については後で検討する。

以上のように，先物契約に係る権利を棚卸資産とは異質なものとして捉える立場の背後にある基本的等式としては，企業資本等式が想定し得るものと思われる。

(3) 値洗基準・両建法との関係
　　－投下資本なくして利潤なし－

　（2）を踏まえたうえで，（3）以降では，このような立場と具体的な会計処理方法との関係について述べる。そこでまず（3）および（4）では，値洗基準・両建法との関係について検討する。

　先物契約に係る権利を棚卸資産とは異質なものとして捉える立場は，値洗基準・両建法と結び付く。そして，ここでのポイントは，大きく3つある。

　(イ)　先物契約に係る権利・義務の性質
　(ロ)　借方側の先物権利の測定属性（収入額系統か支出額系統か）
　(ハ)　先物契約から生じる利得・損失の性格

　これらの点について，結論的には筆者は，(イ)先物契約に係る権利および義務は，それぞれ，企業資本の運用形態（派遣分）および調達源泉（算段分）として把握され，また，(ロ)特に借方側の先物権利の測定属性は収入額系統となる。そして，(ハ)先物契約から生じる利得・損失は，保有利得・損失として理解される，と解する。なお，ここでは「投下資本なくして利潤なし」という発想が非常に重要となるのだが，(イ)(ロ)については（ⅰ）（ⅱ）で，(ハ)については（ⅲ）で，それぞれ検討することにする。なおここで，一般的に理解されているかたちでの値洗基準・両建法の仕訳を思い出すと，＜図表3－16＞のようになる。

＜図表3－16＞　一般的に理解されているかたちでの
値洗基準・両建法

	借　　　方		貸　　　方	
①	先　物　資　産	1,000	先　物　負　債	1,000
②	先　物　資　産	100	先　物　利　得	100
③	先　物　損　失	50	先　物　資　産	50
④	先　物　負　債 現　　　金	1,000 50	先　物　資　産	1,050

第3章 買建先物契約の会計

（ⅰ） 先物契約に係る権利・義務の性質および測定属性

まず(イ)について検討する。すなわち，この立場（およびその背後にある企業資本等式）からすると，先物契約に係る権利・義務はどのように解されることとなるのだろうか。

ここで企業資本等式は，対象勘定によって企業の経済活動の全体を会計的に総括するものであり[67]，企業資本の調達源泉と運用形態を表すものである。ヨリ具体的には，一方，総勘定合計表（いわゆる試算表）の借方側が企業資本の運用形態を，また他方，貸方側が企業資本の調達源泉を，それぞれ表すこととなる[68]。

そしてここで，先物契約に係る権利および義務についても，それぞれこのような企業資本の運用形態および調達源泉という視点から理解されることとなる。すなわち，一方，先物契約に係る権利側は企業資本の運用形態として，また他方，先物契約に係る義務側は企業資本の調達源泉として，それぞれ理解されることとなる。そして更に，一方，借方の権利側は，企業外部への資本派遣というかたちでの企業資本の運用形態，つまり派遣分として，また他方，貸方の義務側は，返済義務のある企業資本の調達源泉，つまり算段分として，それぞれ位置付けられることになる。

つまり，ここでは先物契約を，「現在時点における権利そのものへ企業資本を投下することで，当該権利に係る先物市場での価格差を享受する資本運用活動」として捉えたうえで，一方，当該権利側を市場での資本運用形態たる派遣分として，また他方，当該権利に対する支払義務側を市場での資本調達源泉（権利購入時点で減少すべき現金を支払時まで利用出来るという意味での資本調達源泉）たる算段分として，それぞれ表現するのである。そして，このことを図に示すと＜図表3－17＞のようになる。

＜図表3－17＞に示されている通り，この立場（およびその背後にある企業資本等式）においては，先物資産（先物権利）・先物負債（先物権利未払金）については，企業資本の運用・調達というように，それぞれ異質なものとして捉えられている。この点，両者を同質なものとして捉える資本等式の理解（＜図表3

<図表3-17> この立場(およびその背後にある企業資本等式)
における先物契約に係る権利・義務

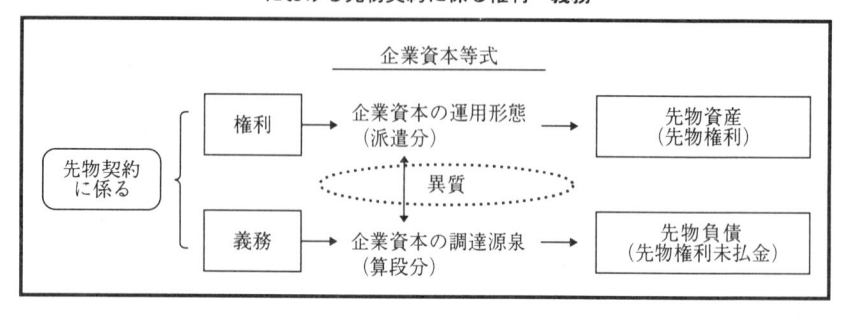

```
                    企業資本等式
        ┌ 権利 → 企業資本の運用形態 → 先物資産
先物契約  │        (派遣分)           (先物権利)
に係る   ┤        ┄┄┄異質┄┄┄
        │
        └ 義務 → 企業資本の調達源泉 → 先物負債
                  (算段分)           (先物権利未払金)
```

-9>)とは大きく異なっている。

　次に,(ロ)について検討する。すなわち,特に,借方側の先物権利の測定属性は一体どのように理解出来るだろうか。(イ)で述べた通り,借方側の先物資産(先物権利)は,企業資本等式の見地からは,企業外部への資本派遣というかたちでの資本運用形態たる派遣分として解することが出来る。そして,派遣分は,「その時点での収入しうべき金額」により測定されることとなるから[69],派遣分たる先物資産(先物権利)は収入額系統の値をとることになる[70]。
　そしてこれらのことを,仕訳上で(そして特に①に限定したかたちで)表すとすれば,<図表3-18>のようになる。

<図表3-18> この立場(およびその背後にある企業資本等式)
における値洗基準・両建法の仕訳

	借　　方	貸　　方
①	先物権利(先物資産)　　1,000 企業資本の運用形態<派遣分>　↑ <収入額系統>	先物権利未払金[71](先物負債)　1,000 企業資本の調達源泉<算段分>

(ⅱ) 想定元本相当額を企業資本の運用形態・調達源泉としてオンバランスする根拠

但し，上述の(イ)については，次のような批判が想定されるかもしれない。すなわち，ここでの1,000とはあくまで想定元本であり，これに見合うだけの総額（1,000）の実際の現金収入も，また実際の現金支出もない。よって，一方，最初に実際の1,000の現金収入がないのであれば（また，最終的に実際の1,000の現金支出がないのであれば），企業資本の調達源泉として1,000を計上することは妥当ではないし，また他方，最初に実際の1,000の現金支出がないのであれば，企業資本の運用形態として1,000を計上することも妥当ではないのではないか，という批判である。

しかしながら，このような批判に対しては，次のような疑問が生じる。すなわち，実際の現金収支と企業資本の運動とは，そもそも連動していなければならないものなのか，という疑問である。

ここで例えば，デリバティブたる先物契約の議論の前に，企業の事業活動における通常の商品購入・代金決済プロセスを想定してみよう[72]。例えば，当社は，Y社から商品100を掛けで購入し，その掛け代金については，Y社に対する別の取引で発生していた売掛金100と相殺した，というごくシンプルなケースを想定してみよう。そしてその仕訳は次のようになる。

（借方）商　　　　品　　　100　　（貸方）買　掛　　金　　　100
（借方）買　掛　　金　　　100　　（貸方）売　掛　　金　　　100

上記の仕訳からわかることは2つある。まず第1に，借方の商品100は実際の現金支出はないが，企業資本の運用形態として理解されるという点である。すなわち，商品100については商品総額100に見合うだけの実際の現金支出はない。しかしながら，この場合も，待機資本を商品という財に投下したと捉えられ，この点でやはり商品100は企業資本の運用形態（企業資本等式でいえば充用分）として理解されることとなる。

また第2に，貸方側の買掛金についても，実際の現金収支はないが，企業資本の調達源泉として理解されるという点である。すなわち，買掛金100につい

ては，その総額に見合うだけの最初の現金収入はないし，また（売掛金との相殺がなされることから）最後の現金支出もない。しかしながら，この場合も買掛金そのものは，購入した時点で減少すべき現金を支払時まで利用できる点で一種の借入と捉えられ，この点でやはり企業資本の調達源泉として理解されることとなる。

このように，企業会計では，実際の現金収支と企業資本の運動（ないし資産負債の発生タイミング）にはズレがあるし，むしろそれが企業会計では当然ともいえるだろう。つまり，企業資本の運用を行うことと，実際の現金支出とは必ずしも連動しているものではないし，また，同様に，企業資本の調達を行うことと，実際の現金収入および現金支出とは必ずしも連動しているものではないのである。よって，必ずしも「資本運用＝現金支出」もしくは「資本調達＝現金収支」ということにはならない，という点にはくれぐれも留意しなければならない。そして，このように考えるならば，ここでは実際の現金の収支があるか否かといった現金収支概念とは切り離したうえで，どのような企業資本運動があるのか，という点に着目して検討していくことが求められる。

その点からすれば，先物契約に関しても，確かに想定元本総額の実際の現金収支はないものの，（想定元本総額に相当する）権利そのものへの企業資本の投下（すなわち企業資本の運用）があり，またレバレッジ効果という点からすれば，それに対する支払義務（返済により本来減少するはずの現金を支払時まで利用できるという意味での一種の借入）としての企業資本の算段（すなわち企業資本の調達）が，確かに存在するといえる。そしてそうであれば，一方，企業資本の運用形態として先物権利1,000を，また他方，企業資本の調達源泉として先物権利未払金1,000を，両建で計上することには，特に問題がないように思われるのである。

また，ここで重要なのは，上述のような企業資本の運用と調達という捉え方は，特に会計固有の論理から出てきたものという訳ではなく，経済対象そのものの論理から出てきたものであるという点である。すなわち，先に述べた通り，先物契約はそれ自体が既にフィクションなのである。つまり，実際には原資産の受渡しや，想定元本総額の資金の流れがある訳ではないにもかかわらず，そ

ういったものが存在するかのような権利を創出し，そういった権利そのものを先物市場で売り買いする（そして当該権利に係る支払義務を想定する）のが，レバレッジ効果を有するデリバティブたる先物契約であるといえる。そして，企業資本等式におけるこのような（運用と調達という）捉え方は，そのようなデリバティブそのものにおけるフィクションを，そういったフィクションのままに（すなわち，先物契約という経済対象が有する論理を，そのまま会計的に）表現しようとするものなのである。

なお，ここでは，権利そのものが売買されているということのほかに，そのような権利が，正味権利でない（つまり，純額ではない）という点には，くれぐれも留意されたい。例えば，先物契約は，手仕舞い時には差金決済がなされることから（差額部分の現金支出しかしないことから），先物市場で売買されるのは差金部分（正味権利部分）であると誤解されがちであるが，これは妥当ではない。例えば，ファイナンス理論においては，通常，先物価格は，以下のように表現される[73]。

先物価格＝現物価格＋キャリングコスト（持越費用）

つまり，通常，ファイナンス理論において（先物契約の現在価値ではなく）先物価格という場合は，ネットではなくグロスの金額が想定されているのである。であれば，会計上もそういった経済対象そのものの論理を忠実に表現することが重要となろう。つまりここでは，純額でなく，総額で捉えることが重要となる。この意味でも，ただ単純に現金収支概念に（そしてそれが純額であるということに）とらわれてはならないように思われるのである。

(iii) 先物契約に係る利得・損失の性格

次に(ハ)について検討する。すなわち，（ｉ）（ⅱ）のように先物資産および先物負債を，企業資本の運用形態たる派遣分（先物権利）および企業資本の調達源泉たる算段分（先物権利未払金）として，それぞれ捉えた場合，先物契約から生じる利得・損失については，どのように理解することが出来るのだろうか。

結論的には筆者は，先物契約から生じる利得・損失については，先物権利の時間の経過に伴う公正価値変動を反映した保有利得（時間的利得）として理解することが出来ると考えている。そしてこのことを，仕訳のかたちで示すと（そして②だけでなく，①についてもあわせて示すと），＜図表３－19＞のようになる。

<図表３－19>　企業資本等式の見地からの値洗基準・両建法

	一般的に理解されているかたちでの値洗基準・両建法		企業資本等式による解釈	
	借　方	貸　方	借　方	貸　方
①	先物資産　1,000	先物負債　1,000	先物権利　1,000 ↑ <収入額系統> 企業資本の運用形態（派遣分）	先物権利未払金　1,000 企業資本の調達源泉（算段分）
②	先物資産　100	先物利得　100	先物権利　100 ↑ <収入額系統> 派遣分の一面的価値増殖	先物利得　100 ↑ <収入差額> 狭義発生主義の適用

前述の通り，この立場（そしてその背後にある企業資本等式の見地）からすれば，借方の先物権利は，収入額系統の値をとるものとして理解することが出来る。よってまず，①における先物権利1,000については，収入額系統の値として理解することが出来る（＜図表３－19＞右列①の仕訳）。また，②×１年期末における，先物権利の総勘定合計表残高1,100についても，同じく収入額系統として理解することが出来ることから，②の仕訳における先物権利の増加分100は，派遣分たる先物権利の１面的価値増殖による「この時点で収入しうべき金額」の増加分として理解することが出来る（＜図表３－19＞右列②の仕訳の借方「先物権利100」）。

そしてこのように解するのであれば，②×１年期末の仕訳における貸方項目「先物利得100」は，時間の経過に伴う先物契約に係る権利の公正価値変動を

第3章　買建先物契約の会計

反映した時間的損益として理解することが出来る。すなわち，先物資産を派遣分と捉えるならば，先物資産から生じた先物利得100については，派遣分たる先物権利を保有したことから得られる時間的な損益として理解出来るし，また，先物利得の100という値が，収入額系統の値である×1年期末における先物権利の公正価値1,100と，同じく収入額系統の値である×1年期首約定時における先物権利の公正価値1,000との差額であることから，当該100は，収入額と収入額との差額という意味で保有利得としての性質を有することとなる[74]。そしてこのような派遣分の一面的な価値増殖に伴う時間的損益[75]は，企業資本等式によれば，狭義発生主義[76]により認識されることとなる。

　ここで，Ⅱ（3）における4つの問題提起に関連付けて述べるとするならば，企業資本等式の立場は，「区分の論理」ということになる（第3の問題提起）。すなわち，企業資本等式においては，先物契約に係る資本派遣運動（[G－D－G′]）を，棚卸資産等に係る価値生産運動（[G－W－G′]）とは区別して考える。そしてそのうえで，資本貸与運動における派遣分の認識原則を，狭義発生主義として位置付ける（第2の問題提起）。つまり，企業資本等式においては，先物契約に係る利得・損失を，犠牲と成果の（2面的な）対応計算という発想によって（すなわち，伝統的な実現概念の何らかの拡張としての広義実現概念もしくは実現可能性概念のもとで）捉えるのではなく，外部投資たる派遣分の1面的な価値増殖という発想により（すなわち，実現概念とは区別された狭義発生概念のもとで）捉えるのである。この点，実現・実現可能性基準を念頭に置いたうえで先物契約に係る利得・損失を捉える「拡張の論理」の立場とは大きく異なっている。

　以上のように，この立場（そしてその背後にある企業資本等式）からすれば，先物利得100は，一方，概念上，「派遣分たる先物権利を保有し続けたことに対する時間的報酬」という意味においても，また他方，数値上（測定属性上），収入額系統と収入額系統との差額という意味においても，どちらの観点からも，保有利得・損失として合理的に位置付けることが出来よう。

(4) 資本運動［G－先物権利－G´］の意味
－先物市場の特質に着目して－

　（4）では，［G－先物権利－G´］という資本運動の意味について，先物市場の本質とかかわらしめて，更に検討を行うことにする。すなわち，先物権利というかたちでの資本運用(資本派遣)といった場合，ヨリ具体的にはどのような意味での企業資本の派遣が想定されているのか，ここで考察することにする。そしてそのことにより，①先物契約に係る利得・損失を保有損益と捉えることの妥当性，ならびに，②先物契約に係る権利・義務を企業資本の運用形態・調達源泉と捉えることの妥当性（特に，先物契約に係る義務を企業資本の調達源泉と捉えることの妥当性）に接近することにしたい。すなわち，①まず一方，［G－先物権利－G´］という資本運動から生じる損益の性格は，先物市場の特質とのかかわりからすると，どのように理解し得るのだろうか。また他方，②［G－先物権利－G´］という資本運動に関して，特に最初のGに係る企業資本の調達源泉という想定は，先物市場の特質との関わりからすると，どのように理解し得るのだろうか。そしてこの点を図に整理すると＜図表3－20＞のようになろう。

　これらの点を理解するためには，先物市場の有する特質が重要となる。そしてこの特質については，様々な点を指摘し得ると思われるが，ここではそのうち，大きく2つの点，すなわち，第1は市場が有する機能の側面から，先物市場がリスク移転機能を果たしているという点，また第2は，市場それ自体の構造の側面から，先物市場が売り手と買い手を分断しているという点に注目することにする。前者については（ⅰ）で，また，後者については（ⅱ）で，それぞれ論じることにする。（ⅲ）では，これらを纏めることにする。

第3章 買建先物契約の会計

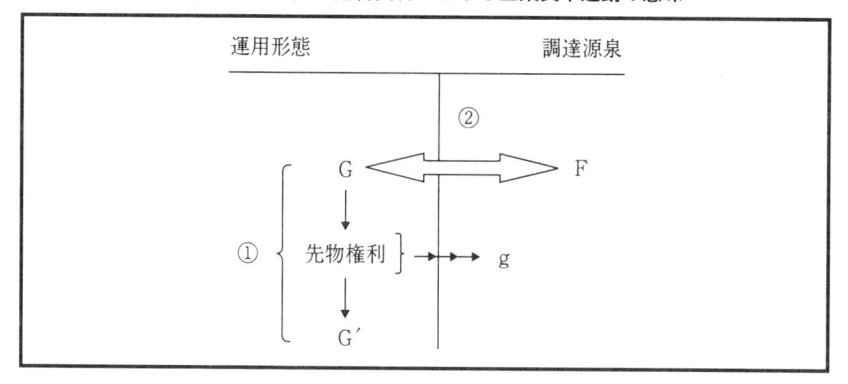

<図表3-20> 先物契約における企業資本運動の意味

```
         運用形態         調達源泉
                   │
                   │    ②
              G  ⟸═══⟹  F
              ↓
       ①  { 先物権利 }─→→ g
              ↓
              G´
```

（i） 先物契約から生じる利得・損失の本質
－先物市場の有する機能に関連して[77]－

まず前者の点について検討し，そしてそのことから，［G－先物権利－G´］という資本運動から生じる損益の本質（先物契約に係る利得・損失の本質）について接近することにしたい。

先物市場には，まず，価格変動リスクに直面し，それをヘッジしたいと考えるヘッジャー（Hedger）が集まることになる。そして，価格に対する自らの期待形成を参考にして，自らが有利になるようなポジションを建てることで，価格変動リスクをヘッジしようとする。しかしながら，もし，先物市場がヘッジャーのみで占められてしまうのであれば（そしてヘッジャーの価格に対する期待形成が近似すれば），いずれかのポジションに注文が偏り，市場が成立しなくなってしまう。そこで，ヘッジャーとは異なった動機を有する市場参加者を市場に呼び込むことが必要となる[78]。このような見地から，先物市場においては，クリアリング・システム（清算制度）[79] 等に代表される，利潤獲得を目的とする市場参加者を市場に呼び込むような仕組みが設けられることとなる。

ここで利潤獲得を目的とする市場参加者（投機目的の市場参加者。投機家もしくはスペキュレーター（Speculator）と呼ばれる）は，自己の予想次第でポジションを

選択し，また通常は限月（満期）までポジションを保有せず，自分の納得し得る範囲の損益が得られる時点で差金決済を行う。このようなスペキュレーターの行動は，先物市場におけるポジションに流動性を与え，ヘッジャーにヘッジ機会を提供する役割を果たすことになる[80]。このように，一方，ヘッジャーは，スペキュレーターにリスクを引き受けてもらうことでリスク回避が可能となり，また他方，スペキュレーターは，ヘッジャーのリスクを引き受けることでそのリスクに見合うリターンを得ることが可能となる[81]，というひとつの構造が，先物市場に出来上がることとなる。このような点からすると，先物市場は，ヘッジャーからスペキュレーターへのリスク移転機能[82]を有するといえる[83]。

そして，以上を踏まえたうえで，ここで特に，自企業がスペキュレーターである場合について考えてみる。ここで自企業は，先物市場において，ヘッジャーのリスクを引き受け，そしてそういったリスクテイクに対する報酬としてリターンを得ることになる。すなわち，例えば，自企業が買建の先物契約を締結したとすると（つまり買建の'権利'に投資したとすると），自企業は，当該買建権利に投資しているということにより（すなわち，当該権利を保有しているということにより），売建の契約を行っているヘッジャーのリスクを引き受け，そしてそのリスクテイクに対する報酬として，買建権利の市場での公正価値変動から得られる利潤を得ることになる。

そのように考えると，先物権利への投資という意味での，［G－先物権利－G´］という資本派遣運動（先物市場での資本運用）は，先物市場において，ヘッジャーのリスクを（スペキュレーターとして）引き受けて，そしてその報酬としてリターンを得ようとする資本運動ということになる。このような点を踏まえると，先物権利は，先物市場への資本派遣ないしクリアリング・ハウス[84]への資本派遣，ということになるだろう。よって，この観点からすれば，先物契約から生じる利得・損失（［G－先物権利－G´］という資本運動から生じる利得・損失）は，先物市場において，買いのポジションをとり続けることでヘッジャーのリスクを一定期間引き受ける（耐え続ける）ことに対するリターンであるといえよう。

第3章　買建先物契約の会計

　ここで重要なことは2つある。まず第1は，このような損益は，大きくいえば，リスク量および時間（当該ポジションをとり続ける時間）に依存するということである。また第2は，そのような（リスク量および時間に依存する）損益は，伝統的会計でいうところの犠牲と成果（の対応）という視点からは説明出来ないということである。すなわち，犠牲と成果（の対応）といった場合は，一方，犠牲価値は費用として，また他方，成果価値は収益として，企業会計上それぞれ具現化されるが，ここでのリスク量および時間は，そのような企業会計上の犠牲価値とは異質なものといえる。特に後者の時間という点に着目するならば，それは顕著である。買建先物契約から生じる損益は，ある一定期間買いのポジションをとり続けること（これは，先物権利を保有することによりヘッジャーのリスクを引き受け，そしてそのリスクに耐え続けることに他ならない）に対して1面的に生じる時間的報酬[85]であり，そこには企業会計でいうところの犠牲価値としての費用は存在せず，リスク量および時間に依存した1面的な利得ないし損失が存在しているだけなのである。

　以上のように考えると，先物契約から生じる利得・損失は，決して売却ないし決済から生じるものではなく，（先物権利の）保有から生じることが理解出来る。つまり，先物損益の本質は，買いのポジションをとり続ける（リスクに耐え続ける）という「連続」にあるのであり，（もし仮に毎時それを行うとしても）決してポジションを決済するという「断絶」にあるのではない[86]。

　このように考えるならば，先物契約から生じる利得・損失は，やはり保有利得・損失として解することが望ましいといえるだろう。

(ⅱ)　企業資本の調達源泉という視点の妥当性
－先物市場それ自体の構造に関連して－

　次に，企業資本の調達源泉という視点の妥当性，つまり，負債側を市場からの調達と捉えることの妥当性について検討する。ここではまず，先物市場それ自体の構造について検討し，そしてそのことから，［G－先物権利－G´］という資本運動について，特に最初のGに係る企業資本の調達源泉という想定が，

先物市場の特質とのかかわりでどのように理解し得るのか検討する。つまり，［G－先物権利－G´］という資本運動のうち，一方，当該資本循環シェーマの中央に位置する「先物権利」に関しては（すなわち，企業資本等式における，先物契約に係る企業資本の運用形態という視点に関しては），先物権利というかたちでの先物市場での資本運用ということで，比較的容易に理解出来るかもしれない。しかしながら，他方，最初のGに係る資本調達に関しては（すなわち，企業資本等式における，先物契約に係る企業資本の調達源泉という視点に関しては），そのような（先物市場での資本調達という）想定がそもそもなし得るのか否かについて，疑問が生じないわけではない。そこでこの（ⅱ）では，この点について，先物市場の特質にかかわらしめて検討することにする。

先に述べた先物市場の有する特質のうち後者は，前者のように先物市場が有する機能というよりはむしろ，先物市場の構造そのものというべきものであるが，先物契約においては，売り手と買い手とが分断されている点がここで重要となる。

すなわち，先物契約においては，実際の契約に際して，売り手と買い手とが分断され，その間にクリアリング・ハウスが介在することになる[87]。つまり，売り手と買い手とが直接的に1対1で契約の当事者になるわけではなく，両者とも，それぞれクリアリング・ハウスと契約を行うというかたちになるのである[88]。そしてそれは，債務不履行の影響が市場全体におよぶのを避けることを目的としたものである。すなわち，もし仮にある契約者が債務不履行に陥ったとしても，当該債務不履行から生じる損失は，クリアリング・ハウスのものだけに限定され，市場全体への波及は防止出来る。そしてこのような仕組みが存在することにより，ヘッジャーおよびスペキュレーターは，安心して市場に参加することが出来る。つまり，先物市場は，そのような構造により，市場参加者の数を増やすことが可能となるのである。

以上のように，先物市場においては，売り手と買い手とが構造的かつ制度的に分断され，全ての契約がクリアリング・ハウスとのそれとなる。そしてこのことから，（先の資本調達という視点に対して）次の2つのことがいえる。

第3章　買建先物契約の会計

　まず第1は，そのような仕組みの存在によって，特に，企業資本等式の貸方における企業資本の調達源泉という想定がヨリよく理解出来るということである。つまり，もし仮に，そのような仕組みがなければ，売り手と買い手とは1対1で契約を結ぶこととなるが，この場合は，借方の資本運用は理解出来ても，貸方の資本調達はケース・バイ・ケースということになってしまうであろう。つまり，ある市場参加者は，先物権利に対する支払義務を手仕舞い（ないし限月）まで待ってくれるかもしれないが，また別の市場参加者は，支払義務を猶予せず即日（先物権利に対する）総額の現金決済の履行を求めるかもしれない。そしてこのように，支払義務に関する非対称性が生じてしまうのであれば，その結果として，特に貸方の企業資本の調達源泉という点については一律に想定し得ないこととなる。しかしながら，実際の先物市場においては，クリアリング・ハウスとの契約ということで，先物権利に対する支払義務を一律手仕舞い（ないし限月）まで猶予することが，制度的に担保されているのである。よって支払義務に関する非対称性は現実の先物市場では存在しないこととなり，そしてこの点から，（支払義務を有する借入という意味での）企業資本の調達源泉という想定が，合理的に担保されることとなる。

　また第2は，そのような（企業資本の調達源泉という）想定のもとでも，先物市場全体としては別の市場から新たに資金調達をする必要はないということである。

　ここでは，売建と買建の総額が一致していること，および，クリアリング・ハウスが全ての契約の当事者となっているということが重要である。つまり，クリアリング・ハウスが全ての契約の当事者となっており，かつ，そこでの各ポジションの売建と買建の総額が一致（バランス）していることを鑑みれば，契約の中心に存在しているクリアリング・ハウスの有する権利・義務は，正味ではゼロとなっている。そうであれば，クリアリング・ハウスとしては（先物市場全体としては），契約総額に係る資金準備が必要となるわけでもないし，また，別の市場から新たに資金調達をする必要があるわけでもない。よって，たとえ上述のように「企業資本の調達源泉」という想定を設けたとしても，市場自体

が何か別の市場から新たな資金を調達してこなければならないという訳ではないし，また，契約の中心となるクリアリング・ハウスにある程度の資金量が必要であるという訳でもないし，ましてや，市場参加者のうちの誰かが，そういった「調達源泉」に見合うだけの資金を現実に肩代わりしなければならない訳でもない。このように考えれば，企業資本の調達源泉という想定は，決して現実離れした考え方ではないだろう。

　以上，先物市場の構造面に即した2つの点を鑑みると，［G－先物権利－G´］という資本運動について，特に最初のGに係る企業資本の調達源泉という想定は，決して現実離れした想定ではない。いやむしろ，先物契約のレバレッジ効果という点に適った発想といえるかもしれない。よって，先物市場の構造そのものからすると，企業資本等式における企業資本の運用と調達という視点は（特に貸方側の調達源泉という想定についても），合理的に理解し得るように思われるのである。

(ⅲ) 小　　括

　ここでは［G－先物権利－G´］という資本運動の意味について，先物市場の本質とかかわらしめて検討を行った。そして，（ⅰ）［G－先物権利－G´］という資本運動から生じる損益の性格は，先物市場の有するリスク移転機能とのかかわりからすると，保有損益として理解し得ること，および，（ⅱ）［G－先物権利－G´］という資本運動のうち，特に最初のGに係る企業資本の調達源泉という想定についても，決して非現実的な想定ではなく，むしろ先物市場の構造そのものからすると合理的に理解することが出来るということ，の2点が明らかになった。これを図に纏めると＜図表3－21＞のようになる。

　この2点からすれば，先物契約においては，先物市場における企業資本の（現在時点における）運用と調達という貸借関係が存在している（つまり，先物市場との資本の貸借関係が存在している）と考えることが出来るだろう。すなわち，先物市場において資金調達を行い，その資本をすぐさま先物市場において先物権利というかたちで運用し，当該権利を保有し続ける（そのポジションをとり続

第3章 買建先物契約の会計

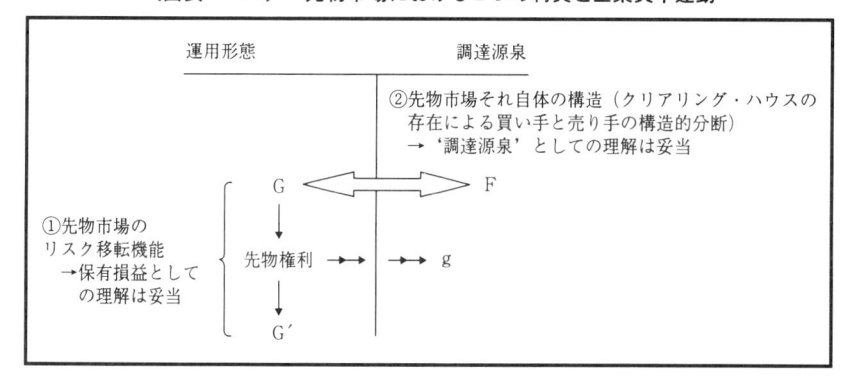

<図表3－21> 先物市場における2つの特質と企業資本運動

```
              運用形態        調達源泉
                          ②先物市場それ自体の構造（クリアリング・ハウスの
                            存在による買い手と売り手の構造的分断）
                          → '調達源泉' としての理解は妥当
                  G  ⇔  F
①先物市場の        ↓
 リスク移転機能   先物権利 →  → g
→保有損益として    ↓
 の理解は妥当      G′
```

ける）ことにより時間的報酬を得る，というのが先物契約の本質に他ならない。そしてこのような「先物市場との資本の貸借関係（調達と運用）」という経済対象そのものの論理を，会計的にも忠実に描写することが重要となる。

このような点からすれば，この（Ⅴの）立場における値洗基準・両建法は，決して現実離れした方法ではないし，むしろ理論的に妥当であるといえよう。すなわち，この立場における値洗基準・両建法は，経済対象そのものの論理を会計上も首尾一貫したかたちで整合的に説明し得る方法であると思われるのである。

（5） 他の会計処理方法との関係

ここでは，先物契約に係る権利を棚卸資産とは異質なものとして捉える立場と他の会計処理方法との関係について述べる。結論的には筆者は，この立場は，他の会計処理方法とは結び付かないものと解する。そこで，このような点について，まず（ⅰ）では，決済基準および「決済基準・両建法」との関係について，また，（ⅱ）では，値洗基準・「純額法」との関係について，それぞれ検討する。

105

(ⅰ) 決済基準および「決済基準・両建法」との関係

ここでの立場は，決済基準や「決済基準・両建法」とは結び付かないと思われる。

まず，決済基準との関係について述べる。ここでの立場は，先物契約について，原資産ではなく権利そのものに着目する。つまり，先物契約に係る権利および義務を，将来原資産およびその将来支払義務と捉えるのではなく，現在時点における権利そのもの（先物権利）およびそれに対する現在時点の支払義務を有する一種の借入（先物権利未払金）と捉えるのが，ここでの立場である。よって，①×1年期首約定時点においては，先物権利および先物権利未払金はすでに現時点のものとして存在していることから，それらをオフバランスとする決済基準は採用し得ないこととなる。

また同時に，それらを①の時点でオンバランスとする「決済基準・両建法」とも結び付かない。すなわち，ここでの立場は，現在時点における先物権利について，棚卸資産(W)の延長線上のものではなく，それとは異質なもの，特に企業資本等式でいう派遣分(D)として捉えている。そして派遣分たる先物権利は，毎時「その時点で収入しうべき金額」で評価されることから，②×1年期末や，③×2年期末で先物権利の評価替えを行わない「決済基準・両建法」は採用し得ないこととなる。

以上のように，この立場からすると，具体的な会計処理方法としては，決済基準や「決済基準・両建法」とは結び付かないものと思われる。

(ⅱ) 値洗基準・「純額法」との関係

次に，ここでの立場と値洗基準・「純額法」との関係について検討する。

先に検討したように，この立場の背後にある企業資本等式では，一方，先物契約に係る権利の側を企業資本の運用形態（派遣分）として，また他方，先物契約に係る義務の側を企業資本の調達源泉（算段分）として，それぞれ位置付けている。すなわち，先物契約に係る権利と義務（ならびに資産と負債）とを，（企業資本の運用と調達というように）まったく素性の異なるものとして捉えてい

第3章　買建先物契約の会計

るのである。そしてこのように，両者を異質なものとして捉えるいじょう，権利・義務および資産・負債のどのレヴェルにおいても，相殺を想定することは出来ないということとなる。この点で，両者を（正・負の財産として）同質なものと捉え，権利・義務もしくは資産・負債のどちらのレヴェルにおいても相殺を想定し得るとする資本等式（Ⅳ参照）とは，大きく異なっている。そして，このことを図で示すと，＜図表3－22＞のようになる。

つまり，＜図表3－22＞に示されている通り，結論的には筆者は，ここでの立場（そしてその背後にある企業資本等式の見地）からは，値洗基準・「純額法」は，一方，正則的会計処理方法としても，また他方，（値洗基準・両建法の）簡便的会計処理方法としても，どちらとも位置付けられないと解するのであるが，このような点について，以下で更なる検討を加えることにする。すなわち，先のⅣにおける立場（そしてその背後にある資本等式）においては，値洗基準・「純額法」を（検討の結果，理論的妥当性を欠いていたものの，とりあえずは），一方，正則的処理方法として，また他方，（値洗基準・両建法の）簡便的会計処理方法として，それぞれ位置付けたのであるが，それに対して，一体何故，ここでの立場（そしてその背後にある企業資本等式）においては，値洗基準・「純額法」を，(イ)正則的な会計処理方法としても，(ロ)簡便的な会計処理方法としても，どちらとも位置付けることは出来ないのであろうか。そこで，(イ)については(a)で，また(ロ)については(b)で，それぞれ検討することにする。

＜図表3－22＞　企業資本等式における権利・義務および
　　　　　　　　資産・負債の捉え方

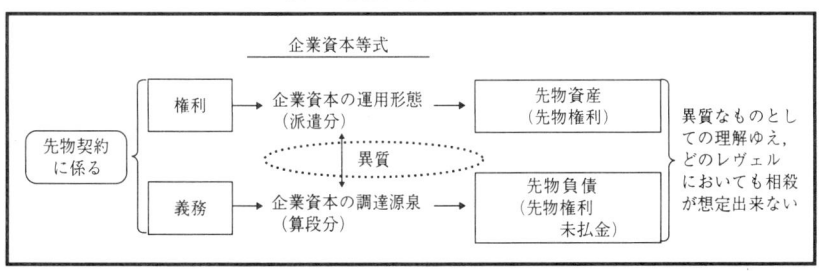

```
                       企業資本等式
              ┌─────────────────────────┐
              │  権利 → 企業資本の運用形態 → 先物資産       │
先物契約      │         （派遣分）         （先物権利）     │ 異質なものとし
に係る        │            ⋯ 異質 ⋯                      │ ての理解ゆえ，
              │                                          │ どのレヴェル
              │  義務 → 企業資本の調達源泉 → 先物負債       │ においても相殺
              │         （算段分）         （先物権利     │ が想定出来ない
              │                            未払金）       │
              └─────────────────────────┘
```

107

(a) 値洗基準・「純額法」(正則的会計処理方法) との関係

まず,(イ)について検討する。すなわち,企業資本等式において,値洗基準・「純額法」を正則的処理方法として位置付けることが出来ないか,つまり,先物契約に係る権利・義務部分を相殺した正味権利部分を,そのまま単純に企業資本の運用形態(更には派遣分)として捉えることが出来ないかがまず問題となるが,これは,企業資本等式の論理からすると不可能であるように思われる。

では一体何故,単純に正味権利部分を,企業資本の運用形態と解することが出来ないのであろうか。その理由は,正味権利という概念そのものにある。すなわち,先物契約に係る権利と義務とを相殺してその正味権利部分を考えるという発想は,そもそも権利および義務を同質的なものと捉えるからこそ出てくるものである。つまり,先物契約に係る権利と義務とを同質的なものと捉える(例えば,資本等式の見地からすれば,それらはどちらも(正・負の)財産として同質的であると捉える)からこそ,それらを相殺した正味権利という概念(例えばこれは,資本等式の見地からすれば,正味財産ということになる)が生じることとなるのである。しかしながら,もし,企業資本等式のように,先物契約に係る権利と義務とを,そもそも同質的なものとは捉えないのであれば(つまり,異質なものであると捉えるのであれば),そういった権利と義務を相殺した結果である正味権利という概念は,そもそも出てこないだろう。そして,このように正味権利という概念が企業資本等式の論理からそもそも出てこないいじょう,その正味権利部分を企業資本の運用形態と解すという発想も,そもそも出てこないのである。このように考えれば,企業資本等式の見地からは,値洗基準・「純額法」を正則的処理方法として位置付けることは困難であろう。むしろ,このような(値洗基準・「純額法」を正則的処理方法として位置付けるという)発想は,(権利と義務とを同質なものと捉える)資本等式にユニークなものであるように思われるのである[89]。

(b) 値洗基準・「純額法」(簡便的会計処理方法) との関係

ここでは(ロ)について検討する。すなわち,形式的には値洗基準・両建法を相

殺したかたちが、値洗基準・「純額法」となることから、このことをもって、理論的にも、値洗基準・両建法と値洗基準・「純額法」との関係を、正則的会計処理方法とそれに対する簡便的会計処理方法というかたちで捉えられないか（つまり、企業資本等式の見地においても、資本等式同様、値洗基準・「純額法」を値洗基準・両建法に対する簡便的方法として捉えられないか）が問題となる。つまりこれは、先物契約に係る権利および義務のレヴェルではなく、先物資産と先物負債のレヴェルで簡便的見地から相殺が可能か否かということであるが、この点についても、企業資本等式の論理からは否定されることとなる。

　すなわち、先に述べた通り、企業資本等式の論理（[資本の運用形態＝資本の調達源泉]）からすれば、値洗基準・両建法において、借方の先物資産は企業資本の運用形態（更には派遣分）として、貸方の先物負債は企業資本の調達源泉（更には調達分）として、それぞれ捉えられることとなる。そして、ここで特に重要なのは、企業資本等式の論理（[資本の運用形態＝資本の調達源泉]）においては、各項を移項することは出来ない、ということである。つまり、企業資本等式は借方と貸方とが常に一致する恒等式であるから、例えば先の[資本の運用形態＝資本の調達源泉]の右辺を移項して、[資本の運用形態－資本の調達源泉＝差額部分]という関係を作り出すということは、理論的には不可能なのである。だとすれば、企業資本等式としては、借方の運用形態と貸方の調達源泉は決してそれら以外ではあり得ず、運用形態と調達源泉とを相殺した差額部分のみを、先物資産として計上しようという論理は（仮に簡便法であるとしても）出てこないのである。

　以上、(a)(b)に示されるように、値洗基準・「純額法」は、企業資本等式の立場からすれば、一方、正則的処理方法としても、また他方、（値洗基準・両建法に対する）簡便的処理方法としても、どちらとも位置付けることは出来ないだろう。すなわち、値洗基準・「純額法」は、この立場からすれば、むしろ否定されることとなる。よって、この立場は、値洗基準・「純額法」とは結び付かないということになる。

（6）小　　括

　Ⅴにおける一連の考察を，Ⅱ（3）における4つの問題提起に照らしていま1度整理すると次のようになる。

　まず第1の問題提起，すなわち，先物契約の貸借対照表能力に関して，先物契約オンバランス化の論理は，契約会計もしくはその延長線上にしかないのか，という点であるが，これについては，特に企業資本等式の見地からすれば，契約会計もしくはその延長とはまた違った説明が可能となる。すなわち，企業資本等式のように，一方，先物契約に係る権利の側を現在時点における企業資本の運用形態（派遣分）として，また他方，先物契約に係る義務の側を現在時点における企業資本の調達源泉（算段分）として，それぞれ解することで，契約会計（もしくはその延長）の概念によらずとも，値洗基準・両建法をヨリ積極的に位置付けることが出来るのである[90)91)]。

　また，第2の問題提起，すなわち，先物契約の損益計算書能力に関して，先物契約に係る損益は，本当に実現・実現可能基準で説明出来るのか，という点であるが，これについては，企業資本等式の見地からすれば否定されることになる。すなわちこれは，先物契約に係る損益の性質と関連するところであるが，先物契約に係る損益の性質を鑑みれば，実現・実現可能基準による売却損益として位置付けることは妥当ではなく，むしろ，企業資本等式のように，狭義発生主義による保有損益として位置付けるのが妥当であるように思われるのである。

　そして，第1・第2の問題提起を纏めたものが，第3の問題提起，すなわち，デリバティブの会計問題は「拡張の論理」の問題か，それとも「区分の論理」の問題か，という点になるが，これについては，上述の（第1・第2の問題提起に係る）議論を鑑みれば，結局のところ，企業資本等式のように「区分の論理」の問題として捉えることが妥当であるといえよう。

　そして最後に，第4の問題提起，すなわち，差金決済性の捉え方ないし位置付けは妥当か否かという点については，例えば，先行研究においては，先物契

約の差金決済性を根拠に，先物契約に係る権利・義務（もしくは資産・負債）の相殺そして純額計上が主張されていた。しかしながら，ここで検討した通り，値洗基準・「純額法」は，理論的には想定し得ないこととなる[92]。確かに，先物契約において差金決済性ということは（例えば，デリバティブとしての先物契約の性質という点を説明するうえでは）非常に重要な概念であるといえるが，しかしながら，会計処理方法の妥当性を巡っては，差金決済性ということは決定的な論拠とはなり得ないし，むしろそれに過度に引きずられた考察をするべきではないように思われる。

Ⅵ 本章の纏め

（1） 本章の結論
－各会計処理方法の再整理および比較検討を踏まえて－

　以上のように本章では，買建先物契約に係る会計処理方法に関して，先物契約に係る権利・義務の捉え方を手がかりとして，先行研究の再整理を行い，そしてそのうえで，各会計処理方法間の比較検討を，実際の仕訳を辿ることで行った。そして，その検討結果を図示すると＜図表3－23＞および＜図表3－24＞のようになる。

　まず＜図表3－23＞は，先物契約に係る権利・義務の捉え方と各会計処理方法との関係を示している。すなわち，先行研究では，各会計処理方法が（例えば＜図表3－3＞のように）ただ単に平面的にならべられて議論がなされており，また，そのような会計処理方法と，先物契約に係る権利・義務の捉え方との関係付けについても定かではなかった。しかしながら，本章における検討によれば，＜図表3－23＞にあるように，先物契約に係る各会計処理方法は，先物契約に係る権利・義務の捉え方を鍵として，(平面的にではなく)ヨリ立体的に位置

<図表3-23> 各会計処理方法の再整理
－先物契約に係る権利・義務の捉え方と各会計処理方法との関係－

```
先物契約に係る
権利・義務の捉え方
    │
    ├─ 原資産を中心に ──→ 決済基準
    │   捉える見解    ──→ 「決済基準・両建法」
    │
    └─ 先物契約そのもの
        に着目する見解
            │
            ├─ 権利を棚卸資産 ──→ 「決済基準・両建法」
            │   の延長で捉える    値洗基準・両建法
            │                    値洗基準・「純額法」(正則法)
            │                    値洗基準・「純額法」(簡便法)
            │
            └─ 権利を棚卸資産 ──→ 値洗基準・両建法
                とは異質と捉える
```

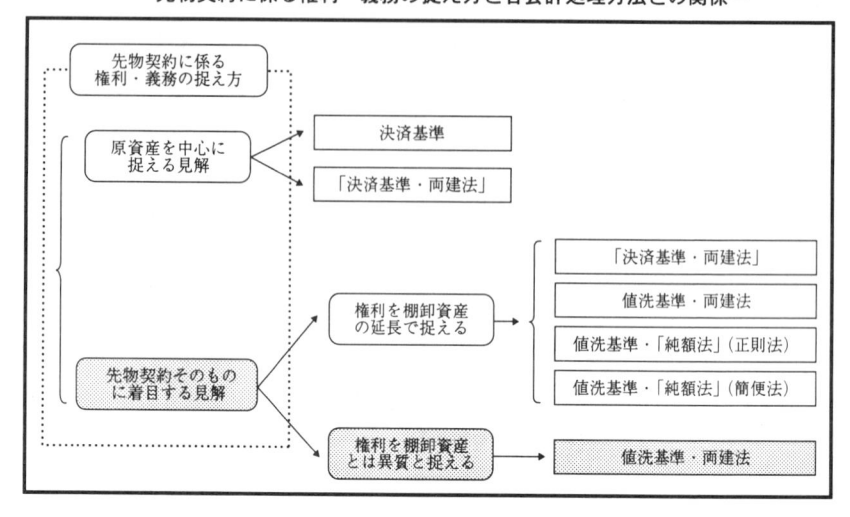

<図表3-24> 各会計処理方法の比較検討
－損益の特質および認識段階の違い－

先物契約に係る権利・義務の捉え方		会計処理方法	×1年度	×2年度	×3年度	全期間通算
原資産を中心に捉える見解		決済基準	0	0	50 (原資産売却益)	50
		「決済基準・両建法」	0	0	50 (原資産売却益)	50
権利そのものに着目する見解	権利を棚卸資産の延長で捉える	「決済基準・両建法」	0	0	50 (先物権利売却益)	50
		「値洗基準・両建法」	100 (先物権利擬似売却益)	△50 (先物権利擬似売却損)	0	50
		値洗基準・「純額法」	100 (不明)	△50 (不明)	0	50
	権利を棚卸資産とは異質と捉える	値洗基準・両建法	100 (先物権利保有利得)	△50 (先物権利保有損失)	0	50

付けられるように思われるのである。

また＜図表3－24＞は、各会計処理方法における損益の特質および認識段階の違いを示している。

まず、先物契約に係る権利・義務を、原資産を中心に捉える見解のもとでは、各会計処理方法における損益も、「原資産売却損益」としてしか位置付けることが出来ず、（また結局契約会計の延長での議論となり）この点問題となる。

これに対して、先物契約に係る権利・義務について、権利そのものに着目して捉えるならば、現在時点の権利および現在時点の義務、ということで、契約会計とは違った視点での議論が可能となる。ただ、当該先物権利をあくまで棚卸資産(W)の延長で捉えるのであれば、結局は、「先物権利（擬似）売却損益」としてしか、その損益を位置付けることが出来ず、この点問題となる。

しかしながら他方、先物契約に係る権利・義務について、権利そのものに着目して捉えたうえで、当該先物権利を棚卸資産とは異質なものとして捉えるのであれば、「先物権利保有損益」としてその損益を位置付けることが可能となり、この点妥当といえる。

以上、＜図表3－23＞および＜図表3－24＞を踏まえると、妥当な会計処理方法は、（権利そのものに着目したうえで、当該権利を棚卸資産(W)とは異質なものとして（すなわち派遣分(D)として）捉える立場における）値洗基準・両建法ということになり、また、その理論的根拠は、企業資本等式にあるという結論が導き出されることになる。

（2） 先行研究に対する4つの問題提起とその点に関する筆者の見解

なお、Ⅱ（3）で提示した先行研究に対する4つの問題提起について、筆者の見解をいま1度纏めると次のようになる。

まず、第1の問題提起については、契約会計もしくはその延長でなくとも、先物契約のオンバランス化を十分に説明出来るのではないだろうか、という筆

者の見解を，企業資本等式における現在時点の企業資本の運用（派遣分）と調達（算段分）という具体的な考え方を提示することで明らかにした。

また，第2の問題提起については，先物契約に係る損益は（実現・実現可能性基準による売却損益としてではなく）狭義発生主義による保有損益として捉えるのが妥当であるという筆者の見解を，売却損益と保有損益との素性の違い，および，先物市場そのものの性質に焦点を当てることで明らかにした。

また，第3の問題提起については，「区分の論理」により先物契約の会計処理方法を考えていく方が，ヨリ説明力の高い理論を構築することが出来るのではないだろうか，という筆者の見解を，主に，企業資本等式における資本派遣過程［G－D－G´］の論理を示すことで明らかにした。

また第4の問題提起については，先物契約における差金決済性ということは，少なくとも会計処理方法の妥当性を論じるうえでは決定的な論拠にはなり得ない。むしろ，それに引きずられない方向で，会計処理方法の比較検討を進めていくのが望ましいのではないか，という筆者の見解を，仕訳を辿ることで明らかにした。

＜図表3－25＞　先行研究に対する4つの問題提起と本章における結論

先物契約の捉え方	第1の問題提起（契約会計と異なる視点からの理論構築の可能性）	第2の問題提起（先物契約から生じる損益の性質）	第3の問題提起（「拡張」か「区別」か）	第4の問題提起（「差金決済性→「純額法」」というロジックの妥当性）
原資産そのものに着目	× 「将来原資産」 「将来支払義務」 （結局は契約会計の範疇）	原資産売却益	「拡張の論理」	－
権利そのものに着目	○ 現在時点の権利・現在時点の義務 （契約会計とは違った視点）	先物権利を［G－W－G］のWとする立場	先物権利（擬似）売却損益	値洗基準・「純額法」 ↑ 一応想定し得るが理論的に問題あり
		先物権利を［G－D－G］のDとする立場	先物権利保有損益	「区分の論理」	値洗基準・「純額法」 ↑ そもそも想定し得ない

また，第1および第4の問題提起に関しては，「投下資本なくして利潤なし」という発想が重要となる点を指摘した。

なお，これらのことを図に示すと＜図表3－25＞のようになる。

（3） デリバティブの位置付けを巡って

最後に，財務諸表全体の中の金融商品，および，金融商品全体の中のデリバティブという点について述べる。これは一部（2）等と重なる部分があるが，重要なところであるため，改めてここで纏めることにする。

まず，前者については，「区分の論理」の立場，そしてその中でも特に企業資本等式説に依拠することで，ヨリ説得力のある説明理論を，首尾一貫したかたちで構築することが可能となるように思われる。すなわち，本章でみたように，先物権利を棚卸資産の延長(W)として捉えるのではなく，棚卸資産とは異質(D)と捉えるという発想が，ここで重要となるだろう。

また，後者については，特に本章の結論である企業資本等式に関していえば，以下のことがいえる。すなわち，有価証券とデリバティブとは，会計的には，どちらも企業資本等式の派遣分概念が関係するという意味において同質であるが，貸方の算段分概念が関係するという点（市場での資本の貸借関係が想定されるという点），および，資本派遣過程の再構成ないし深化が必要である点においては異質ともいえる。

なお，ここで資本派遣過程の再構成ないし深化の必要性とは，次のようなことである。すなわち，本章で検討した先物資産は，先物市場そのもの（更にいえばクリアリング・ハウス）に対して資本を派遣することが予定されているということになるが，これに対して有価証券は，市場を介して間接的に他企業へ資本を派遣することが予定されている[93]。この点で，有価証券と先物資産は異質であるといえるし，また，このような資本派遣の違いをどのように考えていくのかが今後の課題となる（この点については後述する）。

このように考えると，企業資本等式の見地からすれば，有価証券とデリバ

ティブとは，同質でもあるし，また，異質でもあるということになる。しかしながら，特にここでは，前者の同質性の方がヨリ重要と思われるので，企業資本等式の見地からのデリバティブ会計の位置付けとしては，第2章Ⅲ（2）②における＜図表2－4＞の整理図表でいえば，「区分の論理」タイプAの立場に該当するものと思われる[94]。

補論3－1　先物契約に係る証拠金の会計的解釈を巡って

（1）　はじめに

　第3章本編における設例では簡略化の観点から省略したが，先物契約においては証拠金の存在が1つ重要となっている。よって，これを会計的にどのように捉えるのかという問題についても，ここで検討する必要があるだろう。そこで補論3－1では，証拠金の会計上の取扱いについて非常にユニークな見解を示している西澤［1995］の研究を取り上げ[95]，その批判的検討を通じて，この問題を考えることにする。

（2）　西澤［1995］説の概要

　まず議論の前提として，西澤［1995］は，先物契約の「経済的実質」は，反対売買により対象商品の価値変動に伴う成果を得る権利を獲得する契約であるとする。その点でまず，値洗基準・両建法は，法的形式を重視したものであり先物契約の「経済的実質」を表さないとして否定される。
　そしてそのうえで，そのような「経済的実質」を反映するには，反対売買により対象商品の価値変動に伴う成果を得る権利を認識する会計処理を行うべきとして，証拠金を認識対象とした会計処理を行うのである[96]。

すなわち，西澤［1995］は，そういった（反対売買により対象商品の価値変動に伴う成果を得る）権利を，契約締結時に支払う元入証拠金に求めるのである。そして，当該証拠金は，契約終了時までに効力がおよぶ将来における経済的便益であるとして，それを資産として計上することになるというのである。

また，西澤［1995］は，約定時に支払う元入証拠金と契約締結時に授受される追加証拠金との経済特性は異なるとして，会計上も両者を峻別すべきという。すなわち，一方，元入証拠金は，上述のような権利を反映したものであるのに対し，他方，追加証拠金は，投資ストックの価値変動に見合う成果を反映したものであるという[97]。そして，後者の支払や受領に関しては，「先物契約損益」を計上し，またその追加証拠金の「取得原価を上回る評価損益に関しては，即時現金換金性を有する貨幣性資産を示す『先物契約（資産）』勘定を設定」（西澤［1995］p.102。但し，傍点は田口）することになるという[98]。

これを例えば，本章本編における設例（<図表3－1>）との関連で，簡単に示してみる。なお，先の設例では元入証拠金および追加証拠金については考慮しなかったが，ここでは，西澤［1995］における設例を参考にして，<図表 補3－1>のように先の設例を変更することにする。そして，それを踏まえて，値洗基準・純額法および西澤［1995］の見解[99]により仕訳を行うならば，<図表 補3－2>のようになる。

<図表 補3－1>設 例
（元入証拠金ないし追加証拠金を考慮するため設定をいくつか改変）

①	×1年期首（当社は暦年）	以下の条件で買建の債券先物契約を結んだ。 債券元本：1,000 契約期間：×1年1月1日から×10年12月31日まで また，債券元本の1％相当分を元入証拠金として現金で支払った。
②	×1年期末	先物価格が900に下落した。追加証拠金を現金で100支払った。
③	×2年期末	先物価格が1,050に上昇した。追加証拠金100が返済された。
④	×3年期首	手仕舞いを行った。先物価格は③と同じであった。

<図表 補3-2>具体的仕訳

値洗基準・両建法				西澤[1995]の見解			
借方		貸方		借方		貸方	
① 先物証拠金	10	現金	10	先物元入証拠金 資産	10	現金	10
先物資産	1,000	先物負債	1,000				
② 先物損益	100	先物資産	100	先物契約損益	100	現金	100
先物証拠金	100	現金	100				
③ 先物資産	150	先物損益	150	現金	100	先物契約損益	150
現金	100	先物証拠金	100	先物契約 資産	50		
④ 先物負債	1,000	先物資産	1,050	現金	60	先物元入証拠金 資産	10
現金	50					先物契約 資産	50
現金	10	先物証拠金	10				

(3) 西澤[1995]説の検討

しかしながら,このような西澤[1995]の見解については,(ⅰ)証拠金の捉え方についても,また,(ⅱ)先物契約勘定と先物元入証拠金勘定との関係においても,そして(ⅲ)先物契約損益の計上論拠についても,妥当とはいえないように思われる。

(ⅰ) 証拠金の捉え方に係る問題点

まず,証拠金の捉え方について,問題点は2つある。

第1の問題は,元入証拠金の捉え方に係る問題である。すなわち,西澤[1995]は,元入証拠金を,反対売買により対象商品の価値変動に伴う成果を得る権利として捉えているが,このような捉え方は,ファイナンス的な視点からは妥当とはいえないように思われる。すなわち,元入証拠金の本質は,あくまで損失に備える担保金であるといえる。つまり,元入証拠金は,何らかの価

格理論を背景とした権利の値段，もしくはそういった権利に対する投下資本というわけではなく，ただ単に，不確実性の存在によって約定後に生じるかもしれない損失の発生に備えて充当される便宜的な預け金ないし保証金として支払われるものに過ぎない[100]。つまり，元入証拠金は，何らかの権利を標章するものではなく，あくまで契約の安全性を担保する保証金なのである。

もっとも，西澤［1995］のいうように，元入証拠金を，先物契約といういわば「投機ゲーム」に参加する「権利」と捉えることも，不可能という訳ではないのかもしれない。すなわち，例えば，取引のレバレッジ効果（少額の証拠金で大きな取引金額を扱えるということ）という点や，そのレバレッジ効果を可能とするシステムが証拠金制度であるという点[101]等を勘案するならば，確かに，西澤［1995］のように解することも，不可能ではないのかもしれない。

しかしながら，このような見解には，オプションにおけるオプション・プレミアムとの混同があるように思われる。例えば，買建コール・オプションについて約定時に支払うオプション・プレミアムは，オプションという権利に対する価値，つまり権利の値段としての性質を有する。そして，元入証拠金を，こういったオプション・プレミアムのように考えるのであれば，西澤［1995］のような解釈も，成り立たない訳ではない。しかしながら，先物契約に係る元入証拠金は，決してそのような性質を有しているわけではない。すなわち，元入証拠金は，あくまで将来の損失発生に対する担保金に過ぎないのである。同じデリバティブであるとしても，そして，同じく約定時における支払であるとしても，先物契約（に係る証拠金）とオプション（に係るオプション・プレミアム）とを混同してはならないように思われるのである[102][103]。

また第2の問題は，追加証拠金に係る問題である。すなわち，西澤［1995］は，追加証拠金の支払や受領は，元入証拠金と異なり，先物契約から生じる損失と利得とを表したものである[104]としたうえで，両者を峻別した会計処理を提唱しているが，ファイナンス理論的には，両者は同じく保証金としての性質を有するに過ぎない。つまり，追加証拠金そのものが損失や利得を表すわけではなく，この点，西澤［1995］の解釈には疑問が残る。

(ⅱ) 先物契約勘定と先物元入証拠金勘定との関係に係る問題点

また，先物契約勘定と先物元入証拠金勘定との関係についても，以下の点で問題なしとはいえない。すなわち，西澤［1995］によれば，先物契約の決済までに，元入証拠金勘定と先物契約勘定との2つが貸借対照表上に計上されることとなるが，両者が2つならんで計上されることの意味および両者の関係については明らかではない。例えば，西澤［1995］によれば，一方，前者については現金支払額で測定され[105]，決済時までそのままの金額で貸借対照表上に計上され続けることとなり，また他方，後者については評価損益のうち，追加証拠金の返金額（西澤［1995］はこれを「取得原価」としている）を上回る部分として計上されることとなる[106]が，それらの金額が意味するところは明らかでない。特に，後者の先物契約勘定として表される金額が意味するものは何なのか（単なる未収金ということになるのか）については疑問が残る。

(ⅲ) 先物契約損益の計上論拠に係る問題点

またここで更に，先物契約勘定（先の設例でいえば50）が，先物契約損益（先の設例③でいえば150）と追加証拠金返金額（先の設例でいえば100）との単なる差額で求められていることに着目すると，そこでの先物契約損益150が，そもそも一体何故計上されているのか，という疑問に行き着く。すなわち，この先物契約損益（先の設例③でいえば150）は，先物価格の900から1,050への上昇分として，＜図表　補3－2＞の③の仕訳上いわば当然のごとく計上されているが，しかしながら，これは素朴に考えると奇妙なことである。つまりここでは，先の本編での議論と同様，「投下される資本なくして利潤が生じるのか」という問題が生じるように思われる。つまり，＜図表　補3－2＞③貸方の「先物契約損益150」は，確かに記述的には「先物価格の900から1,050への上昇分」との説明が可能かもしれない。しかしながら，それが何故仕訳上計上されてよいのか，ということについては決して明らかではない。このため，この点については，筆者なりに推定せざるを得ない。

ここでもし仮に，③の仕訳の借方項目たる先物契約勘定50が，ここでの先物

契約損益150とは無関係に求められるということであれば、ここでの貸方「先物契約損益150」は、借方における追加証拠金返金額（「現金100」）と「先物契約勘定50」との総和として、その計上が仕訳上是認されることになるかもしれない。しかしながらここで留意したいのは、借方の「先物契約勘定50」は、「先物契約損益150」と無関係に求められるものではなく、西澤[1995]の論理に従えばむしろ、貸方の「先物契約損益150」と借方の追加証拠金返金額（「現金100」）との単なる差額として求められるものであるということである。つまり、決定順序としては、「先物契約損益150」が先で、その後に「先物契約勘定50」が差額として決まる、という関係にある。そしてこのような決定順序に着目するならば、貸方「先物契約損益150」の計上根拠を、借方における追加証拠金返金額（「現金100」）と「先物契約勘定50」との総和という点に求めることは出来ない。そして、そうであれば、貸方「先物契約損益150」の計上根拠はやはり存在しない、といわざるを得ないように思われる。

しかしながら、筆者のこのような見解に対しては、次のような反論があるかもしれない。すなわち、③における貸方「先物契約損益150」の計上根拠は、①における借方「先物元入証拠金10」であるとする反論である。つまり、③の「先物契約損益150」は、①「先物元入証拠金10」がその基礎となって生じていると考えるのである。そして、このように考えるならば、投下される資本（先物元入証拠金10）があったうえで、利潤（先物契約損益150）が生じているといえ、この点、筆者の「投下される資本なくして利潤が生じるのか」という批判は当たらないのではないか、という反批判も想定し得ないわけではない。

しかしながら、たとえそのように考えたとしても、筆者は以下の2つの点から問題なしとしない。

まず第1の問題は、（ⅰ）の考察からすると、先物元入証拠金をそのように投下資本と捉えるのは、論理の飛躍があるのではないか、という点である。すなわち、（ⅰ）で考察したように、単に契約の安全性を担保する保証金としてしか位置付けられない元入証拠金をそのように投下資本として位置付けてよいのか疑問が残る。

また第2の問題は，たとえ第1の問題点について百歩譲ったとしても（つまり，元入証拠金を投下資本と位置付けたとしても），ヨリ具体的なレヴェルにおいて，投下資本たる先物元入証拠金10と，当該資本から得られる利潤たる先物契約損益150との間にどのような関係があるのか明らかではない点である。例えば，元入証拠金を10ではなくその10倍の100支払ったならば，利潤はそれに比例して（例えば同じく10倍の1,500として）計上されるのかというと，必ずしもそうではないし，逆に元入証拠金の支払がない場合も，利潤は計上されるため，この点，両者に具体的な関係があるのか明らかではないし，むしろ両者は無関係であるといえよう。つまり，もし仮に投下資本が例えば900（もしくはその元となっている1,000）であるとすれば，確かに900と1,050の差額たる150を損益として計上することは理解し得るのであるが，しかしながら，ここでの西澤［1995］のように投下資本が10であるとしたら，何故900と1,050の差額たる150を損益として計上しなければならないのか，投下資本10と，(900と1,050との差額たる) 150との間にどのような関係があるのか,ということについてはまったくもって明らかではないのである。そしてこのように考えるならば，貸方「先物契約損益150」の計上根拠を，①における借方「先物元入証拠金10」に求める反論は，必ずしも的を射たものではなく，やはり，貸方「先物契約損益150」の計上根拠は明らかでないといわざるを得ない。

　以上のように，先物契約損益150の計上論拠がそもそも不明であれば，その差額概念として求められる先物契約勘定50についても，その計上論拠が不明であるように思われるし，また，結局当該先物契約勘定50と元入証拠金10との関係も不明である（(ⅱ)の問題点）ということになる。このように考えていくと，西澤［1995］の見解は，実は各勘定の計上論拠ないし各勘定間の関係が不明であると言わざるを得ない。

　なお，ここで先物契約損益の計上について，更に注目しておきたいのは，追加証拠金支払の条件によっては，当該損益は，実は先物価格の変動が生じたとき常に計上されるという訳でもないという点である。すなわち，いま，上述の議論では，まず(A)「先物契約損益150」は，確かに記述的には「先物価格の変

動分(900から1,050への上昇分)」との説明が可能かもしれないが,(B)しかし,それは決定順序の点から,仕訳上,借方の追加証拠金返金額100と先物契約勘定50との総和としても説明出来ず,また(C)先物元入証拠金10との関係も不明であるため,仕訳上,投下資本と利潤という関係においても説明出来ないのであった。しかしながら,ここでの西澤[1995]の見解を更に突き詰めていくと,(A)に関して,先物契約損益は,実は先物価格の変動と連動して常に計上されるというものでもない(先物価格の変動が生じた場合でも,先物契約損益が計上されるとは必ずしもいえない)ということになるのである。以下,この点を検討する。

そこで,実は追加証拠金については,先物価格の価値下落がある場合に必ず支払うというわけではないので,<図表 補3-1>の②における先物価格の下落に対して,追加証拠金の支払がないと仮定することも決して不可能ではない。すなわち,追加証拠金は,あくまで契約の安全性を担保する追加的な保証金であるので,例えば,損失を補填するだけの大きさの元入証拠金があれば,追加証拠金を支払わなくともよい場合も十分想定し得るのである[107]。

だとすれば,そのような場合は,<図表 補3-2>における仕訳②はどうなるのだろうか。また,これは③も同様である。すなわち,先の<図表 補3-1>における設例では,③における先物価格の上昇によって,②で支払った追加証拠金が返金され,そしてそれにあわせて先物契約損益勘定および先物契約勘定が計上されることとなるが,もし仮に②において追加証拠金の支払がないとしたら(つまり,③において追加証拠金の返金ということが想定されないとしたら),<図表 補3-2>における仕訳③は一体どうなるだろうか。

この点を具体的な仕訳で考えるために,以下のように設例を改変してみることにする。例えば上述の設例では,②の先物価格下落に対し追加証拠金を支払うケース(②でいったん先物価格が下落したため追加証拠金を支払ったが,その後③で先物価格が上昇したため当該追加証拠金が返済されたケース)を考えたが,もしここで仮に,②の先物価格下落に対し追加証拠金を支払わないケースを想定する(ここでは例えば元入証拠金の額を増やしたケースを想定する)とするならば,<図表 補3-3>および<図表 補3-4>のようになる。

<図表 補3-3>設例(<図表 補3-1>における設例を更に改変)

①	×1年期首 (当社は暦年)	以下の条件で買建の債券先物契約を結んだ。 債券元本：1,000 契約期間：×1年1月1日から×10年12月31日まで また，債券元本の15%相当分を元入証拠金として現金で支払った。
②	×1年期末	先物価格が900に下落したが，元入証拠金でカバー出来る範囲内での下落であったので，追加証拠金の支払はなかった。
③	×2年期末	先物価格が1,050に上昇した。
④	×3年期首	手仕舞いを行った。先物価格は③と同じであった。

<図表 補3-4>具体的仕訳

	値洗基準・両建法				西澤[1995]の見解			
	借 方		貸 方		借 方		貸 方	
①	先物証拠金 先物資産	150 1,000	現　　金 先物負債	150 1,000	先物元入 証　拠　金 資産	150	現　　金	150
②	先物損益	100	先物資産	100	仕訳なし			
③	先物資産	150	先物損益	150	仕訳なし			
④	先物負債 現　　金 現　　金	1,000 50 150	先物資産 先物証拠金	1,050 150	現　　金	200	先物元入 証　拠　金 資産 先物契約損益	150 50

　ここでは特に，西澤[1995]の見解における②および③が問題となる。西澤[1995]においては，このような追加証拠金の支払のないケースは想定されていないので，ここは筆者の想定となるが，しかしながら，西澤[1995]の論理をそのまま素直に辿るとするならば，このようにならざるを得ない。

　すなわち，西澤[1995]によれば，先物契約損益は追加証拠金の支払ないし受領について計上されることとなる[108]が，このことを逆に考えてみれば，追加証拠金の支払ないし受領がない場合には先物損益は計上されない，ということになる。よって，追加証拠金の支払のない②については「仕訳なし」となり，また同様に，追加証拠金の受領(返金)がない③についても「仕訳なし」とい

うことになる。つまり、②と③においては、先物価格は900、そして1,050という変動をみせているのであるが、しかしながら、先物契約損益はどちらにおいても計上されないことになる。

このように、西澤［1995］の論理に従うとすれば、先物契約損益は、実は先物価格の変動と連動して常に計上されるというものでもない（先物価格の変動が生じた場合でも、先物契約損益が計上されるとは必ずしもいえない）のである。

これを整理すると、まず、一方、先物契約損益が計上されるときは必ず先物価格の変動と連動した金額が計上されているが（但し、前述のようにその厳密な計上論拠については不明である）、しかしながら他方、（ここでの＜図表　補3－3＞および＜図表　補3－4＞のように）先物価格が変動しているからといって、それに連動して先物契約損益が計上されるとは必ずしも言い切れない、ということになる。このように、西澤［1995］の見解においては、先物契約損益の計上を支える論拠が全くもって明らかではないのである。

しかしながら、西澤［1995］のこの見解においては、＜図表　補3－1＞の設例においても、＜図表　補3－3＞の設例においても、どちらの場合においても、全期通算すると50の利得が計上されている。そして、そのように損益（利得）50が計上されているいじょうは、そこに何らかの損益認識原則が働いていると考えることが出来るだろう。であれば、この西澤［1995］における損益認識原則とは、一体何だろうか。この点についても、西澤［1995］は明らかでなく、あくまで筆者の想定ということになるのだが、ここで、先物契約損益が追加証拠金の支払ないし受領について計上されるという点および相手勘定としての先物契約勘定の存在という点に着目すると、その損益認識原則は、もしかするとオブリゲーション・システム（債権債務確定主義）[109]という点にあるのかもしれない。

黒澤［1980］によれば、オブリゲーション・システムとは、「現金主義を拡張」（p.72）したものであり、ヨリ具体的には「期間的費用の発生を、現金支出の場合ばかりでなく、信用支出（将来現金を支払うこと）の場合にもみとめ、期間的収益の発生を、現金収入の場合ばかりでなく、信用収入（将来現金を収入

すること)の場合にもみとめる」(p.72)体系,すなわち「費用＝現金支出＋将来の支出」(p.72)および「収益＝現金収入＋将来の収入」(p.72)となる体系をいう。ここでは特に,将来の支出および将来の収入が,債務および債権として把握されることが重要であり,このことから債権債務確定主義と呼ばれるのである。

すなわちここで,一方,＜図表 補3－1＞における設例についてみてみる。まず②においては「費用＝現金支出＋将来の(確定)支出」という点から,追加証拠金たる現金支出100(但し,将来の(確定)支出は0)により費用たる先物契約損益100が計上される。また③においては,もし仮に先物契約勘定50が将来収入たる債権として確定したと考えることが出来るならば(すなわち,先物価格の150の上昇のうち,100部分が現金収入として確定したのだから,残りの50部分についても将来収入たる債権として確定したと考えることが出来るならば),「収益＝現金収入＋将来の収入」という点から,追加証拠金の返還たる現金収入100と将来の収入たる先物契約勘定50との総和により,収益たる先物契約損益150が計上されることとなる(但し,ここでは,「仮に先物契約勘定50が債権として確定したと考えることが出来るならば」という前提が必要であり,先に述べた決定順序の点等によりこの前提が崩れる場合は,オブリーション・システムによってもこの西澤［1995］の体系を説明出来ないのかもしれない)。

また他方,＜図表 補3－3＞における設例についてみてみる。まず,②においては,現金支出も,また将来の確定支出もない(先物価格の100の下落は,元入証拠金の範囲内の下落ということから,将来支出たる債務として確定しないと考える)ことから,「費用＝現金支出＋将来の(確定)支出」により費用額は0となる。つまり,先物契約損益は計上されないこととなる。また③においても,現金収入も,また将来の確定収入もない(先物価格の150の上昇は,その150のどの部分においても現金収入がないことから,将来収入たる債権として確定しないと考える)ことから,「収益＝現金収入＋将来の収入」により収益額はゼロとなる。つまり先物契約損益は計上されないことになる(但し,ここでも括弧内の各前提が崩れる場合は,オブリーション・システムによってもこの西澤［1995］の体系を説明出来な

いうということになる)。

　しかしながら，もし仮に，このようなオブリゲーション・システムによって西澤［1995］の損益認識原則が説明出来たとしても（つまり，もし仮に西澤［1995］の損益認識原則がオブリゲーション・システムにあるとしても），現行企業会計がそのような体系を前提としていないいじょう，西澤［1995］の見解は妥当とはいえないことになる。つまり現行の企業会計が，あくまで発生主義会計という体系を前提としているかぎりは，たとえもし仮に，西澤［1995］の見解がオブリゲーション・システムの具現化であるとしても，（前提が違ういじょう）それは現行会計の説明理論としては妥当ではない110)。

　以上のように，西澤［1995］の見解においては，まず，先物契約損益の計上を支える論拠は必ずしも明らかでないし，また，その損益認識原則がもし仮にオブリゲーション・システムにあるとしても，それは現行会計の説明理論という点からすると妥当ではない。

　このように，西澤［1995］の見解は，(ⅰ) 証拠金の捉え方についても，また (ⅱ) 先物契約勘定と先物元入証拠金勘定との関係においても，そして (ⅲ) 先物契約損益の計上論拠についても，それぞれ大きな問題があるように思われるのである。

(4) 纏　　め

　上述の検討を踏まえると，証拠金については，会計的に何か特別な性質を有するものとして捉えるよりむしろ，ごく素朴に，預け金ないしは保証金として捉えるのが望ましいように思われるのである。すなわち，確かに，証拠金は先物契約の性質を語るうえで非常に重要なものであるといえるが，しかしながら，その本質は，預け金もしくは保証金というところにある。であれば，会計的にも，それを（何か特別な素性のものとして捉えるのではなく）そのまま素朴に，預け金もしくは保証金と捉えるのが最も自然な解釈であるように思われるのである。そして，その具体的な会計処理方法については，＜図表　補3－2＞およ

び＜図表 補3－4＞の左列（値洗基準・両建法と記された列）に示されている通りである。

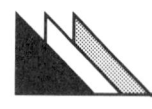

補論3－2 収入差額・収支差額・支出差額の関係

　本章では，先物契約から生じる損益が売却損益（収支差額）か，それとも保有損益（収入差額）か，という点が大きなポイントとなった。そこで補論3－2では，この点について，今1度纏めておくことにする。なお，この点については，本編や本編注51でも述べたところであるが，非常に重要なところであるので，重複を恐れずここで再整理を試みることにしたい[111]。

　ここまで述べたとおり，'時価'評価差額としては，次の3つが考えられる。すなわち，収入差額，収支差額，および，支出差額である。そして，これらについて，ここまでの議論を纏めると＜図表 補3－5＞のようになる。

＜図表 補3－5＞ '時価'評価差額の整理

収入差額（＝収入額系統－収入額系統）…保有損益 　　　　　　←「区分の論理」（企業資本等式の派遣分 　　　　　　　　資産における評価差額）
収支差額（＝収入額系統－支出額系統）…売却損益 　　　　　　←「拡張の論理」（広義実現・実現可能性 　　　　　　　　概念による評価差額）
支出差額（＝支出額系統－支出額系統）…原価節約利得 　　　　　　←Edwards & Bell [1961]のいうところの 　　　　　　　　「保有利得」

　ここで特に重要となるのは以下の点である。すなわち，一般的には，現代の金融商品における原価・時価の問題が，1960－70年代にインフレ経済を背景と

して議論された実物財（棚卸資産等）に係る（資本維持概念における）原価・時価論争とのアナロジーで語られることが多いが、しかしながら、そういったアナロジーは適切か、という点である。

この点については、特に1960−70年代に議論された'時価'の測定属性がどういった素性のものなのかに着目する必要がある。結論的にいえば筆者は、ここでの'時価'は支出額系統（購入時価系統（再調達価格））であり、そこから生じる'時価'評価差額は上記でいう支出差額（原価節約利得）となると解する（よって、上述のアナロジーは適切ではないものと解する）が、以下この点について検討する。

1960−70年代に物財価格の高騰を契機として議論された'時価'評価については、Edwards & Bell [1961] のいう「保有利得」の議論が参考になる。すなわち、Edwards & Bell [1961] によれば、企業の利益獲得活動は大きく2つに分解出来るという。まず第1は、生産要素を結合させたり移動させたりして、要素価値を超える販売価値の生産物にすることにより、利益 (profit) を産み出す活動であり、また第2は、資産や負債を企業が保有する間に、その資産の価格が上昇ないし負債の価格が下落することによって利得 (gain) を産むという活動である。そして、前者から生じるものが「操業利益」、後者から生じるものが「保有利得」とされ、その両者を合わせたものが「経営利潤」として捉え

<図表　補3−6>　設例と仕訳

設　例	仕訳　借方	仕訳　貸方
① ×1年1月 商品100を現金で購入	商　品　100	現　金　100
② ×1年12月末（期末） インフレにより当該商品の再調達価額が120に上昇	商　品　20	「保有利得」　20
③ ×2年1月 当該商品を150で現金販売 （商品の再調達価額は②と同様とする）	現　金　150	商　品　120 「操業利益」　30

られる。これは例えば，簡単な設例でいうと以下のようになる（ここでは説明の便宜上，諸仮定等については出来る限り簡略化する。また，商品については，簡便的に分記法により仕訳を行う）。

＜図表　補3－6＞に示されるとおり，②では「保有利得」20が生じている。この「保有利得」とは，商品の再調達価額（支出額系統）120と商品の取得原価（支出額系統）100との差額（支出差額）であるが，これは，「もし仮に当該商品を×1年12月に購入していたら120円だったものを，実際は100円で購入出来た」という原価の節約分を示すこととなる。よって，この支出差額たる「保有利得」は原価節約利得としての性質を有することとなる。

また他方，③では「操業利益」30が生じている。この「操業利益」は，商品の販売価額（収入額系統）150と先の②で評価替した再調達価格（支出額系統）120との差額（収支差額）であるが，これはインフレの影響を排除したいわば純粋な意味での企業の商品販売益としての性質を有することとなる。そして，ここでの「保有利得」20と「操業利益」30の総和50が企業の産み出す「経営利潤」とされるのである[112]。

そして，②における支出差額は，用語としては「保有利得」として位置付けられているため，一般的には金融商品におけるそれと同一視されているふしもあるが，そのような理解は実は妥当とはいえない。

すなわち，一方，Edwards & Bell [1961] のいう支出差額たる「保有利得」は，支出額（犠牲価値）系統と支出額（犠牲価値）系統との差額（支出差額）であり，それはあくまで棚卸資産等の実物財（実物経済）に係る「操業利益」を精緻化するために把握される，原価節約利得としての性格を有するものである。

それに対し他方，金融商品における保有利得は，現在時点の時価（収入額系統）と当初認識時点の時価（収入額系統）との差額（収入差額）であり，それはあくまで金融財（金融経済）における単なる価格差（保有利得）として位置付けられるものである。すなわち，あくまで実物財（実物資本）にかんして，そして，操業利益との対比で把握される支出差額とは異なり，あくまで金融財（擬制資本）にかんして，そして，操業利益とは関係なく把握される（というよりむしろ，

金融財に関しては,犠牲と成果の対応がないため,そこには保有活動しかありえず,「操業利益」なるものが想定し得ない)のが,収入差額たる保有利得である。つまり,金融商品に係る保有利得は,インフレ経済下における実物財の(資本維持概念に係る)「保有利得」と関係するものではない。

このように,同じく「保有利得」といえども,収入差額と支出差額とでは,その素性は大きく異なっているといえる。そしてこの点からすると,現代の金融商品における原価・時価の問題を1960-70年代にインフレ経済を背景として議論された実物財(棚卸資産等)に係る(資本維持概念における)原価・時価論争とのアナロジーで捉える視点は,必ずしも的を射たものではないように思われるのである。

(注)
1) Hull [2000] p.19もしくは榊原・青山・浅野 [1998] p.357等参照。
2) 大村 [1999] は,先物契約の特徴を,先渡契約 (forward) との対比で4つ挙げている。すなわち,①定型化されて取引所で取引される,②現物の引渡しを必ずしも必要としない(実在しない架空の証券や商品でも対象とすることが出来る),③差金決済性,④証拠金の値洗いが常に行われていること,の4つである (p.94参照)。
3) 先に述べた通り,商品先物契約等のいわゆるコモディティ型(現物商品に係る)デリバティブをどう位置付けるかについては,議論が分かれるところである(例えば,わが国の基準では,これを金融商品の範囲には含めないが、同様の会計処理をなすよう定めている。企業会計審議会 [1999 a] 注解1,および,企業会計審議会 [1999 b] Ⅲ-の1等を参照)。そこで,本章ではとりあえず,これを考察の対象外としておくことにする。
4) ここでは便宜上,証拠金については考察の対象外としておく。そして,証拠金を会計上どのように扱うかについては,本章の補論で検討することにする。
5) ヨリ具体的な設例は,例えば,吉田 [1999] 第12章等を参照。
6) ここでは当面,値洗基準・「純額法」というように,あえて「」(鍵括弧)を付けておくことにする。この鍵括弧の意味については後述する。
7) 但し,大日方 [1995 a] によれば,この3つの会計処理方法の他にも,「先物投資のリターンの額のうち,レポ利息(大日方 [1995 a] はこれをベーシス金額の意味で用いている———田口注)を償却原価法のように期間配分する方法」(p.35)があり得るという。しかしながら,このような大日方 [1995 a] の見解については,限月(T時点)で差金決済することが投資時点(0時点)においてあらかじめ確定しているという仮定が必要となることから(それゆえ,レポ利息相当部分を0時点

からT時点まで規則的・計画的に配分することになる)，先物契約全般に当てはまるものとはいえない（つまり，その適用は，いわば「満期保有目的」の先物契約のみに限定され，あまり一般的とはいえない)。よって，本章ではこの方法は取り扱わない。

8) このように，先行研究においては，値洗基準・両建法の根拠を契約会計ないしその延長線上に求めるものが多いといえる。但し，ここでは，①値洗基準・両建法であっても契約会計に依拠しない考え方も存在するし，また②契約会計でオンバランスされるものには，値洗基準・両建法（や値洗基準・「純額法」）のほか，「決済基準・両建法」というべき方法も存在する，という点には留意されたい。これらについては後述するが，つまり，決済基準から値洗基準への'転換'といえども，それを単純に契約会計の適用と捉える立場と，別の論理の適用と捉える立場との2つの立場があるということがここでのポイントである。

9) 未履行契約（executory contract）とは，契約のいずれの当事者も契約上の権利の行使および義務の履行を完全には行っていない状態にある契約をいう。Ijiri [1980] および西澤 [1994] p.125等参照。なお，未履行契約の状態としては，完全未履行契約の状態と一部未履行契約の状態という2つのケースが想定できる。しかしながら，会計上のオンバランス・オフバランスの議論を巡ってこの（未履行契約という）用語が用いられる際には，一般的には前者が想定されていることが多い。

10) 西澤 [1992] によれば，法律上の契約概念としては，大きく3つが想定できるという。すなわち，①履行と履行との交換取引，②約束と履行との交換取引，③約束と約束との交換取引，という3つである（p.146参照)。そして先物契約は，このうち，③に該当することとなる。

11) なお，この点については，更に次の3つの見解が主張されている。すなわち，(a)履行不確実説（契約に係る権利および義務は必ずしも履行されるとはかぎらないので，履行が不確実な権利および義務は，資産および負債とはならないという見解)，(b)権利・義務（資産・負債）相殺説（契約に係る権利および義務を資産および負債として計上しても相殺されてしまい，自己資本には影響がないという見解)，(c)認識対象不在説（(a)および(b)を前提としたうえで，すなわち，未履行契約は単なる約束の交換に過ぎず価値の事実上の交換ではないということを前提としたうえで，当該未履行契約は当事者の資産・持分には変動をおよぼさないので，会計上の取引には該当しないこととなり，そしてそのような状況では資産性・負債性は認められないとする見解）という3つである。しかしながら他方，これら3つの見解については多くの批判がなされている。この点については，例えば，西澤 [1994] p.125もしくは醍醐 [1995] 等を参照。

12) 井尻 [1976] p.130参照。

13) Ijiri [1980] pp.65-67参照。

14) 嶺 [1989] pp.29-31，村井 [1991] pp.33-34，古賀 [1999] pp.81-85等を参照。例えば，(b)質的規準については，先物契約に係る権利および義務を早期に認識することは目的適合性の観点から望ましく，また，相場の公正価格等の存在により

信頼性をもって測定することも可能であることから、この要件を満たすとされる。また(c)確定性については、証拠金の存在により、不履行に対して著しいペナルティが課せられることとなるから、この要件を満たすとされる。

15) 例えば、浦崎 [1993] によれば、約定の確定性（厳格な罰則を課すことなしには約定履行の破棄のおそれが高くないこと）、および、損益作用性（財貨が将来の企業の経済活動に直接的に貢献し、企業の利益稼得活動に直接的に役立つこと）を条件とすれば、将来財貨流入・将来貨幣流出項目および将来財貨流出・将来貨幣流入項目にまで取引概念を拡張することが出来、そしてそのことにより、未履行契約のオンバランス化が図れるという。

16) 通説的にはこのように「取引概念の拡張」という表現がなされるが、これは会計上の取引概念そもそもの考え方からすると問題なしとはいえないように思われる。すなわち、そもそも会計上の取引とは、資産、負債、資本、収益、費用に変動をもたらす事象のことをいい、実質的には無内容なものである。よって厳密には、取引概念そのものが拡張される（つまり取引という定義そのものに何らかの概念変更がある）ということではなく、むしろ、他の何らかの要因によって（例えば、必要性の論理等によって）会計上の取引概念に含まれる範囲が拡大した（会計上の取引としてみなされる経済対象の範囲が拡大した）、という表現が妥当であると思われる。

17) 例えば、醍醐 [1995] によれば、(a)譲渡可能性（未履行の権利・義務を履行前の段階で売却ないし決済出来る流通市場が存在するか否かに係る要件）、(b)債務の確定性（契約段階における未履行契約の義務に関する負債性をみとめるか否かに係る要件。ここでもし、未履行契約の義務に関する負債性がみとめられるのであれば、会計認識の複式性により、資産計上も正当化されることとなるという）、(c)損益作用性（未履行契約の権利・義務の貸借対照表計上が損益計算にどのような影響をおよぼすのかという点に係る要件）という3つの要件により、未履行契約に基づく権利・義務の貸借対照表能力を正当化することが可能となるという（なお、この「会計上の属性」という表現については、醍醐 [1995] を引用している茅根 [1998] pp. 176-178を参考にした）。

18) 森田 [1986] pp.13-14参照。また、上江州 [1991] は、森田 [1986] と同様の視点から「値洗基準による先物損益を認識するために、実現概念を拡張する必要などまったくない」（p.51）と述べている。但し、上述の2要件のうち、特に資金的裏付けという点については、大日方 [1995a] において批判がなされている。すなわち、大日方 [1995a] は、先物契約のストックの価値が（有価証券等と異なり）負の値をとる場合もあることを指摘し、このような先物契約の特徴を考慮せずに単純に換金に係る議論をなすのは乱暴ではないかと批判している（pp.28-29参照）。

19) なお、この他、先物契約に係る会計処理方法のうち、値洗基準と実現可能性基準との関係を述べた文献としては、村井 [1991] が挙げられる。村井 [1991] は、SFAC第5号における実現可能性基準を引用した上で、キャッシュフローの操作可能性の有無という観点から、実現可能性基準による値洗基準の妥当性を主張している（pp.34-35参照）。

20) なお，相殺を巡っては，次のような見解もあるかもしれない。すなわち，会計帳簿上における仕訳の問題（オンブックの問題）と貸借対照表計上の問題（オンバランスの問題）とを峻別したうえで，帳簿上は両建で仕訳を行う（オンブック）が，貸借対照表計上時にそれらを相殺する（オフバランス），という見解である（なお，佐藤［1993］は，このように仕訳の問題と貸借対照表計上の問題とを峻別する立場を「独立説」と呼んでいる）。この点については議論の余地があるところであるが，筆者の当面の問題意識からとりあえず置いておくことにして，本研究ではこのような「独立説」の立場に依拠せず，帳簿上の仕訳と貸借対照表計上の問題を同義に捉える立場（佐藤［1993］はこのような立場を「連係説」と呼ぶ）に依拠したうえで，以下議論を進めていくことにする。つまり，相殺の問題を考える場合も，会計帳簿上の仕訳と貸借対照表計上とを同義と捉えたうえで，議論を進めていくことにする。

21) 但し，このような筆者の契約会計「導入」に係る批判については，次のような反批判が想定されるかもしれない。すなわち，現行の会計においては，実は，既に契約会計は全面的に導入されている（一部ではなく全体に対して契約会計の適用がある）と考えるのである。そして，そうであれば，実物資産・金融資産に関しての取扱いの相違に関して，契約会計に係る3要件を満たすか否かという観点から，それなりに体系だった説明（一方，商品等実物資産については，契約会計の3要件（確定性等）を満たさないため，当該コミットメント部分についてはオフバランスとされ，また他方，デリバティブについては，3要件を満たすため，オンバランスとされる，という説明）が可能となるため，ここでの筆者のいうような「導入」に係る問題点は存在しないのではないか，というような反批判である。

しかしながら，このような反批判については，筆者は以下の2つの点から問題なしとしない。すなわち，①本当に，既に現行会計の全体に関して，契約会計が導入（適用）されているのか明らかではないし，また，②もし仮にそうであるとしても，やはりその3要件（ないし契約会計という概念そのもの）が現行会計における既存の概念とどう関係しているのか不明であるように思われる。

もっとも，上記②に対しては，「発生主義の具体化が契約会計（の3要件）」という更なる反論が想定されるかもしれないが，もし仮にそのように考えたとしても問題なしとしない。つまり，もし仮に「発生主義の具体化が契約会計」であったとしても，一体どのような意味での具体化なのか（何故，その3要件が発生の具体化として求められるのか）といった点については不明であるし，またもし仮にそのような意味で契約会計という概念が用いられるのであれば，では何故発生概念に代わって，そのような概念が求められなければならないのか（もし発生概念で説明できるならば，契約会計という概念をわざわざ持ち出す必要はないのではないか）という点についても，必ずしも明らかではないように思われるのである。

22) しかしながら，先行研究においても，契約会計の導入でなくとも先物契約のオンバランス化を説明できると主張する説も存在しないでもない（例えば，北村［1995］, p.62等を参照）。しかしながら，そのように主張する説においても，ヨリ具体的にはどのような意味で契約会計と違うのか，という説得的な論拠が掲げられ

ているわけではなく，この点不十分であるように思われるのである。
23) なお，このような点（契約会計「導入」を批判した上で，別のヨリ具体的な論理を求めるべきとする筆者の考え）については，異論があるかもしれない。すなわち，例えば，現行の会計基準におけるデリバティブのオンバランス化は，そもそも契約会計の導入でもないし，またその延長線上にあるものではないのではないか，という主張も考えられないではない。しかしながら，もし仮にそうであったとしても（デリバティブのオンバランス化が契約会計とは関係ないとしても），この点について，必要性の論理とは違った視点から，積極的かつ説得的な理論的根拠を掲げている学説は存在するのだろうか。このように考えてみると，たとえもし仮に，現行基準における先物契約のオンバランス化が契約会計とは関係ないものであったとしても，だからといって，それとはまったく別の観点から，具体的かつ理論的な根拠が掲げられているのか，というと，現状においては残念ながら，そのような根拠は掲げられていないように思われる。そしてそうであれば，必要性の論理や契約会計とも違った新たな積極的論拠を検討することは，ひとつ有用であろう。
24) 但し，契約会計とは別の具体的な論拠として，資産負債観を挙げる説もあるかもしれない（例えば，庄司［2000］等参照）。すなわち，先物契約オンバランス化の論拠は資産負債観にあるという主張も，考えられないではない。しかしながら，筆者は，先物契約オンバランス化の論拠として資産負債観を挙げたとしても，結局のところ，契約会計導入と同じ問題点が存在するように思われる。この点について要点のみ述べるとするならば，次のようになる。すなわち，資産負債観への転換により先物契約（等のデリバティブ）のオンバランス化がなされるとしても，①それはどのレヴェルでの「転換」なのか全体像が明らかではないように思われる（すなわち，デリバティブについてのみの「転換」なのか，有価証券等第1次金融商品はどうなるのか，棚卸資産等との関係はどうなるのか等）し，また，②その「転換」の根拠も明らかではない（必要性の論理以外から，その「転換」を理論的に正当化できるのか明らかではない）ようにも思われる。また，③収益費用観・資産負債観とされているもののそもそもの解釈が妥当であるのか（特に，収益費用観とされているもののそもそもの解釈が妥当であるのか）についても問題なしとはいえないように思われるのである。このように，資産負債観への「転換」は，結局，契約会計の「導入」と同様の問題点が存在するといえよう。よって，これらとは違った視点から，先物契約のオンバランス化を説明する論理が求められるのである。
25) 武田［2001］p.4，および，日本会計研究学会特別委員会［2001］第26章参照。
26) この点についての問題提起は，石川［2000］第1章，石川［2001a］［2002a］および笠井［2000b］pp.673－676等を参照されたい。先に述べたように，特に，石川［2001a］［2002a］では，金融商品の会計に係る問題に対する考え方の違いを，「拡張の論理」（金融商品を貨幣性資産・費用性資産2分類の範疇で考えたり，時価評価損益を実現概念の延長線上で捉えたりする考え方）と「区分の論理」（実物経済を基礎にする実物資産と，金融・証券経済を基礎にする金融資産・負債とを区別したうえで金融商品の会計を捉える考え方）との2つに分類しているが，こ

の分類によれば、先行研究における実現・実現可能性基準による説明は、このうち「拡張の論理」に根ざした見解であると思われる。
27) 但し、先行研究における「差金決済性の意味」とは、次のようなことかもしれない。すなわち、先物契約は差金決済を行うことから、特に負債について全額の返済を行うわけではない。よって負債金額として契約金額の総額を計上する意味はないことから、値洗基準・両建法は望ましくない、というものである。しかしながら、このような主張に対しては、逆に総額でなく純額計上しただけでは、契約の実態が貸借対照表上明らかにされず望ましくないという反批判も（先行研究内に）存在することから、結局のところ差金決済性は、純額計上の決定的な論拠とはなり得ないだろう。
28) 嶺 [1989] pp.26-27, 明日山 [1989] p.54, 西澤 [1995] p.99, 大日方 [1995 a] pp.24-26, および、桜井 [1995] pp.6-7等を参照。例えば、明日山 [1989] は、「先物取引は、むしろ『先物商品の売買取引』と観念したほうが経済的現実に即している」（p.34）と述べている。

但し、この中でも西澤 [1995] と桜井 [1995] の見解は若干異なっている。例えば、桜井 [1995] は、「取得された権利は、将来に国債を受け取るという権利ではなく、将来の反対売買を通じて差金を獲得し得るという権利であり、この権利は既に『先物取引差入証拠金』という資産科目で計上されている」（p.7。但し、傍点は田口）と述べており、（前半部分については他の論者と同様であるが）後半部分の指摘が他の論者とは異なる。つまり、桜井 [1995] は（後述する西澤 [1995] と同様に）、先物契約に係る権利の本質を証拠金に求めているようであり、この点、他の論者とは立場が異なる。なお、このような（証拠金を権利とする）見解については、補論3-1で（特に、具体的な仕訳例を示している西澤 [1995] を取り上げて）検討する。
29) なお、このような（原資産を中心に捉える見解と先物契約そのものに着目する見解との）違いは、実際の現引きを行った場合における一取引基準・二取引基準の違いとも関連するように思われる。つまり、実際の現引きを行った場合に、コミットメント部分と実際の現引き部分とを、一方、一体の取引とみる（一取引基準。つまり、コミットメント部分を独立したものとはみない）立場は、ここでの原資産を中心に捉える見解と、また他方、別個の取引とみる（二取引基準。つまりコミットメント部分を独立したものとみる）立場は、ここでの先物契約そのものに着目する立場と、それぞれ関連しているように思われる（なお、実際の現引きを行った場合の一取引基準・二取引基準については、日本公認会計士協会 [1985] 解説2（4）、東京金融先物センター編 [1986] 第4章、中央監査法人編 [1996] pp.23-24, もしくは、佐藤 [1986] pp.121-127等を参照）。

また、このような発想によれば、実は先物契約と第5章で検討する買建コールオプション契約とは、同一の枠組で整理することが可能である。この点については第5章で改めて検討する。
30) なお、この用語法は一般的ではないので、ここでは便宜的に「」（鍵括弧）を付

第3章　買建先物契約の会計

しておくことにする。

31) なお，この点に関連して，例えば井尻[1976]は以下のように述べている。「…（中略）…材料の引渡しを受ける権利は，材料を手元に持っていることと同じである。ただ，将来の受渡しを条件に購入したそのような材料は，引渡しの時点までは費消できないだけである。」（p.192．但し，傍点は田口）なお，これは先物契約そのものでなく，材料の予約購入（に係る契約会計）についての記述ではあるが，原資産を中心に捉える立場のように先物契約を原資産の予約購入と捉えるのであれば，ここでの井尻[1976]の主張がそのまま当てはまるように思われる。

32) 但し，この点については，購入に係る（未払金に係る）相手方と売却に係る（未収入金に係る）相手が異なるならば，そのような差額決済は不可能ではないか，という批判もあるかもしれない。しかしながら，これについては，例えば通常の取引においても，相手の異なる売掛金と買掛金とを，（得意先を名宛人，および仕入先を指図人とする）為替手形の振出しによって相殺することが可能であることを思い浮かべればよいし，また，先物契約そのものに関していえば，クリアリング・システム（清算制度。2時点間の先物価格差を利用し，反対売買による差金決済によってポジションを清算し，契約を解除するシステムをいう。藤原[1997]p.17参照）の存在等により市場の構造上，そもそも契約の売り手と買い手が分断されており，契約は全てクリアリング・ハウス（クリアリングを業務として専門に行う会社・機関）と行うようなかたちになっている（藤原[1997]p.21参照）。このため，購入に係る（未払金に係る）相手と売却に係る（未収入金に係る）相手はどちらもクリアリング・ハウスとなり，この点からすると，上述の批判は的外れであるといえよう。

33) なお，ここでの議論は，先渡契約，中でも特に，そもそも現引きを目的とした場合の先渡契約に当てはめることが出来るかもしれない。つまり，そのような先渡契約は，原資産に着目している（着目というよりむしろ，それのみを捉えている）と考えることが出来るため，そもそもデリバティブの範囲に含まれないと捉えることが出来よう。すなわち，原資産の予約購入契約というここでの発想がそのまま当てはまるように思われるのである。

　なお，この点に関して，コモディティ型デリバティブに係る議論が1つ参考になろう。例えばＪＷＧ[2000]では，①コモディティ型の差金決済を行わない「デリバティブ」は，そもそも金融商品の定義を満たさないものとして，その範囲から除外されている（但し，差金決済を行うのであれば，デリバティブと同様の会計処理を行うものとされている）し，また②差金決済を行わない（つまり現引きを目的とした）コモディティ型の「デリバティブ」は，未履行契約の会計処理（つまりオフバランス処理）を行うものとされている。そしてこの②の場合が，まさにここでの'現資産の予約購入契約'の発想に該当するものと思われる。

34) このような分類のアイデア（特に，原資産を中心に捉える見解における「決済基準・両建法」のアイデア）については，笠井昭次教授から大きな示唆を受けている。

35) この点については,例えば,笠井［2000ｂ］pp.207−210等を参照。なお,主に商業資本を対象としてきた伝統的な会計理論においてはこの交換概念が,基礎概念の１つとみなされてきた。例えば,会計公準としても交換が挙げられていることもあるし（例えば,ＡＩＣＰＡ研究書第１号「基本的会計公準論（The basic Postulates of Accounting)」では環境的公準の１つとして挙げられている。佐藤・新井訳［1962］p.57および新井［1978］p.117参照),また,後述のように井尻［1968］では,会計測定の３公理の１つとして挙げられている（pp.111−118)。

しかしながら,この点について,例えば笠井［2000ｂ］は,「今日の経済社会は,生産資本および擬制資本の運動をも包摂しているにもかかわらず,その説明理論は,商業資本（商品市場）的なそれにとどまっている」(p.210)と批判している。

36) 非均衡思考体系とは,対象勘定一覧表における貸借が必ずしも均衡しない体系をいう。これは,対象勘定一覧表の借方と貸方とが正負関係（プラスとマイナスの関係）を構成しており,会計の認識対象が全体として同質化されていることによる。笠井［1996］p.454参照。

37) 均衡思考体系とは,対象勘定一覧表における貸借が常に均衡する体系をいう。これは対象勘定一覧表の借方と貸方とが正正関係（プラスとプラスの関係）を構成していることによる。笠井［1996］pp.454−455参照。

38) なお,例えば,現行会計の説明理論としての因果簿記において資本等式をとる井尻［1968］は,交換概念を会計測定における３つの公理の１つとして挙げている。井尻［1968］第３章３や井尻［1976］第４章３を参照のこと。また,井尻［1968］が資本等式の立場をとっているということについては,笠井［1989］pp.525−526もしくは安平［1991］p.75等を参照。

39) なお,この点に関して,これ以外の基本的等式（例えば,均衡思考体系の貸借対照表等式等）の存在が問題となるが,以下の点から,やはり資本等式（非均衡思考体系）が交換概念にヨリかかわりがあるものと思われる。すなわち,資本等式は,会計の認識対象を全体として同質化しており,経済事象を財の増加か減少かという視点で捉える。このように資本等式は,借方・貸方が正負の関係（プラス・マイナスの関係）にあるため,財の増加（プラス)・減少（マイナス）たる交換という経済事象がヨリよく表現される（ヨリなじむ）ものと思われるのである。この点に関連して,例えば,前掲の井尻［1968］では,商業資本を前提とした会計は,因果簿記での説明が妥当するとするが,因果簿記はここでの資本等式（正負関係）を前提としている。

40) なおここでは,このような資本循環シェーマを前提として説明するか否かということそのものが問題となっているわけではない,という点には留意されたい。すなわち,先物契約に係る権利を商品等棚卸資産の延長で捉える立場においても,資本循環シェーマを前提としない説明というのも十分想定し得るし,また,筆者のここでの記述についても,そのような存在を無視しているというわけではない。しかしながら,そのような（資本循環シェーマを用いずに説明する）立場についても,もし仮に資本循環シェーマを前提として説明するならば,（先物契約に係る権利を商

品等棚卸資産の延長で捉えるいじょう)[G－W－G´]の範疇そして特にWとして，当該権利を捉えるということになる。そしてそのことによって，理解が深まるように思われる。よって，本章では，このことも踏まえて，「資本循環シェーマ[G－W－G´]でいえば（資本循環シェーマを前提とするならば）W」という表現をしているのである。すなわち，資本循環シェーマをアプリオリに前提とするのではなく，あくまで理論の精緻化の観点から，このようなシェーマを検討の素材として取り上げるという点にはくれぐれも留意されたい。

41) なお，先物権利を（棚卸資産の延長で捉えるとはいえ）1つの金融商品として扱うことを鑑みれば，厳密にはこの貸方は（「先物権利買掛金」勘定ではなく）「先物権利未払金」勘定とするのが妥当かもしれない。しかしながら，ここでは，先物権利を棚卸資産の延長で捉えているということを強調するために（後述する先物権利を棚卸資産とは異質と捉える立場との対比を明確にするために），あえて，このように棚卸資産の売買において用いるような勘定名を付すこととした。

42) また，これは，貸方側についても同様である。すなわち，例えば①×1年期首約定時に着目すると，一方，原資産を中心に捉える見解における「決済基準・両建法」においては，あくまで将来原資産に対応した将来対価支払義務（将来時点において原資産の流入があったときに発生する対価支払義務）がオンバランスされていたが，他方，ここでの「決済基準・両建法」においては，現在（既に存在する）権利に対する現在対価支払義務（現在既に存在する義務）たる先物権利買掛金がオンバランスされており，この点でも，両者はその素性を異にする。また，このことから，④×3年期首手仕舞い時についても，一方，原資産を中心に捉える見解における「決済基準・両建法」においては，いったん将来対価支払義務から現在対価支払義務（未払金）への転換が想定され，そしてそのうえで，その現在対価支払義務と（現在原資産の売却に係る）現在対価受取権（未収入金）とが（差金決済ということで）相殺されるのに対して，他方，ここでの「決済基準・両建法」においては，将来項目から現在項目への転換がそもそもなく，すぐさま現在対価支払義務たる先物権利買掛金と（現在権利の売却に係る）現在対価受取権たる先物権利売掛金とが（差金決済ということで）相殺されることとなり，この点でも両者は異なっている。

43) なお，資本等式であっても財産計算を前提とする場合は，資産側の測定属性は収入額系統となる可能性がある。しかしながら，ここでは，現行制度の説明理論を構築することを企図していることから，損益計算を前提とした（誘導法を前提とするところの）資本等式を想定したうえで，議論を進めていくことにする。

44) 井尻［1968］pp.127－130参照。

45) なお，井尻［1968］によれば，現金が基本財となる場合は，「受取勘定，支払勘定，預金，借入金等もすべて基本財に属する」（p.128）ことになるという。

46) 井尻［1968］p.132参照。

47) 井尻［1968］pp.130－132参照。

48) なお，「測定属性が支出額系統である」ということと，「実際にそれと同額の現金支出が予定されている」ということとは別問題であるという点には留意されたい。

すなわち，①借方の「先物資産（先物権利）1,000」の測定属性が支出額系統であるからといって，当該資産に対して実際に1,000の現金支出が予定されているということにはならないのである。つまり，ここではあくまで，その1,000という値がどういう素性のものなのかという点に焦点があり，実際の現金収支とは無関係である。

49) なお，貸方側の先物負債についても，その測定属性は支出額系統となるが，これについては後の考察と関連しないことから，その詳細な検討については省略する。

50) 笠井［2000 b］第17章Ⅳpp.708－725参照。そして笠井［2000 b］は，有価証券から生じる損益は全て保有損益であり，有価証券については売却損益は生じない，と結論付けている。

51) なおこの他には，支出額系統（の値）と支出額系統（の値）との差額というものも想定し得る。例えば，Edwards & Bell［1961］によれば，企業の利益獲得活動は大きく2つに分解出来るという。まず1つは，生産要素を結合させたり移動させたりして，要素価値を超える販売価値の生産物にすることにより，利益（profit）を産み出す活動であり，またいま1つは，資産や負債を企業が保有する間に，その資産の価格が上昇ないし負債の価格が下落することによって利得（gain）を産むという活動である。そして，前者から生じるものが「操業利益」，後者から生じるものが「保有利得」とされ，その両者を合わせたものが「経営利潤」として捉えられることになるのである。

そしてこのうち後者の「保有利得」は，支出額系統と支出額系統との差額として求められる原価節約利得となっている（なお，前者の「操業利益」は，収入額系統と支出額系統との差額となっている）。なお，ここでの支出額系統差額は，上述の収入額系統差額と同様に「保有利得」として位置付けられているが，しかしながら，その意味するところは大きく異なっているという点には留意されたい。

すなわち，一方，Edwards & Bell［1961］のいう支出額系統の差額たる「保有利得」は，あくまで操業利益を精緻化するために把握される，犠牲価値系統と犠牲価値系統との差額であり，それは原価節約利得としての性格を有するものである。つまり，この「保有利得」は，かつて1960年代から1970年代にかけてインフレ経済を背景として議論がなされた実質資本維持概念や実体資本維持概念といった，実物財に係る資本維持概念と関係するものであるように思われる。

それに対し他方，収入額系統の差額たる保有利得は，あくまで金融経済における単なる価格差として位置付けられるものである。すなわち，あくまで実物財（実物資本）に関して，そして，操業利益との対比で把握される支出額系統差額とは異なり，あくまで金融財（擬制資本）に関して，そして，操業利益とは関係なく把握される（というよりむしろ，金融財に関しては，犠牲と成果の対応がないため，そこには保有活動しかあり得ず，「操業利益」なるものが想定し得ない）のが，ここでの収入額系統の差額たる保有利得である。つまり，ここでの保有利得は，インフレ経済下における実質資本維持概念や実体資本維持概念といった，実物財に係る資本維持概念と関係するものではない。

第3章　買建先物契約の会計

このように，同じく「保有利得」といえども，収入額差額と支出額差額とでは，その素性は大きく異なっているという点には，くれぐれも留意されたい。

52) なお，これら2つのポイントの他，先物負債も毎期擬似決済せざるを得ないという点にも留意されたい。すなわち，もし上述のように，先物資産を毎期末ごとに擬似決済するのであれば，先物負債についても，（権利に連動した義務という意味で）先物資産と連動したものであるいじょう，毎期末ごとに擬似決済されることとならざるを得ないように思われるのである（＜図表3－11＞右列における②「負債側」(A)(B)の仕訳）。

53) 更にいえば，このような解釈においては，先物契約に犠牲と成果が存在すると考えられているのかもしれない。つまり，［（借）現金1,100（貸）先物資産1,000，擬似売却益100］という仕訳は，実は次のように犠牲と成果の対応計算として理解されている可能性がある。すなわち，［（借）先物資産売上原価1,000（貸）先物資産1,000］（犠牲を表す仕訳）および，［（借）現金1,100（貸）先物資産売上1,100］（成果を表す仕訳）という2つの仕訳のように，理解されているのかもしれない。

54) 笠井［2000ｂ］pp.714－716参照。

55) また，ここでの擬似決済という考え方は，先行研究における次のような見解にも通じるものがあるかもしれない。例えば，先行研究においては，値洗制度（同一限月の建玉については毎日の終値に基づいて当日の変動分を認識し，これに対応する金銭を，取引所と取引所会員（例えば証券会社）との間で決済する制度）の存在から，（各企業における）値洗基準の妥当性が主張されることがあるが，この見解などは，まさにここでの擬似決済（を1日単位で行うこと）に他ならないように思われる。すなわち，そこでは，1日1日ごとの「擬似決済」が想定されている可能性がある（新井・白鳥編［1990］第2部における対談では，このような見解が取り上げられているのであるが，この記述の小見出しは「先物取引は日々これ決済」（p.178。但し，傍点は田口）である）。しかし，もし仮にそうであるとするならば，実は先行研究にみられる値洗基準（値洗制度との関連付けで述べられるところの値洗基準）とは，実は（1日を基準とした）擬似決済基準ということなのかもしれない。ここで，用語の意味を整理すると次のようになるだろう。

・一部の先行研究にみられる「値洗基準」…日々の擬似決済が前提（実は，擬似決済基準）
・筆者の想定する値洗基準…ポジションの維持による随時連続的な価格変動が前提（いわば正則的な値洗基準）

しかし，そうだとすると，前者の意味での「値洗基準」では（1日ごとの終値についての値動きは把握出来るかもしれないが）1日の間に連続的に上下変動する毎時の先物権利の公正価値については把握出来ないことになってしまう。しかしながら，企業会計は，純理論的には，公正価値変動があれば，たとえそれが1日の途中であっても，随時その変動を捉えなければならないだろう。このように純理論的に考えれば，前者の意味での「値洗基準」は問題なしとはいえない。そこで本研究では，値洗基準といった場合は，後者の意味での値洗基準（いわば‘正則的な値洗基

準') を想定して議論を進める。

56) なお,前者の(簡便的会計処理方法としての)値洗基準・「純額法」においては,先物契約に係る権利・義務はそれぞれ資産・負債の定義を満たすが,そのような両建の資産・負債が,何らかの論拠(ここでは簡便性がその論拠として挙げられる)により,資産・負債のレヴェルで相殺されるものとされる。つまり,(値洗基準・両建法のように)いったん先物資産・先物負債として両建されたものが,簡便的に相殺されて純額となり,その結果,値洗基準・「純額法」の仕訳となる,と考えるのである。そしてこのように,資産・負債のレヴェルで相殺されると考えることで,値洗基準・「純額法」は,値洗基準・両建法の簡便法として位置付けられることとなる。しかしながら,もし,この見解のように,値洗基準・「純額法」を値洗基準・両建法の単なる簡便的な会計処理方法と捉えるのであれば,先のⅣ(4)で指摘したような問題点は依然として残ることになり,この点妥当な会計処理方法とはいえない。

57) なお,先行研究においては,このような相殺のレヴェルに言及した文献が存在しないため,どの先行研究がどの立場に立っているのかについては必ずしも明らかではない。しかしながら,例えば,わが国の現行会計ルールは,「デリバティブ取引に関しては,その価値は当該契約を構成する権利と義務の価値の純額に求められることから,デリバティブ取引により生じる正味の債権は金融資産となり,正味の債務は金融負債となる」(企業会計審議会 [1999 b] Ⅲの一1)という文言から推察するに,(明示的ではないがおそらく)この(権利・義務のレヴェルで相殺されると捉える)立場をとるものと思われる。

58) ヨリ厳密にいえば,仕訳上(「現金支出がない」ことが「投下資本がない」というかたちで表現されているというよりはむしろ),「現金支出もない」し,「投下資本もない」というかたちで表現されていることになる。つまり,ここでのポイントは,値洗基準・「純額法」においては,当初の現金支出がないということが,まず①会計上もそのまま現金支出がないというかたちで仕訳されているし,また②そのことが更に,「投下資本もない」という誤解に繋がっており,よって③会計上「投下資本がない」というかたちで仕訳されてしまっている,ということである。

59) なおこのことを,資本循環シェーマ[G-W-G´]を用いて述べるとすれば次のようになる。すなわち,ここでは,権利・義務を相殺した正味権利部分をWと捉えることとなるのだが,このような値洗基準・「純額法」の仕訳を前提とすると,「当初の現金支出がない」ということが,「投下資本がない」というかたちで理解されてしまっているため,最初のGもなく,またWもない,ということになってしまう。そしてこのことから,最初のGもWもないのに利潤が生じているかのような誤解が生じてしまうのである。

60) ここでは擬似売却は想定し得ない(つまり最初の正味権利が0であるため,先の値洗基準・両建法とは異なり当該正味権利の売却は想定出来ない)ため,あくまで擬似決済ということにならざるを得ないように思われる。しかしながら,(後述のように)ここでの(擬似)決済が,一体どのような意味をもつものなのかについて

は明らかではない。
61) この野球の（乱打戦，投手戦）の例は，笠井昭次教授から示唆を得た。
62) なお，この点を考えるヒントとなる実証研究としては，例えば，桜井（久）・桜井（貴）[1998] がある。すなわち，桜井（久）・桜井（貴）[1998] によれば，デリバティブについては，公正価値評価差額よりも契約額（想定元本額）の方が株式価値関連性が高いことを実証的に検証している。もっとも，この研究は，わが国の銀行の1997年3月決算期の注記情報に焦点を絞った研究であり，ここでの議論を直接的に裏付ける実証結果ではないが，しかしながら，想定元本額をオンバランス化することの1つのヒントとなり得るものであると思われるし，また，本章の掲げる「投下資本なくして利潤なし」という（両建法の）発想が実は実証研究の結果とも大きく矛盾しない（相互補完的な関係にある）ということの1つのヒントとなり得るものであると思われるのである。
63) もし，先物権利について，資本循環シェーマ［G−W−G´］のWとして位置付けられない，ということであれば，理論構築の方向性としては，実は大きく2つに分かれるかもしれない。すなわち，まず第1は資本循環シェーマを放棄した説明理論の構築という方向性（笠井［2000ｂ］p.479でいう「勘定分類非依拠観」および「勘定分類依拠観・非資本循環思考」）であり，また第2は，あくまで（［G−W−G´］とはまた違った）何らかの資本循環のシェーマに則ったかたちで，［G−先物権利−G´］という資本運動を説明しようとする方向性である（笠井［200ｂ］p.479でいう「勘定分類依拠観・資本循環思考」）。このように，どのような方向性で理論構築を行っていくかという点は非常に大きな問題であるが，とりあえず本章では，（1つの仮説として）後者の方向性でもって説明理論を構築していくということにする。但し，この（どちらの方向性により理論構築を行っていくのが望ましいのかという）問題は，どちらの方向性をとる「べき」か，もしくはとる「べきではない」のか，という規範的な議論ではないという点には留意されたい。すなわち，ここで重要なこと（そして筆者の関心）は，あくまで，どちらの方向性をとる方が，ヨリ説明力の高い説明理論が構築出来るのかという点である。
64) 企業資本等式とは，［企業資本の待機分＋充用分＋派遣分＋費消分＝算段分＋蓄積分＋稼得分］という恒等式であり，総勘定合計表（いわゆる試算表）において待機分・充用分・派遣分・費消分と算段分・蓄積分・稼得分とが対峙する2面的な勘定分類をいう。山桝［1983］p.47等を参照。
65) この点については，企業会計的変容，特に企業的変容という概念が重要となる。そして企業的変容については，笠井［2000ｂ］pp.362−364参照。
66) この点については，笠井［2001ｂ］p.74図表16等を参照。
67) 山桝［1983］pp.33−34，山桝・嶌村［1992］pp.16−18，笠井［1996］p.462，笠井［1989］p.338等を参照。なお，ここでは特に，山桝［1983］の以下の記述が重要である。「…（中略）…企業の経済活動は，これを企業資本の自己増殖運動として把握することができるところから，企業の簿記は，そのような運動の経過ないし顛末を計算的に明らかにし，計算の面から企業資本の統一的・全体的な管理を行

うための装置としての意味を持つ。従ってそこでは，企業において不断に展開される一切の経済活動，すなわち一切の取引が，かの勘定形式による計算方法でもって，終始，秩序的・有機的に遂行されることになるわけである。」(p.34。但し，傍点は田口)

68) 山桝 [1983] pp.34-37および山桝 [1963] pp.11-14参照。更にいえば，一方，総勘定合計表における借方の企業資本の運用形態は，大きく待機分と行使分（これは更に派遣分・充用分・費消分に分けられる）とに分類され，また他方，総勘定合計表における貸方の企業資本の調達源泉は，大きく算段分と培養分（これは更に蓄積分・稼得分とに分けられる）とに分類されることとなる。

69) 笠井 [2000 b] p.707参照。

70) なお，ここでの考察には直接関係ないが，貸方の先物負債（先物権利未収金）の測定属性も収入額系統となる。すなわち，貸方の先物負債（先物権利未収金）は，企業資本の調達源泉たる算段分，つまり，先物市場への投資という企業の利潤獲得活動を可能ならしめるための，当該市場からの資金の算段（資金調達）と捉えることが出来る。そして，資本の調達源泉たる算段分は，その時点で運用可能な資金の流入額（調達額）により測定されることとなるため，測定属性としては，収入額系統となる。笠井 [2000 b] pp.780-782参照。

71) なお，先のⅣの立場（先物権利を棚卸資産の延長で捉える立場）においては，あくまで先物権利という金融商品を棚卸資産の延長で捉えるという点を強調するために，貸方側はあえて「先物権利買掛金」勘定を用いていたが，ここでは（逆に，先物権利という金融商品を棚卸資産とは異質と捉えるという点を強調するためにも）通常の金融商品に用いられるような「先物権利未払金」勘定を用いることにする。

72) なお，この例をもって，この立場が，先物権利を商品(W)と捉えているというわけではない。単にここでは，現金収支と企業資本の運動との関係を考えるにあたり，（金融商品だけでなく）通常の企業の事業活動にかかわるものについても同じことがいえるということの一例として，商品を取り上げているだけであり，このことと，ここでの立場とは一切関係がない点には留意されたい。

73) 大村 [1999] p.98等参照。

74) なお，ここでの貸方項目「先物利得100」は，企業資本等式においては，稼得分として位置付けられることとなる。笠井 [2000 b] 第18章等参照。

75) なおこれは，笠井 [2004 c] の用語を用いるならば，無実現損益ということになる。

76) 笠井 [2000 b] 第17章等参照。

77) 以下の議論は主に，藤原 [1997] および可児 [1997] 第3章を参考にしている。

78) 藤原 [1997] pp.8-17参照。

79) クリアリング・システムとは，2時点間の先物価格差を利用し，反対売買による差金決済によってポジションを清算し，契約を解除するシステムのことをいう。つまり，現物の受渡しをせずに，そして元本総額の現金を持たなくとも，反対売買に

よる差額部分の現金決済によって先物契約を終了させることが出来るシステムをいう。藤原［1997］p.17参照。
80) 藤原［1997］pp.22-24参照。
81) なお，先物市場総体としてみれば，リターン総額はゼロとなっている点には留意されたい。すなわち，例えば，一方，買建側で利潤が出ている場合には，他方，売建側では損失が生じているということになっており（そして，「需要」と「供給」は一致することから，つまり，売建と買建の総額は一致することから），先物市場それ自体としては，何かリターンを産み出しているわけではないのである。プラス・マイナスが生じているのはあくまで局地的であり，マクロ的にはプラス・マイナス・ゼロとなっている（そして，そのような局地的なプラス・マイナスが，スペキュレーターにとっての甘味になっている）。榊原・青山・浅野［1998］p.355, 白鳥・村本・花枝・明石［1996］pp.9-10等を参照。
82) なお，これはあくまでリスクの移転（ないしは再配分）であるという点には留意されたい。つまり，先物市場全体としてみれば，単に（ヘッジャーからスペキュレーターへの）リスクの移転が行われているだけであり，マクロ的にリスク総量が減少しているわけではない。
83) なお，先物市場が有するこの他の機能としては，価格発見機能（価格調整機能），もしくは現物市場の流動性向上（cash market liquidity）機能等が挙げられる。佐藤・吉野［1991］p.148, 白鳥・村本・花枝・明石［1996］pp.9-10, 可児［1997］第3章，榊原・青山・浅野［1998］第7章等を参照。
84) クリアリング・ハウスとは，上記のクリアリング・システムに係る業務を専門に行う清算会社・清算機関をいう。なお，この点については，宇佐美［2000］pp.41-42に詳しい。
85) なお，報酬といえども，不確実性の存在により，実際には正の報酬（利得）だけでなく負の報酬（損失）というものも想定される点には留意されたい。勿論，（先物契約を行うべきか否かの意思決定に際し当該投資から得られるであろうリターンについての期待形成（予想）をする段階では）意思決定者たる企業は正の報酬が得られると予想したからこそ，当該投資（資本派遣）を行おうと意思決定するのであるが，しかしながら，その実際の運用が予想通りにいくとは必ずしもいい切れず，むしろそういった予想が外れることも十分あり得る。このように，①確かに事前の期待形成では正の報酬が企図されて投資が行われているといえる（正の報酬が予想されるからこそ当該投資が実行されたのであって，もし負の報酬が予想されるのであれば，当該投資案件は棄却されている）が，②但し，事後の実際のリターンについては，（不確実性により先物価格は上下することから）必ずしも正の報酬が得られるとはかぎらない，つまり負の報酬となってしまうケースも十分あり得るのである。

　なお，この点については，内川［2002］pp.135-136をあわせて参照されたい。内川［2002］は，報酬といった場合は利得側だけしか想定し得ず，損失は想定されないと考えているように思われるが，上述のような説明からすれば，この内川

[2002]の発想は問題なしとはいえない。つまり、報酬といえども、プラスだけでなく、結果としてマイナスもありうる点にはくれぐれも留意されたい。
86) なお、ここでの「連続」ないし「断絶」という違いは、損益の発生要因についての違い（ポジションの維持（から生じる損益）＝「連続」、ポジションの決済（から生じる損益）＝「断絶」）であり、損益の計算方法の違い（価格差をとるのか、もしくは元本に一定率を乗じるのかという違い）ではないという点にはくれぐれも留意されたい。この点については第5章で改めて論じる。
87) 宇佐美［2000］pp.41－42参照。
88) ヨリ具体的には、取引所が、市場参加者同士で成立した契約を、その日のうちにクリアリング・ハウスとの契約に結びかえることとなる。藤原［1997］p.21参照。
89) これに対しては、正味権利という概念は会計が決めることではないのではないか（会計の枠外で決まることではないか）、という反論もあり得るかもしれない。例えば実際の現金授受は差金部分で行われるのだから、当該差金部分のみが、正味権利として把握される（そしてそれは会計の枠外ですでに決せられることである）とする見解もあるかもしれない。しかしながら、この点については、以下の2つの点から反論出来よう。
　① ネット（純額）概念とグロス（総額）概念の両方が重要
　　先にも述べた通り、通常、ファイナンス理論では、先物価格という場合は、［先物価格＝現物価格＋キャリングコスト（持越費用）］というかたちで（大村［1999］p.98等参照）、（ここでいう）純額ではなく、総額の概念が想定されている。もっとも、先物契約の現在価値という場合は、純額概念となるが、しかしながら、いずれにせよネット（純額）・グロス（総額）両方の概念が重要とされている。そうであれば少なくとも、「先物契約→純額」ということが会計の枠外で既に決せられているとは決していい切れないだろう。
　② 正味部分は'権利'といえるか？
　　確かに、総額の権利と義務とを相殺したものは正味差額部分である、ということはいえるかもしれないが、それをもってすぐさま'権利'であるとはいい切れないのではないか。すなわち、正味差額部分をすぐさま'権利'とする背後には、権利・義務を同質のものと捉える考え方がアプリオリに存在するといえるが、しかしながら、そのような前提をアプリオリに正しいものとして受け入れてよいのだろうか。もし、そうでないのなら、つまり、権利は権利、義務は義務として別個の素性のものと捉えるのであれば、やはり、正味差額部分はあくまで正味差額部分としかいえないのではないだろうか。このように考えれば、そのような前提から1歩離れた冷静な議論をする必要があるし、また、少なくとも、「先物契約→純額」ということが、会計の枠外で既に決せられているとは決していい切れないだろう。
90) ここで、筆者の見解と、万代［1996］［2000］の見解との相違について触れておくことにする。
　すなわち、万代［1996］［2000］は、貸借対照表等式の立場にたっているように

第3章　買建先物契約の会計

思われ，そしてこのことからすると，企業資本の調達と運用という視点を基礎とする点では，筆者の見解と似ているといえる。しかしながら，先物契約等デリバティブの会計に対する結論については，以下のように筆者と異なっている。すなわち，万代［1996］［2000］においては，①未履行契約を企業資本の運用・調達と捉えることは困難であり（万代［1996］の言葉を借りれば，「未履行契約が会計上認識されてこなかったのは，契約しただけでは企業が資本を調達し，それを運用しているとは考えられなかったから」（p.65）であり，この点からすれば「未履行契約が記載された貸借対照表は，もはや資本の調達源泉とその具体的な運用形態を示しているとは言い難い」（p.64）ということになる），そしてこのことから，②もし仮に，未履行契約をオンバランス化するというのであれば，貸借対照表は財産目録化せざるを得ないということになる（万代［2000］の言葉を借りれば，「契約会計のように会計上の認識時点を契約時点に早め，法律上の権利義務を資産負債として計上するならば，貸借対照表は財産目録化する」（p.268）ということになる）。このように，万代［1996］［2000］は，先物契約に係る権利・義務を，企業資本の運用・調達と捉えることに対して疑問を投げかけているのである。

　しかしながら，万代［1996］［2000］が，このように考えざるを得なかった理由は一体何処にあるのだろうか。つまり，一体何故，このような疑問が生じることとなったのであろうか。この点について要点を2つ述べるとすれば次のようになる。すなわち，（1）万代［1996］［2000］は，あくまで本章でいう原資産を中心に捉える立場で，先物契約を考えているように思われる。そしてそうであるからこそ，（たとえ企業資本の運用・調達という視点を導入したとしても）結局は契約会計の議論とならざるを得なかったように思われるのである。また，（2）万代［1996］［2000］におけるこのような疑問は，企業資本の運用・調達というところからヨリ踏み込んだ位置付けが出来なかったからこそ生じたのではないか，とも考えられる。すなわち，先物契約に係る権利・義務を，企業資本の運用・調達としてそれぞれ捉えたとしても，一体どのような意味で運用・調達なのかという点について，ヨリ踏み込んだ位置付けが出来なければ，このような疑問が生じてしまうのももっともであるように思われる（そして結局は，万代［2000］のように，貸借対照表の財産目録化という結論とならざるを得ないのかもしれない）。

　しかしながら，これに対して，ここでのVの立場（そしてその背後にある企業資本等式）によれば，まず，先物契約について現在時点における権利そのものと捉えることで，契約会計とはまた違った視点からの論理構築がなし得ることとなる。また，そのような先物権利および先物権利未払金を，企業資本の運用および調達，そして更には派遣分および算段分と捉えることで，ヨリ積極的な意味付けが可能となるのである。そして，このような積極的な位置付けが可能となれば，上述のような万代［1996］［2000］における疑問も解消されよう。

91）　なお，万代［2002a］［2002b］は，デリバティブの会計について，万代［1996］［2000］とはまた違ったアプローチによる説明を試みている。すなわち，万代［2002a］［2002b］は，「経営者の保有意図（売買目的か，その他の目的か）」お

よび「容易に換金可能な市場の存在の有無」という2つをメルクマールとして，損益認識の全体像を以下のようなマトリクスで説明する（万代［2002a］［2002b］の図表を参考に，田口が1部加筆修正）。

		容易に換金可能な市場の有無	
		市　場　な　し	市　場　あ　り
保有目的	売買目的	① 棚卸資産 実現基準	② 農産物・金　収穫基準 （∵それ自体現金と同じ性格）
	その他目的	③ 機械等固定資産 減価償却・費用配分	④ 上場社債　償却原価法

そして，万代［2002a］［2002b］によれば，投機目的のデリバティブ（特に万代［2002b］では先物契約が題材とされている）は，上記マトリクスのうち②（売買目的で，かつ，容易に換金可能な市場が存在するケース）に該当するという。そして②については，「いつでも自由に換金できるのだから，現金と同じ」（万代［2002b］p.169）と捉えられ，現金の増加分同様，「実現基準とは無関係に，時価の上昇分が利益として認識される」（万代［2002b］p.169）ため，この②に該当する投機目的の先物契約は「公正価格のある農産物や金と同じように時価評価される」（万代［2002b］p.175）というのである。

しかしながら，このような整理については問題がないわけではない。例えば以下のような3つの問題が考えられよう。すなわち，(1)万代［2002a］［2002b］は上述のように「経営者の保有意図」と「市場の有無」という2つをメルクマールとして損益認識の全体像を整理しているが，そもそもこのような整理が妥当なのか（例えば，「経営者の保有意図」と「市場の有無」の関係はどうなっているのか，両者を同一ディメンジョンでならべて整理することが本当に可能なのか（意味のあることなのか）），(2)投機目的のデリバティブを現金や農産物・金と同一カテゴリーに置いているが，本当に同じカテゴリーのものといえるか。すなわち，万代［2002a］［2002b］によれば，特に詳細な検討がなされることなく，ただ単純にデリバティブが②のカテゴリーに当てはめられているが，デリバティブを本当に「現金と同じ」としてよいのか，(3)②のカテゴリーは「実現基準とは無関係」とされているが，その一方で「いつでも自由に換金できるのだから」という前提がアプリオリに設定されている。つまり，実現とは無関係といいながらも，実は，実現可能性基準のような「いつでも市場で換金可能（売却が可能）」という点が暗に前提とされており，矛盾が生じているのではないか（そもそも②という分類が，いや，そもそも上記のような全体像が成立し得るのだろうか），という3点である。

また，このような万代［2002a］［2002b］の見解と，万代［1996］［2000］の見解の整合性についても明らかではない。すなわち，万代［1996］［2000］によれば，先物契約は貸借対照表上決済されるまでは未履行契約となる（それでもオンバランスするのであれば貸借対照表は財産目録化する）が，他方，万代［2002a］［2002

b］によれば先物損益は随時認識すべきことになる。すなわち，貸借対照表上は決済時までは未履行契約となるにもかかわらず，損益だけは決済時を待たず（値洗基準で）随時認識するということになるが，このような相反する処理が本当に可能なのだろうか。このように考えれば，上述の見解は妥当とはいえない可能性がある。
92)　このことから本章では，値洗基準・「純額法」というように，あえて「」（鍵括弧）をつけて表記したのである。
93)　笠井［2000 b］pp.704－708参照。
94)　なお，この点については，笠井［2004 d］p.31＜図表6＞をあわせて参照されたい。
95)　なお，3章本編注28においても示した通り，桜井［1995］もこの説をとっているのかもしれない。すなわち，桜井［1995］は，「取得された権利は，将来に国債を受け取るという権利ではなく，将来の反対売買を通じて差金を獲得しうるという権利であり，この権利は既に『先物取引差入証拠金』という資産科目で計上されている」（p.7。但し，傍点は田口）と述べており，ここでの西澤［1995］のように，先物契約に係る権利の本質を証拠金に求めているようである。ただ，桜井［1995］は，具体的な会計処理方法について特に言及しているわけではないので，ここでの西澤［1995］の見解とまったく同様の見解をとっているのか否かについては明らかではない。
96)　西澤［1995］p.99参照。
97)　西澤［1995］pp.99－100参照。
98)　西澤［1995］pp.101－102参照。
99)　西澤［1995］は，自らの提唱する会計処理方法を「値洗基準・純額（実質）基準」と呼んでいる（p.100表1およびp.103表2参照）。しかしながら，厳密にいえば，西澤［1995］のこのような見解は，決して何かしらの純額を表すものではない。そこで本稿では，西澤［1995］の提唱する会計処理方法について，このような呼び方はせず，ただ単に「西澤［1995］の見解」と呼ぶことにする。
100)　岩田［1989］pp.64－65もしくは新井［1997］pp.120－124等を参照。なお，新井［1997］は証拠金の機能について，次の3つを挙げている。すなわち，①債権担保機能，②過当投機・過剰投機抑制機能，③流動性調整機能の3つである（pp.128－130参照）。そのうえで新井［1997］は，「証拠金全額は費用ではなく，投下資本でもない。」（p.124）と述べている。
101)　藤原［1997］p.20参照。
102)　また，このような混同を置いておいたとしても，やはり「投機ゲーム」に参加する「権利」と考えることは不可能かもしれない。すなわち，たとえもし仮に「投機ゲーム」に参加するために支払うものが元入証拠金だとしても，そのような支払は，ゲーム参加の権利（を表すもの）というよりはむしろ，ゲーム参加のための条件（として支払ったもの）であるように思われる。
103)　なお，この点について，（本章本編において値洗基準・「純額法」を巡って提起されていた）「投下資本なくして利潤が産まれるのか」という問題と関連させて述

べるとすると次のようになる。すなわち,西澤［1995］は,一応は,このような（「投下資本なくして利潤が産まれるのか」という）問題提起に対して1つの方向性を見出そうとしたのかもしれない。つまり,西澤［1995］は,「投下資本なくして利潤が産まれるのか」という点に着目し,先物契約にもやはり投下資本があるのではないかという発想から,企業が最初に支払うことになる元入証拠金を投下資本と位置付けたのかもしれない。勿論,この点については西澤［1995］は明示的ではないことから,以上はあくまで筆者の想定であるが,しかしながら,もし仮にそうであるならば,（勿論,元入証拠金を投下資本としてしまった点は妥当とはいえないが）その視点は重要であると思われる。

104) 西澤［1995］p.102参照。
105) 西澤［1995］p.99参照。
106) 西澤［1995］p.102参照。
107) 追加証拠金の支払については,先物契約全般に係る統一的なルールがあるわけではなく,原資産や市場等によってまちまちであるといえる。追加証拠金を支払うケースとしては,例えば,証拠金の額ではカヴァーできない損失が生じた場合や,あらかじめ決められた維持証拠金の額を下回った場合,もしくは想定元本に対する一定割合の原資産の価値下落があった場合等,様々な状況が想定できる。藤原［1997］p.21もしくはハル［2001］第2章等を参照。
108) 西澤［1995］p.102参照。
109) 黒澤［1980］pp.72-73, pp.74-80等参照。
110) ここでは,オブリゲーション・システムの,現金主義会計との類似性および発生主義会計との異質性に留意されたい。この点について,例えば,オブリゲーション・システムは,しばしば「半発生主義会計」として位置付けられ,（現金主義会計よりはむしろ）発生主義会計に類似したもののように捉えられることがあるが,このような位置付けは妥当ではない。そしてこの点については,笠井［2000b］第11章（特にp.458図表11-23,および,pp.460-461注5）を参照されたい。
111) 本節の記述は主に,石川［2000］および笠井［2000b］［2004c］を参考にしている。
112) また,このように「保有利得」と「操業利益」を分ける理由は,「操業利益」の純化にあるとされる。すなわち,インフレ経済下では,商品の再調達価額の変動が激しかったため,これらを分けなければ,企業の獲得する利潤のうち,どの部分がインフレによるもので,またどの部分が純粋な企業の販売活動によるものかが判別できなかった。そこで,これらを分離することで,インフレの影響を排除した（企業の営業活動による）純粋な「操業利益」を把握し,もって期間損益計算の適正化を図るというのがその主眼であったとされる。

第4章 金利スワップの会計

　本章では，投機目的の金利スワップに係る各会計処理方法に焦点を当て，これらをファイナンス理論的見地および会計構造的見地から比較検討していくことにする。具体的には以下の2つの問題について検討を行う。

　まず，第1の問題は，金利スワップに係る損益の性質についての問題である。すなわち，先行研究においては，金利スワップにおける現金授受に係る損益（「受取利息」）とスワップ資産・負債の変動による損益（「スワップ損益」）との関係については，理論的には必ずしも明らかではない。両者を区別して処理するにせよ，同一のものとして処理するにせよ，いずれにせよ現状ではその理論的根拠については必ずしも明らかではないように思われる。この点について，結論的には筆者は，両者はどちらも時間的損益として同質であり，これらを同一のものとして処理するのが望ましいと解するが，この点についてファイナンス理論的見地および会計構造的見地から検討を行うことにする。

　また，第2の問題は，金利スワップに係る各会計処理方法のうち最も妥当なものはどれか，また，その理論的根拠は何処にあるのか，という問題である。結論的には筆者は最も妥当な会計処理方法は値洗基準・両建法であり，現行制度の採用する値洗基準・純額法は妥当ではないと解するが，この点について，主に会計構造的見地から検討を行うことにする。

第4章キーワード

金利スワップ，未履行契約，「受取利息」，「スワップ損益」，時間的利得・損失，発生主義会計，基本的等式，資本等式，企業資本等式，「利息交換法」，「利息・元本交換法」

<4章の概略図>

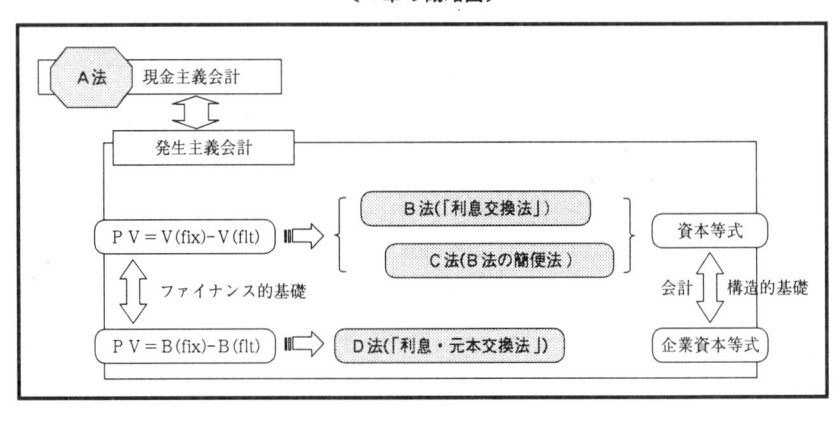

```
┌─────────────────────────────────────────────────────────┐
│  ┌A法┐  現金主義会計                                      │
│   ⇅                                                     │
│      発生主義会計 ─────────────────────────────┐         │
│                                                         │
│  PV=V(fix)-V(flt) ⇒ ┌ B法(「利息交換法」) ┐  資本等式    │
│                     └ C法(B法の簡便法) ┘               │
│   ⇅ ファイナンス的基礎         会計 ⇅ 構造的基礎         │
│                                                         │
│  PV=B(fix)-B(flt) ⇒  D法(「利息・元本交換法」)  企業資本等式│
│                                                         │
└─────────────────────────────────────────────────────────┘
```

第4章 金利スワップの会計

I はじめに

　本章では，投機目的の金利スワップの会計処理方法について検討する。まずⅡでは，具体的な設例をたてて仕訳を行うとともに，先行研究における各会計処理方法の論拠をサーベイする。そしてそれを承けるかたちで，Ⅲ以降で，ヨリ具体的な考察を進めていくことにする。

Ⅱ 金利スワップに係る各会計処理方法の概観

（1） 設例と具体的な会計処理

　スワップとは，前もって決められた取り決めに従って，将来の債務ないしキャッシュフローを交換する，2当事者間での契約をいう[1]。そして，金利スワップとは，同一通貨債務の間で異なった種類の金利支払債務（例えば固定金利債務と変動金利債務）を交換する取引をいう[2]。

　ここでは以下，金利スワップに係る設例を設けて仕訳を行い，そして，それを承けるかたちで，各会計処理方法についての比較検討をしていくことにする。そこでまず，以下の＜図表4－1＞および＜図表4－2＞のような設例を設けることにする。

<図表4-1> 設　例
（特に指示のないものについては単位を千円とする。）[3]

×1年期首	投機目的の金利スワップについて，下記の条件で契約を締結した。なお，この時の市場利子率は6.5%である。 <条件> 金利スワップ（プレインバニラ型）期間：3年間 ・名目想定元本　1,000 ・利息交換（1年ごと各期末に行う） 固定金利（年6.5%）の受取，および，金利交換時の市場利子率による変動金利支払
×1年期末	① 利息の交換を行った。なお，市場利子率は6%である。 　　受取側　65（＝1,000×固定金利6.5%） 　　支払側　60（＝1,000×変動金利6.0%） 　　差金決済（受取）＝5 ② また，金利スワップに係る現在価値の計算を行ったところ，下記の<図表4-2>に示されるようになった。
×2年期末	① 利息の交換を行った。なお，市場利子率は5%である。 　　受取側　65（＝1,000×固定金利6.5%） 　　支払側　50（＝1,000×変動金利5.0%） 　　差金決済（受取）＝15 ② また，金利スワップに係る現在価値の計算を行ったところ，下記の<図表4-2>に示されるようになった。
×3年期首	解約し，解約清算金を現金で受け取った。なお，金利スワップに係る現在価値については前期末と同額であった。

第4章 金利スワップの会計

<図表4－2> 利息に係る将来キャッシュインフロー・
将来キャッシュアウトフロー

	将来キャッシュインフローの現在価値（固定金利＝6.5%）	将来キャッシュアウトフローの現在価値（変動金利＝市場利子率）
×1年期首約定 市場利子率 ＝6.5%	$\dfrac{(1,000\times6.5\%)}{1.065}$ $+\dfrac{(1,000\times6.5\%)}{(1.065)^2}$ $+\dfrac{(1,000\times6.5\%)}{(1.065)^3}\fallingdotseq 172$	$\dfrac{(1,000\times6.5\%)}{1.065}$ $+\dfrac{(1,000\times6.5\%)}{(1.065)^2}$ $+\dfrac{(1,000\times6.5\%)}{(1.065)^3}\fallingdotseq 172$
×1年期末 （利息交換後） 市場利子率＝6%	$\dfrac{(1,000\times6.5\%)}{1.06}$ $+\dfrac{(1,000\times6.5\%)}{(1.06)^2}\fallingdotseq 119$	$\dfrac{(1,000\times6.0\%)}{1.06}$ $+\dfrac{(1,000\times6.0\%)}{(1.06)^2}\fallingdotseq 110$
×2年期末 （利息交換後） 市場利子率＝5%	$\dfrac{(1,000\times6.5\%)}{1.05}\fallingdotseq 62$	$\dfrac{(1,000\times5\%)}{1.05}\fallingdotseq 48$

上記のような設例に対して，次に仕訳を考えていくことにする。

金利スワップの会計処理については，一般的には，大きく3つの方法が考えられると思われる。第1の方法は，実際の現金の受渡し時のみ，すなわち利息の交換時および決済時にのみ仕訳を行う方法である（ここでは便宜上「A法」としておく）。次に，第2の方法は，スワップされる利息部分に係る将来キャッシュインフローの現在価値および将来キャッシュアウトフローの現在価値を資産・負債として両建計上する方法[4]である（便宜上「B法」としておく）。最後に，第3の方法は，金利スワップの正味の公正価値評価額部分のみを資産（もしくは負債）として計上する方法[5]である（便宜上「C法」としておく）[6]。

そして，それぞれの方法を上記の設例にあわせて具体的に仕訳で表すと，<図表4－3>および<図表4－4>のようになる。

155

<図表4-3> 各会計処理方法の具体的な仕訳

	A 法		B 法		C 法	
	借 方	貸 方	借 方	貸 方	借 方	貸 方
×1年期首	仕訳なし		スワップ資産 172	スワップ負債 172	スワップ勘定 0 (スワップ資産 0)	スワップ損益 0 (スワップ負債 0)
×1年末①	現 金 5	「受取利息」 5	現 金 5	「受取利息」 5	現 金 5	「受取利息」 5
×1年末②	仕訳なし		スワップ負債 62	スワップ資産 53 「スワップ損益」 9	スワップ勘定 9 (スワップ資産 9)	「スワップ損益」 9
×2年末①	現 金 15	「受取利息」 15	現 金 15	「受取利息」 15	現 金 15	「受取利息」 15
×2年末②	仕訳なし		スワップ負債 62	スワップ資産 57 「スワップ損益」 5	スワップ勘定 5 (スワップ資産 5)	「スワップ損益」 5
×3年期首	現 金 14	「受取利息」 14	現 金 14 スワップ負債 48	スワップ資産 62	現 金 14	スワップ勘定 14 (スワップ資産14)

<図表4-4> 各会計処理方法における具体的計算

方法	時 点	項 目	具 体 的 計 算
A法	×3年期首	「受取利息」	62−48=14
B法	×1年期末②	スワップ資産の変動	119−172=−53……53の減少
		スワップ負債の変動	110−172=−62……62の減少
	×2年期末②	スワップ資産の変動	62−119=−57……57の減少
		スワップ負債の変動	48−110=−62……62の減少
C法	×1年期末②	スワップ勘定の変動	(119−172)−(110−172)=9……9の増加
	×2年期末②	スワップ勘定の変動	(62−119)−(48−110)=5……5の増加

ここで検討すべき課題としては,大きく2つが考えられるように思われる。

第1は,スワップに係る損益の性質の問題である。すなわち,<図表4-3>の仕訳に示されているように,金利スワップについては,ごく一般的には,現金授受に係る損益(上記仕訳では暫定的に「受取利息」と示した)とスワップの資産・負債の変動に係る損益(上記仕訳では暫定的に「スワップ損益」と示した)と

の両方が存在するものと解されている。しかしながら，両者の関係については必ずしも明らかではないように思われるし，また，そもそも区別して処理することの理論的根拠についても明らかではない。またもし仮に投機目的ということで両者を同じ勘定で（例えば「受取利息」および「スワップ損益」をどちらも，「スワップ損益」という勘定で統合して）処理するとしても，では一体何故両者を等しく処理してよいのかについては必ずしも明らかにはされていない。特に現行の会計ルールは，投機目的の金利スワップについてはこの（同じ勘定で統合して処理する）立場をとるものと思われるが，その理論的根拠については必ずしも明らかではないのである。つまり，両者を区別して処理するにせよ，同一のものとして処理するにせよ，いずれにせよ現状ではその理論的根拠については必ずしも明らかではないように思われる。この点について，結論的には筆者は，両者はどちらも時間的損益として同質であり，これらを同一のものとして処理するのが望ましいと解するが，この問題についてはⅢで検討することにする。

また第2は，各会計処理方法の比較検討の問題である。この点については上述の問題とも大きく関係しているのであるが，これらの会計処理方法のうち，どれが最も妥当であるのか，また，その理論的根拠は何かということが問われなければならない。そこで，この問題については，Ⅳ以降で検討することにする。

以上のように，検討すべき課題としては，大きく2つあるように思われるが，ここではまず，主に後者の問題と関連して，＜図表4-3＞に示されている3つの会計処理方法についての先行研究を，個別に整理していくことにする。最初に（ⅰ）でA法について，次に（ⅱ）でB法について，そして最後に（ⅲ）でC法について，それぞれ整理することにする。そしてそのうえで，（ⅰ）から（ⅲ）でなされるような議論だけでは，結局のところ，これら3つの会計処理方法の妥当性ないし理論的根拠というものは問えないのではないか，という点について確認する。

（ i ） A法を巡る先行研究の整理

　A法は，実際の現金の受渡し時のみ，すなわち利息の交換時および決済時にのみ仕訳を行う方法である。この方法によれば，×1年期首の契約時や，×1年度末②および×2年度②においては，「仕訳なし」ということになる。

　A法の理論的な根拠としては，一般的に以下の3つが考えられている。

　まず，第1の根拠としては，金利スワップがいわゆる未履行契約[7]であることが挙げられる。この点については，金利スワップに特有の議論というよりも，むしろ，デリバティブ全体に当てはまる議論として，一般的に以下のように論じられることが多い。すなわち，金利スワップ等のデリバティブは，将来の権利・義務を対象とした取引であり，これらは契約締結時には，双方とも未履行の状態にある。ここで，契約当事者間の少なくとも一方が部分的にでも契約を履行するまでは会計上の取引として認識されないことから[8]，契約時に双方未履行の状態にあるデリバティブは，会計上の取引としては認識されないこととなる[9]，というものである。

　また，第2の根拠は，約定時点における支出概念の欠如という点に求めることが出来る。これは先の点とも関係しているが，すなわち，従来のいわゆる「取得原価主義会計」のような，現金収支概念を中心とした体系[10]のもとでは，契約時に現金収支が欠如しているデリバティブを認識することは出来ない[11]，というものである。しかしながら，このような理解には，問題がないわけではない。例えば，ここでは，いわゆる「従来の体系」というものを現金収支概念に制約されるものとして捉えているが，そもそもそのような理解が妥当であるのかについては検討の余地があるように思われる[12]し，また，第3章で述べた「投下資本なくして利潤なし」（現金収支と企業資本運動との峻別）という発想が，ここでも大きなポイントとなるだろう。

　最後に，第3の根拠は，合成商品説という考え方に求めることが出来る。これは，デリバティブ全体の視点ではなく，金利スワップ特有の視点から，A法を根拠付ける説である。

　例えば，Nair, Rittenberg & Weygandt [1990] によれば，金利スワップを

第4章 金利スワップの会計

どのように把握するかについては、次の3通りの考え方があるという。すなわち、①合成商品説（synthetic instruments approach）、②リファイナンシング説（refinancing approach）、③個別商品説（separate instruments approach）の3つである[13]。ここで、①合成商品説とは、原商品部分（スワップの基礎となる原債務または原資産部分）とスワップ部分とを1つの結合体（one unit）として同一視する考え方である。これはマッチ・スワップを前提とすれば、原債務部分のみがオンバランスされ、他方、金利スワップの公正価値変動についてはオフバランスとされることとなる。そして、実際に金利交換部分の現金授受があった場合にのみ、当該金利部分が収益または費用処理されることとなる[14]。

以上のように、A法には、大きく3つの理論的根拠があると考えられるが、このA法に対しては、一般的に次のような批判がある。すなわち、これは金利スワップのみに係る批判ではなく、デリバティブ全般についてもいわれていることであるが、A法のように、実際の現金の受渡し時のみ仕訳を行う方法では、企業の経済的実態ないし経済的実質[15]を表さないこととなるし、また、実務的には利益操作の温床にもなりやすい[16]という批判が、一般的になされている。

(ⅱ) B法を巡る先行研究の整理

B法は、金利スワップに係る将来キャッシュインフローの現在価値および将来キャッシュアウトフローの現在価値をスワップ資産・スワップ負債として両建計上する方法である。

なお、スワップ資産・スワップ負債を両建計上する方法には、「どの部分を交換するか」に係る仮定の立て方によって、実は大きく2つの方法があると思われる。第1は、利息部分のみを交換すると仮定する方法（これを以下、便宜的に「利息交換法」と呼ぶ）である。この方法によれば、将来キャッシュインフローおよび将来キャッシュアウトフローの現在価値計算に際しては、利息部分のみを考慮することになる。そしてこの方法こそが、ここでのB法に他ならない。また、第2は、利息部分のみならず、想定元本部分も交換すると仮定する方法である（これを以下、便宜的に「利息・元本交換法」と呼ぶ）。この方法によれ

ば，利息部分のみならず想定元本部分も加味したうえで，将来キャッシュインフローおよび将来キャッシュアウトフローの現在価値計算を行うことになる。そしてこの後者の「利息・元本交換法」については後述することにして，ここでは，前者の「利息交換法」(すなわちB法)について述べることにする。

では，B法の理論的な根拠を考えると，一体どのようになるのであろうか。

まず考えられるのは，A法の理論的根拠の裏返しになるが，契約会計の観点からB法を捉える見解である。ここにおいて契約会計とは，第3章でも述べた通り，会計上の認識時点を現行の財の授受時点から契約の締結時点にまで早めることにより，未履行契約の段階にある契約上の権利・義務に関する認識を行う会計領域をいう[17]。そして，Ijiri [1980]によれば，次の3つの条件が満たされた場合に，未履行契約は資産・負債として認識されることとなるという。すなわち，①資産・負債の定義[18]を満足すること，②意思決定に有用な情報をもたらすこと，③契約が確定的(firm)[19]であること，の3つである[20][21]。だとすれば，次に，金利スワップがこれらの条件を満たし得るかが問題となるが，この点については以下のように3つの条件を満たし得るとされる。すなわち，まず①については，金利スワップにおいては，スワップ契約の締結という取引事実の結果として，将来受領すべき金利という経済的便益と将来支払うべき金利という経済的便益の犠牲を有し，従って，資産・負債の定義を充足することになるとされる[22]。また，②についても，金利スワップによって将来的キャッシュフローの金額およびパターンが変化する可能性があることから，スワップ資産・スワップ負債のオンバランス化は，投資家・債権者等の情報利用者の意思決定に資する情報となるとされる[23]。最後に，③についても，金利スワップ契約においてペナルティ条項は最も重要な契約条項をなし，契約不履行の際には一定の方法によって算出されたペナルティが科せられることになるので，確定性の要件を充足することになるとされる[24][25]。このように，金利スワップは上記3つの条件を満たすことから，金利スワップに係る利息部分の将来キャッシュインフローの現在価値と将来キャッシュアウトフローの現在価値は，それぞれスワップ資産，スワップ負債として認識される，ということになる。すな

第4章　金利スワップの会計

わち，先の仕訳例でいえば，×1年期首，×1年末，×2年度末に，スワップ資産およびスワップ負債が現在価値で両建計上されることになる。

　しかしながら，このように契約会計の導入によりB法を位置付ける考えには，問題がないわけではない。この点については，第3章でも述べた通りであるが，例えば，契約会計とするいじょう，会計全体としての枠組が問われなければならないように思われるが，このように「契約会計の導入」といった場合，それが一体どのような領域までを含んだものなのか（つまり，どのレヴェルでの「導入」なのか）については，必ずしも明らかではない。すなわち，文字通り，会計全体としての「契約会計の導入」なのか（但し，この場合には，デリバティブ以外の領域にも契約会計が導入されることとなるが，例えば商品等の棚卸資産に関してその導入が理論的に妥当なのか，といった点が問題となろう），または，デリバティブについてのみの「契約会計の導入」なのか（但し，この場合，①何故デリバティブについてのみ導入が可能なのか，といった点や，もしくは，②デリバティブ以外の領域との関係はどうなるのか，といった点が問題となろう）というような点については，必ずしも明らかではない[26]。

　またここで，更に焦点を絞り，資産・負債の両建計上という点をヨリ積極的に位置付ける根拠は何か検討してみる。すなわち，金利スワップのオンバランス化がなされるとしても，何故，正味公正価値額を計上するC法でなく，総額を両建計上するB法となるのであろうか。この点については，一般的には，C法の問題とあわせて，相殺権（right of setoff）の有無という観点から議論がなされることが多いようである。この点についてはC法のところで詳しく触れることにするが，しかしながら，この相殺権の有無という観点からすると，B法の両建計上を積極的に裏付ける論拠は，実はあまりないように思われる。むしろ，この観点からすれば，B法のような両建計上は否定されることになる。また，この相殺する権利の有無という観点の他に，投資家に対する情報の有用性という観点から両建計上の論拠が議論されることもある。例えば，資産・負債の両建計上によれば，スワップ契約に伴う潜在的リスク・エクスポージャーの評価がなし得るという点からB法を推奨する見解[27]がこれに該当する。しかし

ながら，その一方で，両建計上された資産・負債は無意味であるとする見解[28]もあり，この観点からは，結局何ともいえないように思われる。

(iii) C法を巡る先行研究の整理

C法は，金利スワップの正味の公正価値評価額部分のみを資産もしくは負債として計上する方法である。

C法については，約定時（×1年期首）における仕訳の考え方の違いにより，更に3つに分けることが出来ると思われる。これらの相違は，約定時（×1年期首）には金利スワップの正味の公正価値評価額がゼロであることに起因する。

まず第1の方法は，×1年期首に「仕訳なし」とする方法である。すなわち，C法は，金利スワップの正味の公正価値評価額部分を計上していく方法であるが，×1年期首は，その正味の公正価値評価額はゼロである。ここで，そのまま素直にC法の（金利スワップの正味の公正価値評価額部分を計上していくという）やり方を踏襲していくと，ゼロの資産ないし負債が計上されることになる。しかしながら，このようないわゆるゼロ認識により計上される資産ないし負債は資産・負債の定義を満たさない[29]と捉えると，×1年期首は「仕訳なし」ということになる。

また，第2の方法は，×1年期首にスワップ資産およびスワップ負債をゼロで両建する方法である。すなわち，×1年期首には，[（借）スワップ資産0（貸）スワップ負債0]という仕訳がなされることになる。この立場では，上述のようなゼロ認識により計上される資産ないし負債について，反対に，資産・負債の定義を満たすと考えるのである。この点に関して，例えば，吉田［1999］は次のように述べている。「約定時点のスワップ時価はゼロであるが，時価会計上は約定基準[30]での取引認識が必要であることを勘案，概念的には会計上の認識として仕訳（[（借）スワップ資産0（貸）スワップ負債0]という仕訳をさす───田口注）を行うものである」[31]（傍点は田口）。なおここで，何故，資産と負債がゼロで両建となっているのかという点が問題となるが，この点については明らかではない。だがおそらく，次のようなことであると思われる。すなわち，約

定時以降に，金利スワップの正味の公正価値評価額がプラスとなるか（借方残），もしくはマイナスとなるか（貸方残）という点については（約定の段階では）不明である。よって，例えば，約定時に，スワップ資産だけを計上したが（すなわち，［(借) スワップ資産0 (貸)「スワップ損益」0］と仕訳することとなる），後に，金利スワップの正味の公正価値評価額がマイナス（貸方残）となってしまうというケースも十分あり得る。このような場合，最初にスワップ資産0が計上されているにもかかわらず，（そのスワップ資産0を残したまま）後に新たにスワップ負債が計上されてしまうという矛盾が生じることとなる。そこで，このような問題を避けるために，とりあえず（正味額が，借方・貸方どちらの残高となっても矛盾が生じないように）資産と負債の両者を，あらかじめ約定時にオンバランス化しておこう，ということなのかもしれない。勿論，これはあくまで筆者の推測に過ぎないのだが，ただ，このような「とりあえずの仕訳」が妥当性を有するか否かについては疑問が残る[32]。

　最後の方法は，×1年期首にスワップ勘定を用いる方法である。すなわち，前述の方法と同様，ゼロ認識を是認したうえで，金利スワップの正味の公正価値評価額部分を（スワップ資産もしくはスワップ負債とするのではなく）スワップ勘定とするのである。具体的には，×1年期首には，［(借) スワップ勘定0 (貸)「スワップ損益」0］という仕訳がなされることになる。この方法によれば，上記の「とりあえずの仕訳」が抱えていた問題点は解決されるように思われる。ただ，このスワップ勘定がどのような性格を有した勘定なのかという点については明らかではないし，また，ゼロ認識の妥当性についてはやはり問題が残る。

　以上，約定時における3つの考え方の違いを，×1年期末以降も含めるかたちで纏めると，＜図表4-5＞のようになる。

　ここで，C法の理論的根拠は一体何処にあるのであろうか。これに関しては，B法と同様に，契約会計と相殺権とが大きなポイントとなる。

　先に(ii)で述べた通り，契約会計という枠組においては，3つの条件，すなわち，①資産・負債の定義を満足すること，②意思決定に有用な情報をもた

<図表4－5> C法における3つの考え方

	ゼロ認識を否定する方法		スワップ資産・スワップ負債をゼロで両建する方法		スワップ勘定を用いる方法	
	借 方	貸 方	借 方	貸 方	借 方	貸 方
×1年期首	仕訳なし		スワップ資産　0	スワップ負債　0	スワップ勘定　0	「スワップ損益」0
×1年末①			現　　金　5	「受取利息」5	現　　金　5	「受取利息」5
×1年末②			スワップ資産　9	「スワップ損益」9	スワップ勘定　9	「スワップ損益」9
×2年末①	(右の2つの考え方のうち，どちらかを適用)		現　　金　15	「受取利息」15	現　　金　15	「受取利息」15
×2年末②			スワップ資産　5	「スワップ損益」5	スワップ勘定　5	「スワップ損益」5
×3年期首			現　　金　14	スワップ資産　14	現　　金　14	スワップ勘定　14

らすこと，③契約が確定的であること，という条件が満たされるならば，未履行契約は資産・負債として認識されることになるという。ここで更に，金利スワップにおいては，特に上記①の条件を考える際に，相殺権の有無というものが問題となる。

例えば，ＦＡＳＢ［1992］によれば，相殺権とは，債務者が他方の当事者に負っている債務の全部または一部を，他の当事者がその債務者に対して負っている債務の金額について弁済したことにする，契約等に基づく法律上の権利とされ，また，この相殺権がみとめられる要件として次の4つを挙げている。すなわち，①当事者双方が，それぞれ他方に対して確定し得る金額の債務を負っていること，②当該報告を行っている当事者（reporting party）が自己の債務額と他方の債務額とを相殺する権利を有していること，③当該報告を行っている当事者が相殺の意図を有していること，④相殺権が法律上強制し得るものであること，の4つである。また，ＩＡＳＣ［1995］では，以下の2つの要件が満たされる時には，金融資産と金融負債は相殺され，純額が貸借対照表上計上さ

れなければならないとしている。ここで2つの要件とは，①認識された金額を相殺する法的な強制力のある権利を有していること，および②純額で決済するか，資産の回収と債務の決済を同時に実行するかの意図があることを指す。ここで金利スワップがこれらの要件を満たし得るかが問題となるが，例えば，この点については，金利スワップ契約が当事者間での金利の受取額と支払額の差金決済を前提としていること等から，上記の要件を満たし得ると一般的には解されている[33]。しかしながら，先に（ⅱ）でも述べた通り，そもそも契約会計導入についてはいくつかの問題が生じるため，これを前提にした相殺権の有無の議論についても，問題なしとはいえないだろう。

また，この相殺権の観点の他，投資家に対する情報の有用性という観点からC法が議論されることもある。これは先にも述べたが，例えばB法により両建計上された資産・負債は無意味であるとして，C法を推奨する見解[34]がこれに該当する。しかしながら，これについてはあまり説得的とはいえないように思われる。

（2）小　　括

以上，それぞれの会計処理方法を巡っての一般的な議論を概観した。しかしながら，上記のような検討だけでは，A法，B法およびC法のうちどの方法が最も妥当なのか，ということについては，遂に結論が出せないように思われる。すなわち，上記のような考察だけでは，どの会計処理方法についても一長一短である，ということぐらいしかいえず，結局のところ，どの方法が最も妥当なのかということについては，何ともいえないように思われる。それどころか，B法およびC法の問題点を考慮するならば，（一般的には金利スワップのオンバランス化という観点から推奨されるところの）B法およびC法についても，（一般的には金利スワップのオフバランス化という観点から批判の対象になる）A法とほとんど変わらないか，もしくは，極論すれば，わずらわしい処理を要しないA法の方がむしろ妥当であるようにすら思われるのである。

このように考えるならば，金利スワップの本質とはそもそも何なのか，ということが，素朴な疑問として浮上してくる。例えば，ここでのＡ法・Ｂ法・Ｃ法については，その将来キャッシュインフローと将来キャッシュアウトフローの現在価値計算において，利息部分のみを考慮に入れていたが，これに対して，利息だけでなく元本部分をも考慮に入れた上でそれらの現在価値を考えられないか，ということが，素朴な疑問として浮かぶかもしれない。そして，この点については，理論的には十分想定し得るように思われる。つまりこれが（ⅱ）で触れた「利息・元本交換法」である。そこで，この「利息・元本交換法」についてもここで検討しよう。

　先に（ⅱ）で述べた通り，スワップ資産・スワップ負債を両建計上する方法には，「どの部分を交換するか」に係る仮定のたて方によって，大きく２つの方法があった。そのうち，利息部分のみならず，想定元本部分も交換すると仮定する方法が，「利息・元本交換法」であった。そしてこの「利息・元本交換法」によれば，利息部分のみならず想定元本部分も加味したうえで，将来キャッシュインフローおよび将来キャッシュアウトフローの現在価値計算を行うことになる。これを上記の設例を用いて，具体的な仕訳のかたちで示すと＜図表４－６＞，＜図表４－７＞，および，＜図表４－８＞のようになる。

　なお，ここでは更に，「利息・元本交換法」といわゆる備忘記録との相違に

＜図表４－６＞ 「利息・元本交換法」の具体的仕訳

	借　　　方	貸　　　方
×１年期首約定	スワップ資産　1,000	スワップ負債　1,000
×１年期末①	現　　　金　　　5	「受 取 利 息」　　5
×１年期末②35)	スワップ資産　　　9	「スワップ損益」　　9
×２年期末①	現　　　金　　15	「受 取 利 息」　15
×２年期末②36)	スワップ資産　　　5	「スワップ損益」　　5
×３年期首	現　　　金　　14 スワップ負債　1,000	スワップ資産　1,014

第4章　金利スワップの会計

<図表4-7> 「利息・元本交換法」における具体的計算

時　点	項　目	具　体　的　計　算
×1年期末②	スワップ資産の変動	1,009－1,000＝9　…9の増加
	スワップ負債の変動	1,000－1,000＝0　…増減なし
×2年期末②	スワップ資産の変動	1,014－1,009＝5　…5の増加
	スワップ負債の変動	1,000－1,000＝0　…増減なし

<図表4-8>　利息および元本に係る将来キャッシュインフロー・将来キャッシュアウトフロー

	将来キャッシュインフローの現在価値（固定金利＝6.5％）	将来キャッシュアウトフローの現在価値（変動金利＝市場利子率）
×1年期首約定 市場利子率 ＝6.5％	$\dfrac{(1{,}000 \times 6.5\%)}{1.065} + \dfrac{(1{,}000 \times 6.5\%)}{(1.065)^2} + \dfrac{(1{,}000 \times 6.5\%)}{(1.065)^3} + \dfrac{1{,}000}{(1.065)^3}$ ≒172＋828＝1,000	$\dfrac{(1{,}000 \times 6.5\%)}{1.065} + \dfrac{(1{,}000 \times 6.5\%)}{(1.065)^2} + \dfrac{(1{,}000 \times 6.5\%)}{(1.065)^3} + \dfrac{1{,}000}{(1.065)^3}$ ≒172＋828＝1,000
×1年期末 （利息交換後） 市場利子率＝6％	$\dfrac{(1{,}000 \times 6.5\%)}{1.06} + \dfrac{(1{,}000 \times 6.5\%)}{(1.06)^2} + \dfrac{1{,}000}{(1.06)^2}$ ≒119＋890＝1,009	$\dfrac{(1{,}000 \times 6.0\%)}{1.06} + \dfrac{(1{,}000 \times 6.0\%)}{(1.06)^2} + \dfrac{1{,}000}{(1.06)^2}$ ≒110＋890＝1,000
×2年期末 （利息交換後） 市場利子率＝5％	$\dfrac{(1{,}000 \times 6.5\%)}{1.05} + \dfrac{1{,}000}{1.05}$ ≒62＋952＝1,014	$\dfrac{(1{,}000 \times 5.0\%)}{1.05} + \dfrac{1{,}000}{1.05}$ ≒48＋952＝1,000

ついて述べておきたい。すなわち，「利息・元本交換法」においては，最初の×1年期首の仕訳に，想定元本と同額の1,000が両建されていることから，これをもって単なる備忘記録と誤解されがちであるが，これはそうではない。ここでスワップ資産1,000およびスワップ負債1,000として両建された金額1,000は，＜図表4-8＞で示したように，現在価値を計算した結果として求められたものであり，ただ単純に想定元本1,000をそのまま持ってきたものではない（単なる備忘記録として両建したものではない）という点には留意されたい。ここ

で，備忘記録の会計処理を示すとすれば，それは，次の＜図表4－9＞のような仕訳になると思われる。

＜図表4－9＞ 備忘記録の会計処理

	借　　　方		貸　　　方	
×1年期首約定	スワップ資産	1,000 [37]	スワップ負債	1,000
×1年期末①	現　　金	5	「受取利息」	5
×1年期末②	仕訳なし			
×2年期末①	現　　金	15	「受取利息」	15
×2年期末②	仕訳なし			
×3年期首	現　　金 スワップ負債	14 1,000	「受取利息」 スワップ資産	14 1,000 [38]

つまり，これは単に，A法による仕訳の最初（×1年期首）と最後（×3年期首）に，備忘記録の仕訳［(借) スワップ資産1,000 (貸) スワップ負債1,000］，および，その取消仕訳［(借) スワップ負債1,000 (貸) スワップ資産1,000］を加えたものに過ぎない。だとすれば，＜図表4－6＞のような「利息・元本交換法」と＜図表4－9＞のような備忘記録とは，異質な処理であるといえ，この点からすれば，両者を理論的考察において混同するようなことがあってはならないだろう。

以上のように，将来キャッシュインフローと将来キャッシュアウトフローの現在価値計算においては，利息部分のみを考慮に入れたA法・B法・C法のみならず，利息部分だけでなく想定元本部分をも考慮に入れた方法というものも十分想定し得る。よって，以下の議論では，この「利息・元本交換法」を新たにD法として位置付け，そしてこのD法をも含めたうえで，先に述べた2つの問題，すなわち，「スワップ損益」と「受取利息」との問題，および，各会計処理方法の比較検討の問題について検討していくことにする。そして，筆者の立場からすれば，これらの問題に接近する鍵は，仕訳と会計構造（基本的等式）であるように思われる。そこで以下では，各会計処理方法の仕訳を辿っていくことで，また，各会計処理方法の背後にある基本的等式を探求していくことで，

第4章 金利スワップの会計

金利スワップの本質というものについて接近していくことにする。
そこでまずⅢでは，前者の問題（スワップに係る損益の性質）について，そして，Ⅳ以降では，後者の問題（各会計処理方法の比較検討の問題）について，それぞれ検討していくことにする。

Ⅲ スワップに係る損益の性質

（1） 問題点の整理

ここでは，前者の問題である，スワップに係る損益の性質について検討していくことにする。そこで例えば，D法を取り上げ，その×1年期首および期末の仕訳を再掲すれば，それは＜図表4－10＞のようになる。

＜図表4－10＞ D法の×1年期首・期末の仕訳

	借　　方		貸　　方	
×1年期首	スワップ資産	1,000	スワップ負債	1,000
×1年期末①	現　　　金	5	「受取利息」	5
×1年期末②	スワップ資産	9	「スワップ損益」	9

ここでの問題は，大きく2つある。第1は期末における仕訳①における問題である。すなわち，＜図表4－10＞に示されているように，×1年期末に行われる利息の交換に係る現金の授受については，［(借) 現金5 (貸)「受取利息」5］という仕訳がなされている。しかしながら，この貸方の勘定については，ただ単純に「受取利息」なのか，それとも「スワップ損益」なのかがまずもって問題となる[39]。つまり利息の交換部分を，スワップ資産・スワップ負債本体部分とは別個のものとして捉えるのか（「受取利息」処理），それとも何らかのかたちでスワップ資産・スワップ負債本体部分に係るものとして捉えるのか

(「スワップ損益」処理)ということが問題となる。また，第2の問題は，期末における仕訳①と仕訳②との関係である。とりわけ，仕訳①における「受取利息」と仕訳②における「スワップ損益」との関係がどのようになっているのか，という点が大きな問題となろう。

　これまで，金利スワップを巡る先行研究においては，スワップに係る損益の性質について踏み込んだ議論がなかった。特にこういった問題点については，必ずしも明らかにはされてこなかったように思われる[40]。すなわち，仕訳①の本質は何なのか，そして，仕訳①と仕訳②との関係はどのようになっているのか，という点については，必ずしも明確にはされていない。これらの問題点について結論的には筆者は，まず前者については，スワップ損益と捉える（利息の交換部分を何らかのかたちでスワップ資産・スワップ負債本体部分に係るものとして捉える）のが望ましいと考える。また，後者については，前者の問題を検討していくことで，自然と明らかになると考えている。そこで，これらの問題点について以下のように検討する。まず，この議論の前提として，（2）で金利スワップに係る価格理論について概観する。そして，それを承けるかたちで，（3）では，D法について，上記2つの問題を検討する。また同様に，（4）ではB法について，（5）ではC法について検討する。そして最後に（6）では，この問題を纏めることにする。

（2）　金利スワップに係る価格理論　－2つの算定式－

　金利スワップの正味公正価値は，将来キャッシュインフローの現在価値と将来キャッシュアウトフローの現在価値との差額によって求めることが出来るが，これら将来キャッシュインフローおよび将来キャッシュアウトフローとして，どの部分を考慮に入れるかによって，大きく2つの算定式が考えられる（なお，ここでは先の設例における固定金利受取，変動金利支払となる企業を想定する）。

　まず第1は，将来キャッシュインフローと将来キャッシュアウトフローの現在価値の算定において，利息の受払い部分（変動金利部分および固定金利部分）の

みを考慮に入れた算定式である。これは，PV(swap)を当該企業の金利スワップの正味公正価値，V(fix)を将来の固定金利のキャッシュフローの現在価値，V(flt)を将来の変動金利のキャッシュフローの現在価値とすると，以下のように表すことが出来る。

$$PV(swap) = V(fix) - V(flt)^{41)}$$

すなわち，これは，利息の受払い部分のみを交換すると仮定した場合の正味公正価値の算定式である。

また，第2は，将来キャッシュインフローと将来キャッシュアウトフローの現在価値の算定において，利息の受払い部分（変動金利部分および固定金利部分）のみならず想定元本部分までも考慮に入れた算定式である。これは，B(fix)を固定利付債の現在価値，B(flt)を変動利付債の現在価値とすると，以下のように表すことが出来る。

$$PV(swap) = B(fix) - B(flt)^{42)}$$

すなわち，これは，利息部分のみならず想定元本部分をも交換すると仮定した場合の正味公正価値の算定式である。すなわち，金利スワップを，当該企業による変動利付債の発行と，（相手企業の発行する）固定利付債への投資と捉えるのが，この算定式の基本的な考え方である[43]。

(3) D法（「利息・元本交換法」）と価格理論

ここではD法について検討する。まず，(2)で述べた価格理論との関係について論じることにする。この方法は，(2)で述べた2つの価格理論のうち，後者の［PV(swap)＝B(fix)－B(flt)］という算定式を基礎としているものと思われる。すなわち，このD法（「利息・元本交換法」）は，右辺のB(fix)（例えば×1年期首は1,000）とB(flt)（例えば×1年期首は1,000）とを，それぞれスワップ資産・スワップ負債として両建計上しているということになる。そして

このことを踏まえたうえで，(1)で述べたような問題点について，(ⅰ)と(ⅱ)に分けて以下検討していく。

(ⅰ) ×1年期末仕訳①の本質

まず，(1)で挙げた2つの問題点のうち，前者の問題，すなわち，仕訳①の本質は何か，という点について検討することにする。

ここで再び，＜図表4－10＞を思い出してみる。×1年期末①に行われる利息の交換に係る現金の授受については，［(借) 現金5 (貸)「受取利息」5］という仕訳がなされているが，そもそも，この利息の交換に係る現金の受取額5は，どのようにして求められたのであろうか。この5という値は，固定金利に係るグロスの受取額65[44]と，変動金利に係るグロスの支払額60[45]について，差金決済した結果として算定された値である。そしてこのケースでは，受取額の方が支払額を上回っているため，差金決済を行う利息交換に際しては，現金の受取，ということになる。

ここで，仕訳①の本質を捉えるために，いったん，利息交換の直前においては，固定利付債の現在価値B(fix)と変動利付債の現在価値B(flt)は，一体どのような値をとっているのか，ということを考えてみる。そこで，本章の設例を用いて実際に計算を行うと，＜図表4－11＞のようになる。

＜図表4－11＞に示されている通り，×1年期末①の利息交換の直前における固定利付債の現在価値B(fix)および変動利付債の現在価値B(flt)の値を求めてみると，一方，B(fix)は，1,074となり，他方，変動利付債の現在価値B(flt)は，1,060となる。またここで，利息交換の直後における両者の値を考えてみると，＜図表4－11＞に示されている通り，一方，B(fix)は1,009であり，他方，B(flt)は1,000となっている。

このように，利息交換の直前と直後で，両者ともその値が変動しているが，この利息交換直前の値と利息交換直後の値との差額（B(fix)については［1,074－1,009＝65］，他方，B(flt)については［1,060－1,000＝60］）は，一体何を示しているのだろうか。

第4章 金利スワップの会計

<図表4-11> 利息交換の直前と直後におけるB(fix)とB(flt)

		B(fix) (但し,固定金利=6.5%)	B(flt) (但し,変動金利=市場利子率)
×1年期末(6%)	利息交換直前	$1,000 \times 6.5\% + \dfrac{(1,000 \times 6.5\%)}{1.06}$ $+ \dfrac{(1,000 \times 6.5\%)}{(1.06)^2}$ $+ \dfrac{1,000}{(1.06)^2}$ $\fallingdotseq \boxed{65} + 1,009 = 1,074$	$1,000 \times 6\% + \dfrac{(1,000 \times 6.0\%)}{1.06}$ $+ \dfrac{(1,000 \times 6.0\%)}{(1.06)^2}$ $+ \dfrac{1,000}{(1.06)^2}$ $\fallingdotseq \boxed{60} + 1,000 = 1,060$
	利息交換直後	$\dfrac{(1,000 \times 6.5\%)}{1.06}$ $+ \dfrac{(1,000 \times 6.5\%)}{(1.06)^2}$ $+ \dfrac{1,000}{(1.06)^2} \fallingdotseq 1,009$	$\dfrac{(1,000 \times 6.0\%)}{1.06}$ $+ \dfrac{(1,000 \times 6.0\%)}{(1.06)^2}$ $+ \dfrac{1,000}{(1.06)^2} \fallingdotseq 1,000$
×2年期末(5%)	利息交換直前	$1,000 \times 6.5\% + \dfrac{(1,000 \times 6.5\%)}{1.05}$ $+ \dfrac{1,000}{1.05}$ $\fallingdotseq \boxed{65} + 1,014 = 1,079$	$1,000 \times 5\% + \dfrac{(1,000 \times 5.0\%)}{1.05}$ $+ \dfrac{1,000}{1.05}$ $\fallingdotseq \boxed{50} + 1,000 = 1,050$
	利息交換直後	$\dfrac{(1,000 \times 6.5\%)}{1.05} + \dfrac{1,000}{1.05}$ $\fallingdotseq 1,014$	$\dfrac{(1,000 \times 5.0\%)}{1.05} + \dfrac{1,000}{1.05}$ $\fallingdotseq 1,000$

結論的には,これら現在価値の変動額(B(fix)については65,B(flt)については60)は,利息交換に係るグロスの受取額65(=1,000×6.5%)およびグロスの支払額60(=1,000×6%)に相当する。すなわち,固定利付債および変動利付債は,その「利付債」という名の通り,その現在価値B(fix)およびB(flt)に,グロスの利息受取額(B(fix)について65)およびグロスの利息支払額(B(flt)について60)をも含んでいるのである。よって,一方,固定利付債の現在価値B(fix)についての利息交換直前の値と利息交換直後の値との差額65は,利息の交換における固定金利に係るグロスの受取分65に相当し,また他方,変動利付債の現在価値B(flt)についての利息交換直前の値と利息交換直後の値との差額60は,利息交換における変動金利に係るグロスの支払分60に相当することとなるので

ある。

 このように、利息交換における固定金利に係る受取分65と変動金利に係る支払分60とが、固定利付債たるスワップ資産および変動利付債たるスワップ負債の（利息交換前後の）現在価値の変動部分に相当するのであれば、それらを差金決済した結果として計上された現金受取分5についても、スワップ資産・スワップ負債本体部分に係る「スワップ損益」として認識すべきであるように思われる。すなわち、ここで、他方、期末仕訳②における「スワップ損益」をみてみれば、それは現在価値変動の結果として認識されている。そうであれば、仕訳①において「受取利息」とされているものについても、それが現在価値変動（65と60）の差額部分（65－60＝5）に相当するいじょう、（仕訳②との整合性を考えて）「スワップ損益」として認識すべきであるように思われるのである。そして、このことを示したのが＜図表４－12＞である（なお、＜図表４－12＞には仕訳②もあわせて示した）。

＜図表４－12＞　×１年期末における仕訳（①を修正）

		借　　　方		貸　　　方	
×１年期末①	(a)	スワップ資産	65	「スワップ損益」	65
	(b)	「スワップ損益」	60	スワップ負債	60
	(c)	現　　　金 スワップ負債	5 60	スワップ資産	65
×１年期末②		スワップ資産	9	「スワップ損益」	9

 つまり期末①においては、まず、スワップ資産およびスワップ負債の、利息の交換に係る分の現在価値の変動がそれぞれ認識され（①における仕訳(a)および仕訳(b)）、そしてその後に、それらを差金決済する仕訳がなされることとなる（①における仕訳(c)）。

(ⅱ)　仕訳①と仕訳②との関係

 ×１年期末の仕訳は、＜図表４－12＞で示された通りであるが、ここで、素朴に考えると次のような疑問が生じるかもしれない。すなわち、仕訳①と仕訳

②との関係は，一体どのようになっているのか，ということである。そしてこの素朴な疑問こそが，（1）で挙げた2つの問題点のうちの後者である。

前述のとおり，仕訳①においては，利息交換から生じる損益を，スワップ資産・スワップ負債の現在価値変動部分に相当する「スワップ損益」として捉えている。そうであるならば，同じくスワップ資産（スワップ負債）の現在価値変動を示している仕訳②について，仕訳①とあわせて処理すべきか否かが問題となる。この点について筆者は，仕訳①と仕訳②とはあわせて処理すべきであると解するが，この点について以下検討する。

先の議論においては，固定利付債の現在価値B(fix)と変動利付債の現在価値B(flt)について，利息交換の直前の値と直後の値とを比較したが，ここでは，（×1年）期首の値と利息交換の直前の値とを比較することにする。すなわち，もし仮に，×1年期末①における利息交換の直前に，固定利付債の現在価値B(fix)の変動と変動利付債の現在価値B(flt)の変動に係る仕訳を行うとするならば，以下のようになると思われる。すなわち，［（借）スワップ資産74[46]（貸）「スワップ損益」74］および［（借）「スワップ損益」60（貸）スワップ負債60[47]］となるであろう。そしてここでの「スワップ損益」（利得）74と「スワップ損益」（損失）60との差額は14（＝74－60）となるが，この14という値は，一体何を意味しているのであろうか。すなわち，この「スワップ損益」（利得）74と「スワップ損益」（損失）60との差額14（＝74－60）を更に分解して考えると，これは，仕訳①における利息交換に係る「スワップ損益」（利得）5と，仕訳②におけるスワップ資産の現在価値変動に係る「スワップ損益」（利得）9とに分けることが出来る。

このように，利息交換直前の仕訳というものを想定するならば，仕訳①における現在価値変動から生じる「スワップ損益」5と，仕訳②における現在価値変動から生じる「スワップ損益」9とは，あわせて処理することが可能となるし，またそれらが，現在価値変動から生じているという点でその性質を同じにしているいじょう，あわせて処理することが理論的にも求められるだろう。

そしてこのように，利息交換直前に，スワップ資産・スワップ負債の現在価

値変動に係る仕訳を行い,その後に,利息交換に係る仕訳［(借)現金5,スワップ負債60(貸)スワップ資産65］を行うとすれば,②に示されるような評価替の仕訳はもはや不要となる。なぜなら,上述のように,利息交換の直前の仕訳においては,仕訳②部分の現在価値変動についてもすでに織り込み済となっているからである。例えば,スワップ資産については,利息交換に係る現在価値の増加分65に加えて,仕訳②で示されていた現在価値の増加分9についても,すでに利息交換直前の仕訳に織り込み済となっている（すなわち,［利息交換直前の仕訳におけるスワップ資産の増加分74＝期末①仕訳(a)における現在価値の増加分65＋期末②における現在価値の増加分9］)。実際,②の仕訳を行わなくとも,総勘定合計表（いわゆる試算表）におけるスワップ資産の期末残高は,借方残高で1,009[48]となり,またスワップ負債の期末残高についても1,000[49]となっており,このことからも,②の仕訳が不要であることがわかる。

　以上のように考えれば,仕訳①と仕訳②とは,あわせて処理することが可能となるし,また,あわせて処理することが理論的にも求められることとなる。これを示したのが＜図表4－13＞である（いわゆる試算表上における各勘定残高もあわせて記載した)。仕訳(a)および仕訳(b)は,利息交換の直前におけるスワップ資産およびスワップ負債に係る現在価値の変動を表している。そして,仕訳(c)

＜図表4－13＞　×1年期末における仕訳
（①と②とをあわせて処理）

		借　方		貸　方	
×1年期末①	(a)	スワップ資産	74	「スワップ損益」	74
	(b)	「スワップ損益」	60	スワップ負債	60
	(c)	現　　　金 スワップ負債	5 60	スワップ資産	65
×1年期末 試算表上における 各勘定残高		T／B			
		現　　　金 スワップ資産	5 1,009	スワップ負債 「スワップ損益」	1,000 14

は，利息交換に係る現金の授受を表している。

ここでは，①と②とをあわせて処理するのが望ましいということの他に，大きく2つの点に注目しておきたい。第1は，スワップ負債からも「スワップ損益」が生じているという点である。これは＜図表4－10＞と＜図表4－13＞とを比較するとヨリ顕著である。また，第2は，利息交換を示す仕訳(c)からは直接的には損益は生じていない，ということである。すなわち，一般的には，金利スワップにおいては，利息交換から直接的に損益が生じているように解されているが（それが例えば［（借）現金5（貸）「受取利息」5］という仕訳であろう），＜図表4－13＞をみてもわかる通り，実は，そうではないのである。つまり，「スワップ損益」は，仕訳(a)および仕訳(b)に示されている，スワップ資産およびスワップ負債の現在価値変動から生じており，利息交換を示す仕訳(c)からは，「スワップ損益」は直接的には生じていないのである[50]。

そして，ここまでの議論を踏まえたうえで，D法（「利息・元本交換法」）の正則的な会計処理というものを，×1年期首から×3年期首まで含めて想定してみると，＜図表4－14＞，＜図表4－15＞および＜図表4－16＞のようになると思われる。なお，ここでは，これまで暫定的という意味で付していた「ス

＜図表4－14＞　D法（「利息・元本交換法」）の正則的会計処理

		借　　　方		貸　　　方	
×1年期首約定[51]		スワップ資産	1,000	スワップ負債	1,000
×1年期末	(a)	スワップ資産	74	スワップ損益	74
	(b)	スワップ損益	60	スワップ負債	60
	(c)	現　　　金 スワップ負債	5 60	スワップ資産	65
×2年期末	(a)	スワップ資産	70	スワップ損益	70
	(b)	スワップ損益	50	スワップ負債	50
	(c)	現　　　金 スワップ負債	15 50	スワップ資産	65
×3年期首		現　　　金 スワップ負債	14 1,000	スワップ資産	1,014

<図表4－15> スワップ資産およびスワップ負債の変動

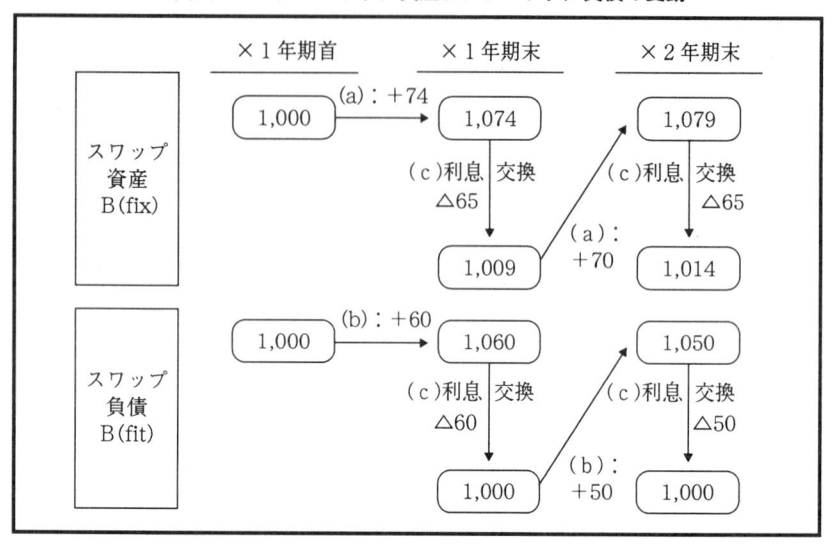

```
              ×1年期首      ×1年期末           ×2年期末

              ┌───┐  (a):+74  ┌───┐           ┌───┐
              │1,000│─────────→│1,074│           │1,079│
 スワップ     └───┘          └───┘           └───┘
  資産                    (c)利息│交換      (c)利息│交換
  B(fix)                     △65│              △65│
                                 ↓    (a):      ↓
                              ┌───┐   +70   ┌───┐
                              │1,009│─────────→│1,014│
                              └───┘          └───┘

              ┌───┐  (b):+60  ┌───┐           ┌───┐
              │1,000│─────────→│1,060│           │1,050│
 スワップ     └───┘          └───┘           └───┘
  負債                    (c)利息│交換      (c)利息│交換
  B(flt)                     △60│              △50│
                                 ↓    (b):      ↓
                              ┌───┐   +50   ┌───┐
                              │1,000│─────────→│1,000│
                              └───┘          └───┘
```

<図表4－16> D法（「利息・元本交換法」）における具体的計算

時 点	項 目	具 体 的 計 算
×1年期末	(a)スワップ資産の変動	利息交換直前B(fix)1,074－×1年期首約定時B(fix)1,000＝74　…74の増加
	(b)スワップ負債の変動	利息交換直前B(flt)1,060－×1年期首約定時B(flt)1,000＝60　…60の増加
	(c)スワップ資産の変動	利息交換直後B(fix)1,009－利息交換直前B(fix)1,074＝－65　…65の減少
	(c)スワップ負債の変動	利息交換直後B(flt)1,000－利息交換直前B(flt)1,060＝－60　…60の減少
×2年期末	(a)スワップ資産の変動	利息交換直前B(fix)1,079－×2年期首B(fix)1,009＝70　…70の増加
	(b)スワップ負債の変動	利息交換直前B(flt)1,050－×2年期首B(flt)1,000＝50　…50の増加
	(c)スワップ資産の変動	利息交換直後B(fix)1,014－利息交換直前B(fix)1,079＝－65　…65の減少
	(c)スワップ負債の変動	利息交換直後B(flt)1,000－利息交換直前B(flt)1,050＝－50　…50の減少

ワップ損益」の「　」(カギ括弧) を (現在価値変動から生じる損益ということで) 外して示すことにする。

そして, このように考えるならば, スワップから生じる損益は, 全てスワップ資産・スワップ負債の現在価値の変動から生じるスワップ損益として, 統一的に説明することが可能となるように思われるのである。

（4）　B法（「利息交換法」）と価格理論

では次に, B法について検討する。まず,（2）で述べた価格理論との関係について論じる。この方法は,（2）で述べた2つの価格理論のうち, 前者の ［PV(swap)＝V(fix)－V(flt)］ という算定式を基礎としているものと思われる。すなわち, B法は, 右辺のV(fix)（例えば×1年期首は172）とV(flt)（例えば×1年期首は172）とを, それぞれスワップ資産・スワップ負債として両建計上しているということになる。

そしてこのことを踏まえたうえで,（1）で述べたような問題点について,（3）と同様の視点から考察していくことにする。すなわち, 利息交換の前後における現在価値の変動が何を表すのか, および, 利息交換の直前に仕訳を行うとするならばどのようになるのか, といった視点から考察するならば, B法の正則的な会計処理方法は,＜図表4－17＞,＜図表4－18＞,＜図表4－19＞および＜図表4－20＞のようになると思われる。

そしてここでも, 以下の2つの点に注目しておきたい。まず第1は, この場合においても, スワップ負債からスワップ損益が生じているという点である（しかも, 本設例では, 先ほどとは異なりスワップ利得が生じていることとなる）。また, 第2は, この場合においても, 利息交換を示す仕訳(c)からは直接的には損益は生じていない, という点である。すなわち, スワップ損益は, 仕訳(a)および仕訳(b)における, スワップ資産およびスワップ負債の現在価値変動からのみ生じている, ということに留意されたい。

以上のように, このB法においても, スワップから生じる損益は, 全てス

<図表4－17> B法（「利息交換法」）の正則的会計処理

		借　　方		貸　　方	
×1年期首		スワップ資産	172	スワップ負債	172
×1年期末	(a)	スワップ資産	12	スワップ損益	12
	(b)	スワップ負債	2	スワップ損益	2
	(c)	現　　金 スワップ負債	5 60	スワップ資産	65
×2年期末	(a)	スワップ資産	8	スワップ損益	8
	(b)	スワップ負債	12	スワップ損益	12
	(c)	現　　金 スワップ負債	15 50	スワップ資産	65
×3年期首		現　　金 スワップ負債	14 48	スワップ資産	62

<図表4－18> スワップ資産およびスワップ負債の変動

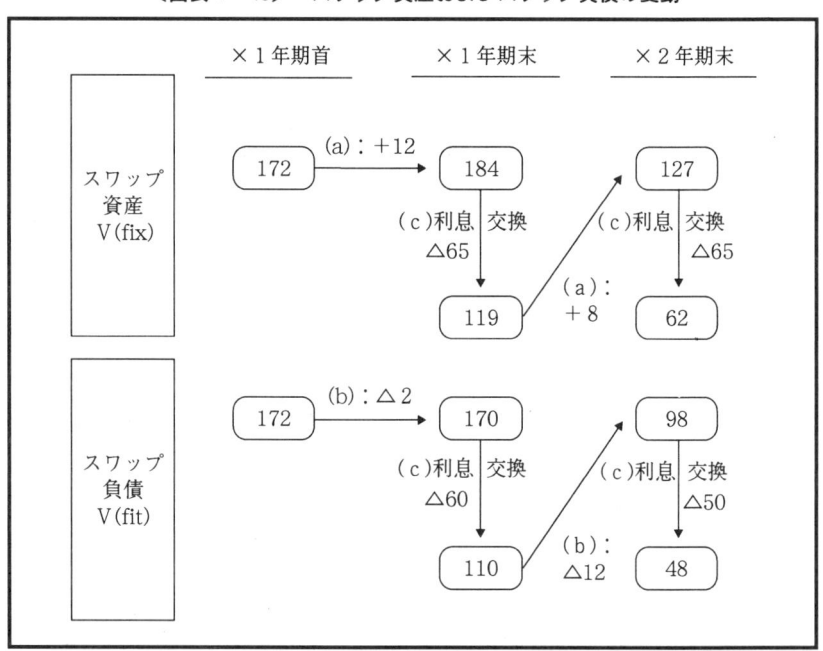

スワップ資産 V(fix)
- ×1年期首: 172
- (a): +12 → ×1年期末: 184
- (c)利息交換 △65 → 119
- (a): +8 → ×2年期末: 127
- (c)利息交換 △65 → 62

スワップ負債 V(fit)
- ×1年期首: 172
- (b): △2 → ×1年期末: 170
- (c)利息交換 △60 → 110
- (b): △12 → ×2年期末: 98
- (c)利息交換 △50 → 48

第4章 金利スワップの会計

<図表4-19> B法(「利息交換法」)における具体的計算

時 点	項 目	具 体 的 計 算
×1年期末	(a)スワップ資産の変動	利息交換直前B(fix)184-期首約定時B(fix)172 =12 …12の増加
	(b)スワップ負債の変動	利息交換直前B(flt)170-期首約定時B(flt)172 =-2 …2の減少
	(c)スワップ資産の変動	利息交換直後B(fix)119-利息交換直前B(fix) 184=-65 …65の減少
	(c)スワップ負債の変動	利息交換直後B(flt)110-利息交換直前B(flt) 170=-60 …60の減少
×2年期末	(a)スワップ資産の変動	利息交換直前B(fix)127-×2年期首B(fix)119 =8 …8の増加
	(b)スワップ負債の変動	利息交換直前B(flt)98-×2年期首B(flt)110 =-12 …12の減少
	(c)スワップ資産の変動	利息交換直後B(fix)62-利息交換直前B(fix)127 =-65 …65の減少
	(c)スワップ負債の変動	利息交換直後B(flt)48-利息交換直前B(flt)98 =-50 …50の減少

<図表4-20> V(fix)およびV(flt)の計算

		V(fix) (但し,固定金利=6.5%)	V(flt) (但し,変動金利=市場利子率)
×1年期首 (6.5%)		$\dfrac{(1,000\times6.5\%)}{1.065}$ $+\dfrac{(1,000\times6.5\%)}{(1.065)^2}$ $+\dfrac{(1,000\times6.5\%)}{(1.065)^3}$ $\fallingdotseq 172$	$\dfrac{(1,000\times6.5\%)}{1.065}$ $+\dfrac{(1,000\times6.5\%)}{(1.065)^2}$ $+\dfrac{(1,000\times6.5\%)}{(1.065)^3}$ $\fallingdotseq 172$
×1年期末 (6%)	利息交換直前	$\boxed{1,000\times6.5\%}+\dfrac{(1,000\times6.5\%)}{1.06}$ $+\dfrac{(1,000\times6.5\%)}{(1.06)^2}$ $\fallingdotseq \boxed{65}+119=184$	$\boxed{1,000\times6\%}+\dfrac{(1,000\times6.0\%)}{1.06}$ $+\dfrac{(1,000\times6.0\%)}{(1.06)^2}$ $\fallingdotseq \boxed{60}+110=170$
	利息交換直後	$\dfrac{(1,000\times6.5\%)}{1.06}$ $+\dfrac{(1,000\times6.5\%)}{(1.06)^2}$ $\fallingdotseq 119$	$\dfrac{(1,000\times6.0\%)}{1.06}$ $+\dfrac{(1,000\times6.0\%)}{(1.06)^2}$ $\fallingdotseq 110$
×2年期末 (5%)	利息交換直前	$\boxed{1,000\times6.5\%}+\dfrac{(1,000\times6.5\%)}{1.05}$ $\fallingdotseq \boxed{65}+62=127$	$\boxed{1,000\times5\%}+\dfrac{(1,000\times5.0\%)}{1.05}$ $\fallingdotseq \boxed{50}+48=98$
	利息交換直後	$\dfrac{(1,000\times6.5\%)}{1.05}\fallingdotseq 62$	$\dfrac{(1,000\times5.0\%)}{1.05}\fallingdotseq 48$

ワップ資産・スワップ負債の現在価値の変動から生じるスワップ損益として,統一的に説明することが可能となる。

(5) C法と価格理論

次にC法について考察することにする。まず(2)で述べた2つの価格理論との関係について述べることにする。C法に関しては, [PV(swap)=V(fix)-V(flt)]における左辺部分に着目し, この左辺のPV(swap)について, 仕訳上, スワップ勘定(もしくはスワップ資産(貸方残となるときはスワップ負債))とし

第4章 金利スワップの会計

て認識していることとなる。

このことを踏まえたうえで，C法についても，(3)および(4)での検討と同様に考えていくことにする。

まず，C法の×1年期末における仕訳を思い出してみる。それを示したのが，＜図表4－21＞である（なおここでは，＜図表4－5＞で示したC法における3つの考え方のうち，暫定的に，「スワップ勘定を用いる方法」に依拠した仕訳を想定することにする）。

＜図表4－21＞　C法における×1年期末の仕訳
（「スワップ勘定を用いる方法」）

	借　　方		貸　　方	
×1年期末　①	現　　　金	5	「受 取 利 息」	5
×1年期末　②	スワップ勘定	9	「スワップ損益」	9

（1）において示した通り，ここでの当面の課題は2つある。第1は，仕訳①に示されるような利息の交換について，スワップ本体部分とは別個のものとして捉えるのか（「受取利息」処理），それとも何らかのかたちでスワップ本体部分に係るものとして捉えるのか（「スワップ損益」処理）ということである。そしてそのことを考えていくことで，同時に，第2の課題である，仕訳①と仕訳②の関係がどのようになっているのか，といった点についても検討していくことにする。

はじめに，前者の点について検討する。×1年期末①になされている利息交換の仕訳であるが，これについては，(3)および(4)における検討と同様に，利息交換直前におけるＰＶ(swap)と，利息交換直後におけるＰＶ(swap)は，一体どのような値をとっているのか，という視点から考察していくことにする。そして，この具体的計算を纏めたものが＜図表4－22＞となる。

＜図表4－22＞に示されているように，まず，利息交換直前におけるＰＶ(swap)の値は14となる。また，利息交換直後におけるＰＶ(swap)の値は9となる。つまり，利息交換の直前と直後で，ＰＶ(swap)の値は5（＝14－9）だけ

<図表4-22> PV(swap)の具体的計算

		V(fix) (但し,固定金利=6.5%)	V(flt) (但し,変動金利=市場利子率)	PV(swap)
×1年期首 (6.5%)		$\frac{(1,000\times6.5\%)}{1.065}$ $+\frac{(1,000\times6.5\%)}{(1.065)^2}$ $+\frac{(1,000\times6.5\%)}{(1.065)^3}$ $\fallingdotseq172$	$\frac{(1,000\times6.5\%)}{1.065}$ $+\frac{(1,000\times6.5\%)}{(1.065)^2}$ $+\frac{(1,000\times6.5\%)}{(1.065)^3}$ $\fallingdotseq172$	$172-172=0$
×1年 期末 (6%)	利息交換直前	$\boxed{1,000\times6.5\%}$ $+\frac{(1,000\times6.5\%)}{1.06}$ $+\frac{(1,000\times6.5\%)}{(1.06)^2}$ $\fallingdotseq\boxed{65}+119=184$	$\boxed{1,000\times6\%}$ $+\frac{(1,000\times6.0\%)}{1.06}$ $+\frac{(1,000\times6.0\%)}{(1.06)^2}$ $\fallingdotseq\boxed{60}+110=170$	$184-170=14$
	利息交換直後	$\frac{(1,000\times6.5\%)}{1.06}$ $+\frac{(1,000\times6.5\%)}{(1.06)^2}$ $\fallingdotseq119$	$\frac{(1,000\times6.0\%)}{1.06}$ $+\frac{(1,000\times6.0\%)}{(1.06)^2}$ $\fallingdotseq110$	$119-110=9$
×2年 期末 (5%)	利息交換直前	$\boxed{1,000\times6.5\%}$ $+\frac{(1,000\times6.5\%)}{1.05}$ $\fallingdotseq\boxed{65}+62=127$	$\boxed{1,000\times5\%}$ $+\frac{(1,000\times5.0\%)}{1.05}$ $\fallingdotseq\boxed{50}+48=98$	$127-98=29$
	利息交換直後	$\frac{(1,000\times6.5\%)}{1.05}\fallingdotseq62$	$\frac{(1,000\times5.0\%)}{1.05}\fallingdotseq48$	$62-48=14$

変動していることになる。そしてここで先の(3)および(4)と同様に考えれば,この利息交換前後のPV(swap)の変動額5こそが,ここでの利息交換に係る現金受取額5に他ならない。このことを仕訳に表すと,<図表4-23>のようになる。

つまり,期末①においては,まず,利息交換に係る部分の現在価値の変動が認識され(また,当該現在価値変動から「スワップ損益」が生じることとなる),そしてその後に,利息の交換に係る差金決済がなされることになる。

第4章　金利スワップの会計

<図表4-23>　×1年期末における仕訳（①を修正）

		借　　方		貸　　方	
×1年期末	①	スワップ勘定	5	「スワップ損益」	5
		現　　金	5	スワップ勘定	5
×1年期末	②	スワップ勘定	9	「スワップ損益」	9

　次に，後者の問題，すなわち，仕訳①と仕訳②との関係について検討していくことにする。ここにおいても（3）および（4）におけるB法についての検討と同様に，もし仮に利息交換の直前に仕訳を行うとするならば一体どのようになるのか，という視点から，①と②との関係を考えるとするならば，×1年期末の仕訳は，<図表4-24>および<図表4-25>のように想定することが出来るだろう。

<図表4-24>　×1年期末における仕訳（①と②をあわせて理解）

		借　　方		貸　　方	
×1年期末	(a)	スワップ勘定	14	「スワップ損益」	14
	(b)	現　　金	5	スワップ勘定	5

<図表4-25>　C法における具体的計算
（便宜上，×2年期末もあわせて示した）

時　点	項　目	具 体 的 計 算
×1年期末	(a)スワップ勘定の変動	利息交換直前PV（swap）14－期首約定時PV（swap）0＝14…14の増加
	(b)スワップ勘定の変動	利息交換直後PV（swap）9－利息交換直前PV（swap）14＝－5…5の減少
×2年期末	(a)スワップ勘定の変動	利息交換直前PV（swap）29－×2年期首PV（swap）9＝20…20の増加
	(b)スワップ勘定の変動	利息交換直後PV（swap）14－利息交換直前PV（swap）29＝－15…15の減少

　ここでもB法と同様に，利息交換からは直接的には損益が生じていない，と

いう点に留意されたい。すなわち,スワップ損益は,仕訳(a)に示されているスワップの現在価値の変動から生じており,仕訳(b)に示されている利息交換に係る現金授受からは生じていないのである。

そして,ここまでの議論を踏まえたうえで,C法の正則的な会計処理というものを,×1年期首から×3年期首まで含めて示すと,<図表4－26>および<図表4－27>のようになると思われる(但し,ここでは,暫定的に「スワップ勘定を用いる方法」を想定することにする(また,ゼロ認識の問題についても,とりあえずおいておくことにする))。なお,ここでは,これまで暫定的という意味で付していた「スワップ損益」の「　」(カギ括弧)を(現在価値変動から生じる損益ということで)外して示すことにする。

<図表4－26>　C法の正則的会計処理

		借　方		貸　方	
×1年期首約定		スワップ勘定	0	スワップ損益	0
×1年期末	(a)	スワップ勘定	14	スワップ損益	14
	(b)	現　金	5	スワップ勘定	5
×2年期末	(a)	スワップ勘定	20	スワップ損益	20
	(b)	現　金	15	スワップ勘定	15
×3年期首		現　金	14	スワップ勘定	14

<図表4－27>　スワップ勘定の変動

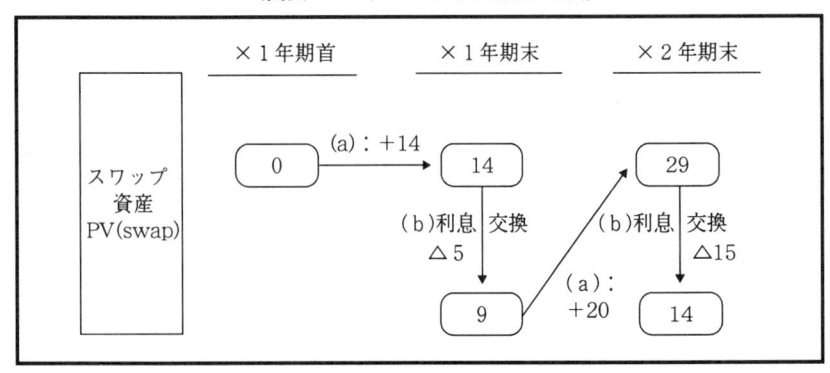

```
                    ×1年期首      ×1年期末          ×2年期末

                               (a):+14
  スワップ              ┌─┐            ┌──┐              ┌──┐
   資産               │0 │───────→│14│              │29│
  PV(swap)            └─┘            └──┘              └──┘
                               (b)利息交換    (b)利息交換
                                  △5          △15
                                         ┌──┐         ┌──┐
                                         │9 │         │14│
                                         └──┘         └──┘
                                           (a):+20
```

このように考えるならば，Ｃ法においても，スワップから生じる損益は，全てスワップの現在価値ＰＶ(swap)の変動から生じるスワップ損益として，統一的に説明することが可能となるように思われるのである。

（６）　スワップ損益の本質

以上のように，Ⅲでは，金利スワップに係る価格理論との関係から，特にＢ法（「利息交換法」）・Ｃ法・Ｄ法（「利息・元本交換法」）に焦点を当て，利息交換に係る仕訳の本質は何か，また，利息交換に係る仕訳と金利スワップの現在価値評価の仕訳との関係はどのようになっているのか，ということについて検討していくことで，それぞれの正則的会計処理というものについて考察していった。

ここで得られたインプリケーションとしては大きく３つある。

第１のインプリケーションは，スワップから生じる損益は，全てスワップ本体部分の現在価値の変動に係るスワップ損益として理解することが出来る，ということである。すなわち，金利スワップについては，ごく一般的には，現金授受に係る損益（「受取利息」）とスワップ資産・負債の変動に係る損益（「スワップ損益」）との両方が存在するものと解されているが，しかしながら，先行研究においては，両者の関係については必ずしも明らかではなかった。これらを区別して処理するにせよ，同一のものとして処理する（現行の会計ルール）にせよ，いずれにしても金利スワップに係る損益の性質について踏み込んだ考察がなされていなかったのである。しかしながら，ここでの考察によれば，スワップに係る損益は，全てスワップ本体部分の現在価値の変動に係るスワップ損益として理解することが出来るように思われるのである[52]。

更にここでは，（金利スワップの現在価値変動に起因する）スワップ損益は，時間の経過に伴い発生する時間的利得・損失として位置付けることが出来るという点を確認しておきたい。

まずここでは，Ｄ法（「利息・元本交換法」）におけるＢ(flt)を例にとり，その

現在価値の変動を，×1年期首 (1,000)，×1年期末利息交換直前 (1,060)，そして×1年期末利息交換直後 (1,000) について追いかけてみる。それを示したのが＜図表4－28＞である。

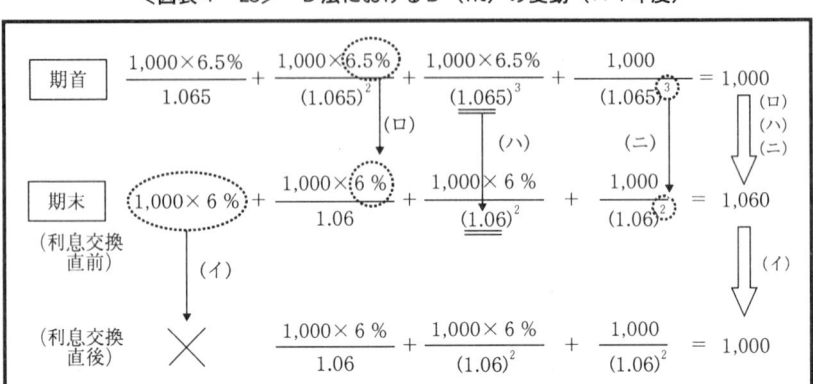

＜図表4－28＞　D法におけるB (flt) の変動（×1年度）

$$\text{期首}\quad \frac{1,000\times 6.5\%}{1.065} + \frac{1,000\times 6.5\%}{(1.065)^2} + \frac{1,000\times 6.5\%}{(1.065)^3} + \frac{1,000}{(1.065)^3} = 1,000$$

(ロ) (ハ) (ニ) (ロ)(ハ)(ニ)

$$\text{期末}\quad 1,000\times 6\% + \frac{1,000\times 6\%}{1.06} + \frac{1,000\times 6\%}{(1.06)^2} + \frac{1,000}{(1.06)^2} = 1,060$$

（利息交換直前）

(イ)　⇓(イ)

（利息交換直後）　×　$\dfrac{1,000\times 6\%}{1.06} + \dfrac{1,000\times 6\%}{(1.06)^2} + \dfrac{1,000}{(1.06)^2} = 1,000$

＜図表4－28＞に示されている通り，現在価値B (flt) の変動の要因は，大きく4つある。まず，期首のB (flt) 1,000から期末利息交換直前のB (flt) 1,060への変動については，次の3つの要因が関係していると思われる。

第1の要因は，分子部分における利息に係る利子率の変動（＜図表4－28＞における(ロ)に相当）である。すなわち，ここでは変動金利側であるB (flt) を想定していることから，分子部分の利息に係るキャッシュフローの計算においては，変動利子率を用いることになる。そしてこの変動利子率の，いわば文字通りの変動（ここでの例であれば，6.5%から6%への変動）によって，（想定元本1,000は一定であることから）分子部分のキャッシュフローが変動することになる。そしてこの分子部分のキャッシュフローの変動に伴って，現在価値B (flt) についても随時変動することとなるのである。

また，第2の要因は，分母部分における（割引率の構成要素である）利子率の変動である（＜図表4－28＞における(ハ)に相当）。すなわち，ここでは割引率の構成要素である利子率としては市場利子率を用いているが，これは時間の経過に伴い変動することとなる。よって，この利子率の変動によって，割引率につい

第4章　金利スワップの会計

ても変動することとなり、そしてこの分母部分の割引率の変動によって、現在価値B(flt)についても変動することとなる。

最後に、第3の変動は、分母部分における（割引率の構成要素である）べ・き・数・の変動である（＜図表4－28＞における㈡に相当）。すなわち、割引率の構成要素である、べ・き・数・は、時間の経過に伴って変動（減少）していくこととなる。そしてこのべ・き・数・の変動により、分子部分の割引率についても変動することとなり、よって、現在価値B(flt)についても変動することとなるのである。

また、期末利息交換直前のB(flt)1,060から期末利息交換直後のB(flt)1,000への変動については、グロスの利息支払額60（＝1,000×6％）部分の変動（減少）が関係している（＜図表4－28＞の⑷に相当）。これが第4の要因となるが、利息交換直前においては、当該利息交換に係るグロスの利息支払額60が、現在価値の1構成要素となっていた。しかしながら、利息交換において、この部分のキャッシュアウトフローがあるものとされることから（但し、実際の現金授受は差金決済によって行われる）、利息交換直後の現在価値計算においては、このグロスの利息支払額60については算入されないこととなる。よって、利息交換の前後では、この60分だけ現在価値の値が変動（減少）することになるのである。

以上のように、D法（「利息元本交換法」）におけるB(flt)を例にとれば、その値の変動要因については、大きく4つが考えられるだろう。

そして更にここでは、上述の議論を、ヨリ一般的なかたちで纏めることにする。まず、金利スワップに係る現在価値（PV(swap), V(fix), V(flt), B(fix), B(flt)）を、ごく単純なモデルで表すとするならば、以下のようになると思われる。

$$DCF_t = CF_t + \frac{CF_{t+1}}{(1+r_t)} + \frac{CF_{t+2}}{(1+r_t)^2} + \frac{CF_{t+3}}{(1+r_t)^3} + \cdots$$

（但し、DCF_tをt時点における現在価値、CF_tをt時点におけるキャッシュフロー、r_tをt時点における利子率とする。なお、本章の設例では、r_tとしてはt時点における市場利子率を用いている）

そして、このように考えるならば、金利スワップに係る現在価値の変動の要

因は，＜図表4－29＞のように纏めることが出来ると思われる。

＜図表4－29＞　金利スワップに係る現在価値変動の要因

現在価値変動の要因			＜図表4－28＞との対応
分子部分	CFの変動	利息交換の前後におけるグロスの利息受取額・支払額分の変動（減少）	(イ)
		［変動金利側の利息に係るCF＝想定元本×r_t］におけるr_tの変動	(ロ)
分母部分	割引率の変動	r_tの変動	(ハ)
		時間の経過に伴うべき数の変動（減少）	(ニ)

　すなわち，金利スワップに係る現在価値の変動の要因は，大きく2つに分けることが出来ると思われる。まず，第1の要因は，(現在価値算定式の) 分子部分に相当する，キャッシュフローの変動である。また，第2の変動は，(現在価値算定式の) 分母部分に相当する，割引率の変動である。

　まず，前者のキャッシュフローの変動について述べる。これは＜図表4－29＞にあるように，更に，次の2つの要因に分けることが出来る。まず，1つの要因としては，利息交換の前後におけるグロスの利息受取額・支払額の変動（減少）が挙げられる。これは，＜図表4－28＞との対応でいえば，(イ)の要因に相当する。また，各期末における仕訳との対応でいうならば，B法・D法については，仕訳(c) (例えば，D法における×1年期末を想定するならば，［(借) 現金5, スワップ負債60 (貸) スワップ資産65］) に，また，C法については，仕訳(b) (例えば，×1年期末を想定するならば，［(借) 現金5 (貸) スワップ勘定5］) に，それぞれ相当することになる。すなわち，例えば，t時点として，×1年期末における利息交換の時点を考えてみると (なお，ここでは説明の便宜上，利息交換前後の時間は僅少であるとしておく)，利息交換の直前と直後では，現在価値算定式の第1項のCF_t分だけ，現在価値が変動（減少）することになる。つまり，例えばD法における利息交換直前のB(fix) 1,074と利息交換直後のB(fix) 1,009とを比べてみると，ちょうど第1項部分に相当する65だけ，現在価値が変動（減少）していることとなる。そしてこの第1項部分の65は，当該利息交換におけ

るグロスの利息受取分に相当する。このように，分子部分のキャッシュフローの変動要因としては，利息交換の前後におけるグロスの利息受取額・支払額分の変動（減少）を挙げることが出来るだろう。

　また，分子部分のキャッシュフローの変動の，もう１つの要因としては，利子率の変動が考えられる。これは，＜図表４－28＞との対応でいえば，(ロ)の要因に相当する。また，各期末における仕訳との対応でいうならば，Ｂ法・Ｄ法については，仕訳(b)（例えば，Ｄ法における×１年期末を想定するならば，［(借)スワップ損益60（貸）スワップ負債60］）に，また，Ｃ法については，仕訳(a)（例えば，×１年期末を想定するならば，［(借)スワップ勘定14（貸）スワップ損益14］）に，それぞれ相当することになる。すなわち，いま，キャッシュフローのうち，利息部分を考えるならば，当該キャッシュフローは，［ＣＦ＝想定元本×利子率ｒ］と表すことが出来る。ここで変動金利側を想定するならば，利子率ｒ（本章における設例では，変動利子率としては各時点における市場利子率を採用している）は時の経過に伴い変動することになるので，想定元本が一定であることを加味すれば，その積として算定されるキャッシュフローについても，利子率ｒの変動に伴い変動することになる。よって，このように考えれば，分子部分のキャッシュフローの変動要因としては，特に変動金利側を想定した場合の利子率ｒの変動を挙げることが出来ると思われる。

　次に，現在価値変動の後者の要因である分母部分の割引率の変動について述べる。これは＜図表４－29＞にあるように，更に，２つの要因に分けることが出来ると思われる。

　まず１つの要因としては，割引率の構成要素である利子率の変動が考えられる。これは，＜図表４－28＞との対応でいえば，(ハ)の要因に相当する。また，各期末における仕訳との対応でいうならば，Ｂ法・Ｄ法については，仕訳(a)および仕訳(b)に，また他方，Ｃ法については，仕訳(a)に，それぞれ相当することになる。すなわち，本設例においては，利子率としては，各時点における市場利子率を採用しているが，これは時の経過に伴い毎期変動することになる。そして，利子率が時の経過に伴い変動するのであれば，それを構成要素とする割

引率についても，利子率の変動に伴って変動することになる。そして，分母の割引率が変動するのであれば，（他の要素を一定とすれば）現在価値についても，割引率の変動に伴って変動することになるのである。

　また，分母部分の割引率の変動のもう1つの要因としては，時間の経過に伴うべ̇き̇数̇の変動ということが挙げられる。これは，＜図表4－28＞との対応でいえば，㈡の要因に相当する。また，各期末における仕訳との対応でいうならば，B法・D法については，仕訳(a)および仕訳(b)に，また，C法については，仕訳(a)に，それぞれ相当することになる。すなわち，時間の経過に伴い割引率の構成要素であるべ̇き̇数̇が変動（減少）していくと，つまり，分母の割引率が$(1+r)^3$から$(1+r)^2$へ，そして$(1+r)^2$から$(1+r)$へ，というように減少していくと，他の要素を一定とすれば，当該割引率の減少に伴って現在価値は増加していくことになる。

　以上のように，現在価値変動の要因については，まず，大きく分子部分の変動と分母部分の変動との2つに分けることが出来た。そして，更に，それぞれについて，2つの要因に分けることが出来た。よって，現在価値変動の要因としては，結局のところ全部で4つが考えられる。そして，仕訳との対応を考えるならば，これら4つの要因のうち，スワップ損益発生の要因となっているのは，後者の3つ（利子率の変動による分子部分のキャッシュフローの変動，利子率の変動による割引率の変動，時間の経過に伴う割引率の変動）であるといえる。すなわち，スワップ損益の発生は，利子率の変動，もしくは時間の経過に伴う現在価値の変動というものに起因する，ということがいえよう。

　そうであれば次に問題となるのは，利子率はそもそも何故変動するのか，という点である。これについては様々な学説があり本章では全てカバーし得ないが，例えば，ごく一般的な説明として，経済学やファイナンス理論における金利の期間構造理論によれば[53]，将来の見積キャッシュフローの収支が行われるまでの期間の長さ（満期までの期間の長さ）によって，異なる利子率を生じるという説明がなされている（流動性選好仮説）。つまり，ある一定期間の流動性の放棄に対する報酬として利子が捉えられており，満期までの期間の長さにより

利子率が変動する（満期までの期間が長ければ利子率は大きくなり，逆に満期までの期間が短ければ利子率は小さくなる）ということになる[54]。勿論，利子率の変動には，この他に，投資家の行動や情報の効率性，および（個別証券の利子率であれば）ディフォルトリスク等も関係してくるものと思われるが，投資家の行動や情報の効率性についてはある程度は金利の期間構造の考え方の中に織り込まれるものであるし，またここでは市場利子率を想定しており特に個別証券・個別企業のディフォルトリスクは関係しないため，利子率の変動については，大きくは時間の経過（満期までの期間の長さ）に伴い変動するといってもよいだろう。だとすれば，スワップ損益の発生は，大きくは，時間の経過に伴う現在価値の変動に起因する時間的損益であると位置付けることが出来る。そしてこのスワップ損益の性質については，Ⅳ・Ⅴにおける考察で，大きな鍵となってくる。

　また，第2のインプリケーションは，特にB法・D法について，スワップ負債からも損益が生じている，ということである。これは前述の通りである。

　そして最後に，第3のインプリケーションは，B法とC法との違いは，価格理論的にいえば，算定式の左辺をみるか，右辺をみるか，という違いであるということである。すなわち，$[PV(swap) = V(fix) - V(flt)]$ という価格算定式について，一方，B法は，その右辺部分（$V(fix) - V(flt)$）に着目しているのに対して，他方，C法は，その左辺部分（$PV(swap)$）に着目している，ということがいえよう。なお，このような違いが，会計的には「大きく意味がある」ことなのか，もしくは，「それほど意味がない」ことなのか，という点については，後の節で検討していくことにするが，とりあえず本節では，そのような違いがある，という点だけを確認しておくことにしたい。

　また，このように考えるならば，C法については，もう一方の価格算定式である $[PV(swap) = B(fix) - B(flt)]$ の左辺とも関係しないのか，ということが，素朴な疑問として浮上してくるかもしれない。すなわち，C法とD法との関係についても，B法とC法との関係と同様のことがいえるのか否かが問題となるだろう。しかしながら，この点について，結論的には筆者は，・ファイナン・スにおける価格理論レヴェルでの議論と，会計における（後述するような）会計

構造レヴェルでの議論とを混同してはならないと考えている。すなわち，確かに，ファイナンス理論的には，C法は［PV(swap)＝B(fix)－B(flt)］の左辺と解せなくもないが，しかしながら，そのことをもってただちに，会計学上の議論として，C法とD法とは表裏の関係にあるといってよいかどうかについては，問題なしとはいえないように思われる。但し，この点については，とりあえずここでは置いておくことにして，Ⅵで改めて検討することにする。

　以上，Ⅲにおいては，金利スワップに係る損益の性質について，各会計処理方法の正則的方法を探求することで検討していった。そして，金利スワップに係る損益は，全て，スワップ本体部分の現在価値変動により発生する時間的利得・損失たるスワップ損益として，統一的に理解することが可能となる，ということを確認した。

　以上の点を踏まえたうえで，次節以降では，再び，各会計処理方法の比較検討の問題に戻ることにする。特に，Ⅳにおいては，ここで整理したB法・C法・D法をいったん同じグループとして想定し，それとA法との比較，というかたちで議論を進めていくことにする。

Ⅳ　A法の本質　－現金主義会計と発生主義会計－

（1）　問題点の整理

　先のⅢを踏まえたうえで，ここでは再び，各会計処理方法の比較検討を行うことにする。

　A法とB法・C法・D法との違いは，金利スワップに係る損益の認識段階の違いにあると思われる。このことをまず確認する。

　すなわち，一般的な会計処理方法を示した＜図表4－3＞およびB法・C法・D法の正則的会計処理を示した＜図表4－17＞＜図表4－26＞＜図表4－14＞をみてもわかる通り，金利スワップに係る損益を全期間通算した金額は，4つの方法とも34（貸方残…利益）ということで違いはみられない。しかしながら，当該金利スワップに係る期間損益額をそれぞれ個別にみてみると，一方，A法においては，第1期が5，第2期が15，第3期が14となっているのに対し，他方，B法・C法・D法においては，第1期が14，第2期が20，第3期が0となっており，この点で両者は大きく異なっている。

　このように，A法と，B法・C法・D法とでは，金利スワップに係る損益の認識段階が大きく異なっているといえるが，このことを一体どのように解したらよいのだろうか。

　そこで以下，それぞれの会計処理方法ごとに，金利スワップに係る損益は一体どのような場合に認識されているのか，という点について，いま一度，仕訳を辿るかたちで確認しておくことにする。

　まずA法について検討することにする。A法においては，金利スワップに係る損益は一体どのような場合に認識されることとなるのであろうか。

　ここで＜図表4－3＞の仕訳を思い出してみると，結論的にはA法においては，実際の現金収支にかかわらしめるかたちで損益が認識されていることとな

る。例えば，×1年度には，利息交換に係る現金収入があった時に，当該現金収入額に見合う金額5が，×1年度における金利スワップに係る利益としてそのまま計上されている。また，×2年度においても同様に，利息交換に係る現金収入額15が，そのまま×2年度における利益として計上されている。そして最後に，×3年度においても，期首決済時における現金収入額14が，そのまま×3年度における金利スワップに係る利益として計上されているのである。

次に，B法・C法・D法について検討することにする。B法・C法・D法においては，金利スワップに係る損益は一体どのような場合に認識されることとなるのであろうか。

ここで＜図表4－17＞＜図表4－26＞＜図表4－14＞における仕訳を思い出してみると，結論的には，B法・C法・D法においては，スワップ資産・スワップ負債（またはスワップ勘定）の現在価値の変動から生じる時間的利得・損失の発生にかかわらしめるかたちで損益が認識されていることとなる。例えば，D法においては，×1年度には，一方，スワップ資産に係る現在価値の変動額74が時間的利得たるスワップ利得として計上され，また他方，スワップ負債に係る現在価値の変動額60が時間的損失たるスワップ損失として計上され，その結果，それら現在価値の変動額の差額（時間的利得・損失の正味金額）たる14（＝74－60）が，×1年度における金利スワップに係る利益として計上されることとなる。また，これと同様に，B法やC法においても，スワップ資産・スワップ負債の現在価値の変動から生じる時間的利得・損失の正味金額（もしくはスワップ勘定の現在価値の変動から生じる時間的利得・損失額）が，当該期間における金利スワップに係る損益として認識されているのである。

以上のように，一方，A法においては，実際の現金収支にかかわらしめるかたちで，他方，B法・C法・D法においては，スワップ資産・スワップ負債（もしくはスワップ勘定）の現在価値の変動から生じる時間的利得・損失の発生にかかわらしめるかたちで，それぞれ損益が認識されていることとなる。これを図に表すと，＜図表4－30＞のようになる。

第4章　金利スワップの会計

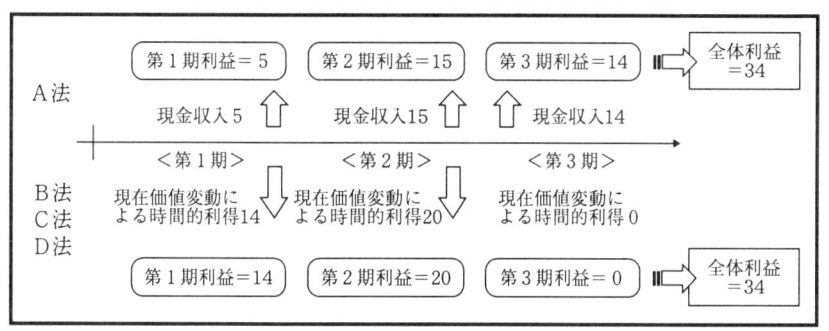

<図表4－30>　金利スワップに係る損益の認識段階の違い

```
A法        ┌第1期利益＝5┐  ┌第2期利益＝15┐  ┌第3期利益＝14┐    ┌全体利益┐
                                                                    │ ＝34 │
           現金収入5 ⇧    現金収入15 ⇧    ⇧ 現金収入14        └──────┘
       ────┼──────────────┼──────────────┼──────────────
           <第1期>        <第2期>        <第3期>
B法        現在価値変動に ⇩ 現在価値変動に ⇩ 現在価値変動に
C法        よる時間的利得14 よる時間的利得20 よる時間的利得0
D法
           ┌第1期利益＝14┐ ┌第2期利益＝20┐ ┌第3期利益＝0┐     ┌全体利益┐
                                                                    │ ＝34 │
                                                                    └──────┘
```

（2）　現金主義会計と発生主義会計

　このように，A法とB法・C法・D法では，損益の認識段階に大きな違いが生じているが，このことを会計的に更に敷衍するならば，一体どういうことがいえるであろうか。ここでは，これらの会計処理方法の背後にある理論的な基礎は何か，という視点から，この点について検討することにする。結論的にいえば筆者は，A法とB法・C法・D法とでは，その背後にある理論的な基礎がそれぞれ異なっているからこそ，個々の具体的な会計処理における損益の認識段階がそれぞれ異なっているのではないか，と考えている。ヨリ具体的にいうならば，A法は現金主義会計を，B法・C法・D法は発生主義会計を，それぞれの理論的基礎としているからこそ，損益の認識段階にこのような違いがみられるものと思われるのである。以下，この点について検討する。

　まずA法については，現金主義会計をその理論的基礎としているように思われる[55]。ここでA法は，先に確認したように，仕訳上，利息交換に伴う実際の現金収入があった時に，当該現金収入額を，そのまま損益として計上している。また，現金収支にかかわらしめて収益・費用を認識している反面，金利スワップに係る現在価値の変動については，仕訳上何ら認識していないという点にも注目しておきたい。このように，A法が，もっぱら現金収支にのみ着目した上で，当該現金収支にかかわらしめて損益を認識しているという点を考えれば，その背後には，現金主義会計の考え方が存するものと考えることが出来る。

これに対して，Ｂ法・Ｃ法・Ｄ法は，発生主義会計をその理論的基礎としているように思われる[56]。ここでＢ法・Ｃ法・Ｄ法は，先に確認したように，仕訳上，金利スワップに係る現在価値の変動による時間的利得・損失が生じた場合に，当該時間的利得・損失を，当該期間の損益として計上している。つまり，時の経過とともに時間的損益が発生した時に[57]，当該発生額にかかわらしめて，その損益を計上しているのである。だとすれば，Ｂ法・Ｃ法・Ｄ法の背後には，発生主義会計という理論的基礎が横たわっているといえよう。なお，ここでは，Ｂ法・Ｃ法・Ｄ法においては，現金の授受についても，スワップ資産・スワップ負債（またはスワップ勘定）の変動により仕訳上表現されている，ということにも注目しておきたい。例えば，＜図表４－18＞に示されるようなＤ法を想定するならば，×１年期末における仕訳(C)［(借) 現金５，スワップ負債60 (貸) スワップ資産65］にあるように，現金収支についても，仕訳上何らかのかたちで（ここではスワップ資産・スワップ負債の現在価値変動として）認識されているのである。このように，発生主義会計をその理論的基礎とするＢ法・Ｃ法・Ｄ法においては，仕訳上，時間的損益を認識しているだけではなく，現金収支についても網羅的に認識しているということがいえる。

（３）小　　括

上記のように，仕訳を辿ることにより，一方，Ａ法の理論的基礎は現金主義会計にあり，他方，Ｂ法・Ｃ法・Ｄ法の理論的基礎は発生主義会計[58]にある，ということが確認出来た。だとすれば，現金主義会計をその基礎とするＡ法よりも，時間的損益を発生に伴って認識し得る発生主義会計をその基礎とするＢ法・Ｃ法・Ｄ法の方が，現行会計における金利スワップの会計処理方法としてはヨリ妥当であるように思われる。

Ａ法とＢ法・Ｃ法・Ｄ法との比較検討というものは，従来から，決済基準（Ａ法）と値洗基準（Ｂ法・Ｃ法・Ｄ法）という対立として論じられてきたところではある。よって，本章におけるこのような議論は，一見すると「当たり前

のこと」といえなくもない。しかしながら,いわゆる通説と呼ばれている議論を鑑みるならば,ここでの議論は必ずしも「当たり前のこと」というわけでもないように思われる。すなわち,通説的には,A法(決済基準)とB法・C法・D法(値洗基準)との比較検討は,本章における視点とは異なり,大きく以下の2つの視点から論じられることが多いように思われる。

第1は,収益費用観と資産負債観との対立という視点からの比較検討である。すなわち,利益の本質に注目するというよりはむしろ,一方,A法を収益費用観と,他方,B法・C法・D法を資産負債観と,それぞれ結び付けて,貸借対照表能力面(スワップ資産・スワップ負債やスワップ勘定)を過度に強調したうえで,B法・C法・D法の妥当性を論じるような議論である。

また,第2は,『取得原価主義会計』と『時価会計』との対立という視点からの比較検討である。すなわち,A法を『取得原価主義会計』と,他方,B法・C法・D法を『時価会計』と,それぞれ結び付けて,貸借対照表評価面(スワップ資産・スワップ負債やスワップ勘定の公正価値評価)を過度に強調したうえで,B法・C法・D法の妥当性を論じるような議論である。

なお,これらは会計の大枠にかかわる議論であり,本章では当面の問題意識から,これらの点についてのヨリ詳細な検討はこれ以上なし得ないが,しかしながら,ヨリ素朴に考えるならば,A法は現金主義会計を,B法・C法・D法は発生主義会計を,それぞれの理論的基礎としている,という説明の方が,議論の本質(金利スワップに係る損益の認識段階がそれぞれ異なっているということ)をヨリ的確に表現し得るように思われるのである。

V B法とD法との関係 －基本的等式の見地から－

（1） 問題点の整理

Ⅳでの検討を踏まえるならば，本章に残された課題は，B法・C法・D法間の比較検討という問題であるが，ここでは，B法・C法・D法間の比較検討を行う前に，少し視点を変えて，スワップ資産・スワップ負債の両建計上を行うB法およびD法に焦点をあわせて，これらを基本的等式の視点から，いったん整理しておくことにする。

スワップ資産・スワップ負債の両建計上を行う方法には，「どの部分を交換するか」に係る仮定のたて方により，大きく2つの考え方があるということを先に述べた。第1は，「利息部分のみを交換すると仮定する考え方」であり，この考え方に基づく会計処理方法を本章では便宜的に「利息交換法」と呼ぶこととした。そして，これがB法であった。また，第2は，「利息部分のみならず想定元本部分をも交換すると仮定する考え方」であり，この考え方に基づく会計処理方法を本章では便宜的に「利息・元本交換法」と呼ぶこととした。そして，これがD法であった。すなわち，現在価値計算において考慮されるのは，利息部分だけなのか，それとも元本部分をも含むのか，ということが，B法とD法との大きな違いであった。そして，結論的には筆者は，元本部分をも含めるD法（「利息・元本交換法」）のほうが，少なくともこれらを基本的等式レヴェルで捉えるかぎりにおいては，会計的にヨリよい理解が可能となるのではないかと考える[59]。そこでこの点について，以下検討する。

まずここでは，B法・D法と価格理論との関係を再整理しておくことにする。

D法（「利息・元本交換法」）の背後には，以下の算定式が存在すると思われる。すなわち，［PV(swap)＝B(fix)－B(flt)］という算定式である。この算定式においては，金利スワップを，当該企業による変動利付債の発行と，相手企業の

発行する固定利付債への投資と考える[60]のである。ここで,変動利付債の発行と固定利付債への投資ということを,更に踏み込んで考えるならば,どのように解することが出来るだろうか。まず,変動利付債の発行については,企業資本の調達として捉えることが出来るように思われる。また,固定利付債への投資については,企業資本の運用として捉えることが出来るように思われる。そしてこのように考えるならば,この考え方の背後には,企業資本の調達(変動利付債の発行)と運用(固定利付債への投資)という発想が横たわっているように思われる。つまり,B(fix)とB(flt)とを,それぞれ別個独立したものと捉え(この意味では,B(fix)とB(flt)とは,正正の関係[61]にあるといえよう),そのうえで,一方,B(fix)については,固定利付債への投資,そして,企業資本の運用として捉え,他方,B(flt)については,変動利付債の発行,そして,企業資本の調達として捉えているように思われる。

 だとすれば,このような発想に整合する基本的等式(ここで,借方と貸方とが正正の関係にある基本的等式を総称して暫定的に「+/+型」と呼ぶ)は何かがここで問われなければならないが,この点に関しては,例えば借方を企業資本の運用形態,貸方を企業資本の調達源泉として理解する貸借対照表等式や企業資本等式などが想定出来るだろう。そしてここで,このような発想に整合するこれらの基本的等式のうち,会計構造論的に最も妥当であるのはどれなのかが,以下の議論の前提としてまずもって問われなければならないが,ここでは,以下の2つの点から,企業資本等式が,このような企業資本の運用と調達という発想と整合する基本的等式として最も妥当であると考える。すなわち,①貸借対照表等式等「+/+型」の他の基本的等式の問題点[62],および②企業資本等式の説明力の高さ[63],という点である。

 このように考えるならば,金利スワップを,当該企業による変動利付債の発行(企業資本の調達)と相手企業の発行する固定利付債への投資(企業資本の運用)と考えるD法に整合する基本的等式としては,借方を企業資本の運用形態,貸方を企業資本の調達源泉として捉える企業資本等式が想定出来るように思われる。

他方，B法（「利息交換法」）の背後には，以下の算定式が存在すると思われる。すなわち，先に示した［PV(swap)＝V(fix)－V(flt)］という算定式である。これは，V(fix)を将来の固定金利のキャッシュフローの現在価値，V(flt)を将来の変動金利のキャッシュフローの現在価値とするもので，将来のキャッシュインフローとキャッシュアウトフローの現在価値の算定において，利息の受払い部分（変動金利部分および固定金利部分）のみを考慮に入れた算定式である。そしてここでは，この考え方の背後にある基本的発想を，どのように捉えたらよいのであろうか。

まずいえるのは，先に述べたような企業資本の調達と運用という考え方は，ここではなじまないのではないか，ということである。すなわち，元本部分を含まずに金利部分だけ（の交換）を想定するこの考え方は，元本の存在を暗に前提とした企業資本の調達と運用という発想はそもそもなじまないように思われる。何故なら，ここでのV(fix)やV(flt)は，単なる利息交換から生じるキャッシュフローに過ぎず，そこには，運用だとか調達だとかいった発想がそもそも存在しないものと思われる。このように，借方のV(fix)側も，貸方のV(flt)側も，どちらも利息の交換から生じるキャッシュフローとして同質なものと捉えるのであれば，むしろ両者の関係も，正正（基本的等式レヴェルでいう「＋／＋型」）ではなく，将来キャッシュフローのプラス（V(fix)）とマイナス（V(flt)）という意味で正負の関係[64]（基本的等式レヴェルでこれを暫定的に「＋／－型」とする）として捉えた方が，ヨリ自然な理解といえるだろう。そしてこの「＋／－型」の基本的等式こそが，資本等式に他ならない。すなわち，上述のような正負の関係に関しては，一方，借方側を正の財産として，他方，貸方側を負の財産として，それぞれ捉える資本等式の考え方がヨリ整合するといえよう。

以上のように，一方，D法（「利息・元本交換法」）に整合する基本的等式としては，借方を企業資本の運用形態，貸方を企業資本の調達源泉として捉える企業資本等式が，また他方，B法（「利息交換法」）に整合する基本的等式としては，借方を正の財産，貸方を負の財産として捉える資本等式が，それぞれ想定出来

るだろう[65]。

　そこで以下，次のような順序で，B法およびD法について，基本的等式レヴェルでの再整理を行うことにする。まず，（2）においては，資本等式の見地から，B法の本質について検討することにする。特に，スワップ損益に関して，首尾一貫した説明が可能か否かという点について検討を行うことにする。次に（3）においては，企業資本等式の見地から，D法について，（2）と同様の検討を行うことにする。そして最後に（4）において，この問題を纏めることにする。

（2）　B法（「利息交換法」）の本質
　　　　－資本等式の見地から－

　ここでは，資本等式の見地から，B法の本質について検討することにする。すなわち，資本等式の見地からは，スワップ資産およびスワップ負債はどのように解することが出来るのであろうか。また，それらの現在価値変動から生じる時間的利得・損失たるスワップ損益については，資本等式の見地からはどのように解することが出来るのであろうか。これらの点について，結論的には筆者は，まず，スワップ資産は正の財産として，スワップ負債は負の財産として，それぞれ理解することが出来ると考える。しかしながら，スワップ損益については，資本等式の見地からはその時間的利得性を説明できないのではないかと考える。そこでこれらの点について，以下のような順で述べることにする。すなわち，まず（i）では，スワップ資産とスワップ負債の貸借対照表能力について述べることにする。また，これを承けるかたちで（ii）では，スワップ損益と資本等式との関係について述べることにする。

（i）　スワップ資産とスワップ負債の貸借対照表能力
　資本等式の見地からすれば，B法におけるスワップ資産とスワップ負債については，どのように解すことが出来るのであろうか。

まず，スワップ資産について述べる。スワップ資産は，資本等式の見地からすれば，正の財産として解することが出来る。すなわち，B法におけるスワップ資産は，固定金利に係る将来キャッシュインフローの現在価値V(fix)として表現される。つまり，キャッシュを中心概念としたうえで，利息交換により「将来入ってくるキャッシュ（を現在価値に割り引いたもの）」がスワップ資産，ということになる。だとすれば，スワップ資産は，キャッシュという財を軸としたうえでの，正の財産（キャッシュ）と位置付けることが出来る。

次に，スワップ負債について述べる。スワップ負債は，スワップ資産のいわば裏返しとして理解することが出来る。すなわち，資本等式の見地からすれば，スワップ負債は，負の財産として解することが出来る。すなわち，B法におけるスワップ負債は，変動金利に係る将来キャッシュアウトフローの現在価値V(flt)として表現される。すなわち，キャッシュを中心概念としたうえで，利息交換により「将来出ていくキャッシュ（を現在価値に割り引いたもの）」がスワップ負債，ということになる。だとすれば，スワップ資産は，キャッシュという財を軸にしたうえでの，負の財産（キャッシュ）と位置付けることが出来るように思われる。

以上のように，資本等式の見地からすれば，B法におけるスワップ資産とスワップ負債は，正の財産および負の財産として，それぞれ理解することが出来るだろう。

なお，資本等式の正負関係というところから，スワップ資産とスワップ負債はすぐさま相殺されるのか，というとそうではない。これはC法とも関連するところではあるが，正負関係といえども，スワップ資産・スワップ負債を相殺せず両建することは，資本等式の理念に何ら反するものではないという点にはくれぐれも留意されたい。

(ii) スワップ損益と資本等式

では，(i)のように，スワップ資産とスワップ負債を，正の財産と負の財産として，それぞれ捉えた場合，それらの現在価値変動から生じるスワップ損

益に関しては，どのように理解することが出来るのだろうか。ここでは特に，スワップ損益は時間的利得・損失として位置付けられるとしたⅢでの考察と，整合的な解釈が可能か否かが大きな問題となってくる。しかしながら，結論的には筆者は，資本等式に依拠するB法においては，スワップ損益の性質について，Ⅲでの考察と整合性ある解釈はなし得ないのではないか，と考える。すなわち，この考え方においては，スワップ損益については，時間的利得・損失としてではなく，ポジションの決済をその都度擬制したいわば「擬似決済差益」としてしか理解し得ないのではないかと解される。そしてここではまさに交換概念が1つ大きなポイントとなるのであるが，以下，この点について述べることにする[66]。

ここでは，×1年期末時点を想定することにする。×1年期末における，B法の正則的会計処理方法は，先の＜図表4－17＞に示したとおりである。すなわち，まず，スワップ資産・スワップ負債の現在価値変動に伴って時間的利得たるスワップ損益の発生が認識され（仕訳(a)および仕訳(b)），そしてその後に，利息交換部分についての差金決済がなされる（仕訳(c)），ということになる。

しかしながら，資本等式の見地からすれば，これらの仕訳は次のように解さざるを得ないように思われる。まず，スワップ資産の現在価値変動とそれに伴う時間的利得の発生に係る仕訳(a)［（借）スワップ資産12（貸）スワップ損益12］であるが，これについては，先に述べた利息に係るキャッシュフローの交換という発想からすれば，次の2つの仕訳のように解さざるを得ないように思われる。すなわち，［（借）現金184（貸）スワップ資産172，スワップ擬似決済差益12］および［（借）スワップ資産184（貸）現金184］という2つの仕訳である。つまり，スワップ資産を，キャッシュを軸とした正の財産，しかも交換を前提とすることにより生じる正の財産と捉えるならば，スワップ資産の現在価値の変動に関しては，いったんキャッシュを軸としたうえでポジションの決済を擬制しなければ，その現在価値の変動を認識し得ないこととなる。よってまず，現金によるポジションの決済をいったん擬制し（［（借）現金184（貸）スワップ資産172，スワップ擬似決済差益12］），そしてそのうえで，再び評価替相当分

についての現金を軸とした交換があった（[(借) スワップ資産184（貸）現金184]）と考えることになる。

　ここで，現金決済を擬制した場合の，現金184と正の財産たるスワップ資産172との差額12は一体どのような性質を有するものなのかが問題となるが，これに関しては，上述の仕訳にあるように，「擬似決済差益」としての性格を有するものとして解さざるを得ないように思われる。すなわち，当該差額部分12は，あくまで，正の財産（スワップ資産）の現金による決済を擬制した場合に生じた当該差額部分に他ならないことから，文字通り「擬似決済差益」としての性格を有するものであり，時間の経過に伴い随時発生する時間的利得・損失とはその性格を大きく異にするものと思われる。そうであるならば，このスワップ資産から生じる「擬似決済差益」は，先にⅢで検討した「スワップ資産の現在価値変動から生じるスワップ損益は，時間の経過に伴い随時発生する時間的利得・損失である」という解釈と，大きく矛盾することになる。

　また，これと同じことが，スワップ負債の現在価値変動とそれに伴う時間的利得の発生に係る仕訳(b)[(借) スワップ負債2（貸）スワップ損益2]についてもいえよう。すなわち，この仕訳についても，先に述べた交換という発想からすれば，次の2つの仕訳のように解さざるを得ないように思われる。すなわち，[(借) スワップ負債172（貸）現金170，スワップ擬似決済差益2] および [(借) 現金170（貸）スワップ負債170] という2つの仕訳である。つまり，スワップ負債を，キャッシュを軸とした負の財産，しかも交換を前提とすることにより生じる負の財産と捉えるならば，スワップ負債の現在価値の変動に関しては，いったんキャッシュを軸としたうえで決済を擬制しなければ，その現在価値の変動を認識し得ないこととなる。よってまず，現金による決済をいったん擬制し（[(借) スワップ負債172（貸）現金170，スワップ擬似決済差益2]），そしてそのうえで，再び評価替相当分についての現金を軸とした交換があった（[(借) 現金170（貸）スワップ負債170]）と考えることになる。

　ここで，現金決済を擬制した場合の，現金170と負の財産たるスワップ負債172との差額2は一体どのような性質を有するものなのかが問題となるが，こ

第4章 金利スワップの会計

れに関しても，スワップ資産の場合と同様に，「擬似決済差益」としての性格を有するものとして解さざるを得ないように思われる。だとすれば，スワップ負債から生じる「擬似決済差益」についても，先にⅢで検討した「スワップ負債の現在価値変動から生じるスワップ損益は，時間の経過に伴い随時発生する時間的利得・損失である」という解釈と，大きく矛盾することになる。

そして，ここでの議論を表に纏めると＜図表4－31＞のようになる。

＜図表4－31＞ B法における正則的処理と資本等式による解釈（×1年度）

	正則的会計処理		資本等式による解釈	
	借　方	貸　方	借　方	貸　方
期末 (a)	スワップ資産　12	スワップ損益　12 時間的利得	現　金　184	スワップ資産　172 スワップ擬似決済差益　12
			スワップ資産　184	現　金　184
(b)	スワップ負債　2	スワップ損益　2 時間的利得	スワップ負債　172	現　金　170 スワップ擬似決済差益　2
			現　金　170	スワップ負債　170
(c)67)	現　金　5 スワップ負債　60	スワップ資産　65	現　金　65	スワップ資産　65
			スワップ負債　60	現　金　60

以上のように，資本等式の見地からすれば，スワップ損益については，「擬似決済差益」と解さざるを得ないこととなり，この点，Ⅲで検討したスワップ損益の時間的利得・損失性と矛盾することになる。ここでのポイントは，資本等式のもとでは，結局将来キャッシュフローをただ単純にキャッシュフローとしか位置付けられず，ヨリ踏み込んだ説明がなし得なかった（だからこそ，損益を合理的に説明出来なかった）という点にあるのだが，ともあれ，利息に係るキャッシュフローの交換を前提とした資本等式の見地からは，時間的利得・損失の発生を説明することは出来ないということになる。だとすれば，このような資本等式に依拠したB法についても，妥当とはいえないように思われるのである。

(3) D法(「利息・元本交換法」)の本質
－企業資本等式の見地から－

次に,企業資本等式の見地から,D法の本質について検討することにする。すなわち,企業資本等式の見地からは,スワップ資産およびスワップ負債については,どのように理解したらよいのであろうか。また,それらの現在価値変動から生じる時間的利得・損失たるスワップ損益に関しては,どのように理解したらよいのであろうか。

結論的には筆者は,スワップ資産は派遣分,スワップ負債は算段分と理解出来ると解する。そしてそのことにより,スワップ損益の時間的利得性についても,理論的に首尾一貫した説明が可能となると解する。そこで,次に述べるような順序で考察を進めていくことにする。まず,(ⅰ)で,企業資本等式の概要について述べる。そして次に(ⅱ)において,スワップ資産と派遣分との関係について述べる。更に(ⅲ)において,スワップ負債と算段分との関係について述べる。そして,これらを承けるかたちで,(ⅳ)では,企業資本等式におけるスワップ損益について述べることにする。

(ⅰ) 企業資本等式の概要

ここではまず,企業資本等式について概観することにする。

山桝[1983]によれば,企業資本等式とは,[待機分＋充用分＋派遣分＋費消分＝算段分＋蓄積分＋稼得分]という恒等式であり,総勘定合計表において待機分・充用分・派遣分・費消分と算段分・蓄積分・稼得分とが対峙する2面的な勘定分類をいう[68]。そして,この企業資本等式は,[$G-W-G'$]という国民経済におけるシェーマを,企業会計的に変容した結果として得られたものである[69]。ここで,国民経済に対する,企業会計的な変容とは何であろうか。これには,大きく2つの視点が隠されている。それは,企業的変容と,会計的変容である。すなわち,[$G-W-G'$]という国民経済のシェーマは,例えば,費用性資産・貨幣性資産という資産2分類論[70]等にもみられるように,会計学

第4章　金利スワップの会計

においても広く援用されている。しかしながら，ここで企業会計の議論に，国民経済のシェーマを，そのまま当てはめることが出来るか否かについては，以下の2つの点で問題なしとはいえない。まず第1は，国民と企業とのギャップ，すなわち，国民経済と企業（個別）経済とのギャップを考えなければならないのではないか，という問題である。そして第2は，経済と会計とのギャップを考えなければならないのではないか，という問題である。そして，前者のギャップを克服されるためになされるのが企業的変容，また，後者のギャップを克服するためになされるのが会計的変容である。この関係を図示したのが，＜図表4－32＞である。

＜図表4－32＞　企業的変容と会計的変容[71]

```
┌─────────────────────────────────────────────┐
│  ┌──────────┐          ┌──────────┐          │
│  │「国民」「経済」の│─────────▶│「企業(個別)」「経済」│          │
│  │  シェーマ  │          │  のシェーマ │          │
│  └──────────┘          └──────────┘          │
│              ╱─────╲          │               │
│             (  企業的 )         │               │
│             (  変容  )          │       ╱─────╲│
│              ╲─────╱           │      ( 会計的 )│
│                                ▼      (  変容 )│
│                         ┌──────────┐   ╲─────╱│
│                         │「企業」「会計」│          │
│                         │  のシェーマ │          │
│                         └──────────┘          │
└─────────────────────────────────────────────┘
```

このように，一方，企業的変容により［G－D－G´］という資本の往還運動のシェーマが導出され，また，他方，会計的変容により，①資本運用活動の分節化，②資本運用活動の完結化，および③資本調達活動の体系的導入がなされ，そして，これらによって企業資本等式が導出されるのである[72]。

(ⅱ)　スワップ資産と派遣分

(a)　派遣分の概要

ここでは議論の先駆けとして，派遣分そのものについての概要を把握することにする。そしてそのために，先に述べた企業会計的変容のうち，特に企業的

変容にスポットを当てることで，派遣分導出のプロセスを概観することにする。

まず，国民経済のシェーマ［G－W－G´］においては，そこにおける価値生産が，どの企業においてなされたかという点については無関心である[73]。すなわち，国民経済というレベルで考えるかぎりは，個々の企業によってなされた［G－W－G´］という資本運動の総体が把握されていればよく，そのGやWの総量がどの企業に帰属し，どの企業によって価値生産がなされたかということについては問題とならないのである。換言すれば，このような国民経済のシェーマにおいては，個々の企業間において行われている資本の貸付および借入という活動については，相殺されてしまい，結局把握されないこととなるのである。しかしながら，個々の企業にとっては，［G－W－G´］という資本運動を自らが行うのか，それとも他企業に行わせるべくGを貸し付けるのかということは，根本的に異なる意味をもっている。そこで，個別経済たる企業においては，［G－W－G´］という資本運動に加えて，［G－D－G´］という資本の往還運動が予定されなければならないこととなる。すなわち，自らが価値生産を行い操業利益の獲得を目的とする［G－W－G´］という資本運動の他に，他企業に価値生産をさせて時間的利得の獲得を目的とする［G－D－G´］という資本の往還運動が導入されなければならないが，これが企業的変容に他ならない。つまり，現実資本の運動とはその素性を異にする貸付・擬制資本[74]の運動を，会計的に[75]明確に把握するためには，この企業的変容が必要不可欠となるのである[76]。そして，この企業的変容から導出されたものが，派遣分(D)となる。

このように，企業的変容により派遣分が導出されるのであるが，次に，企業資本等式における派遣分の特質を明らかにしていくことにする。

笠井［1997］は，派遣分の特質として，［G－W－G´］という資本運動に［G－D－G´］という資本の往還運動を対峙させるかたちで大きく3つを挙げている[77]。

まず，［G－W－G´］という資本運動については，①価値生産運動性，②価値減価運動性（価値移転運動性），③犠牲・成果的利益性（二面的概念性）の3

つの特質が挙げられる。そして，それに対峙するかたちで，［G－D－G´］という資本の往還運動の特質としては，①´価値参画運動性，②´資本貸与運動性（資本の往還運動性），③´時間的利得性の３つが挙げられる。

すなわち，派遣分は，価値生産運動への資本の自己利用を断念した資本部分について，他企業に価値生産運動を行わせるべく一定期間だけ他企業に派遣したものに他ならず，この点で，派遣分は，②´資本貸与運動性（資本の往還運動性）を有しているといえる（換言すれば，そこには②価値減価運動性は存在しないといえる）。そして，資本をそのように派遣する企図は，他企業により産出された分け前に参与することである。この意味で派遣分は，①´価値参画運動性を有しているといえる（換言すれば，そこには①価値生産運動性は存在しないことになる）。また，このように資本貸与運動が，他企業により産出された分け前に与る価値参画運動であるとすれば，そこでは，特定の期間だけ他企業に資本の利用を委ねたことに対する一面的な時間的報酬の獲得が問題となる。この意味で，派遣分は③´時間的利得性を有しているといえる（換言すれば，③犠牲・成果的利益性（二面的概念性）は存在しないことになる）。

このように派遣分は３つの特質を有することとなり，狭義発生主義により特定期間だけ保有したという事実の発生に伴って，その保有損益が一面的に認識され，また，派遣分それ自体については，「その時点での収入しうべき金額」により測定されることになる[78]。

(b) 派遣分としてのスワップ資産　－投下資本なくして利潤なし－

それでは，スワップ資産と，派遣分の３つの特質との関係については，どのように解することが出来るであろうか。ここでは，第３章において重要とされた「投下資本なくして利潤なし」という発想が大きなポイントとなる。

これまでも述べてきた通り，金利スワップにおいては，約定時の支出概念が欠如している。このことからすれば，［G－D－G´］という資本の往還運動のシェーマの，最初のGが欠如しているのではないか，すなわち，そもそも最初の「派遣」がないのではないか，という点がまずもって問題となる。これは

主に②′資本貸与運動性（資本の往還運動性）と関連するが，この点については以下のように解することが出来るだろう。

すなわち，これまで述べてきたとおり，D法においては，金利スワップを，当該企業による変動利付債の発行と相手企業の発行する固定利付債への投資と仮定することが出来た。そして，そうであるならば，スワップ資産については，固定利付債と捉えることが出来る。つまりスワップ資産は，変動利付債の発行により調達した資本をすぐさま固定利付債へ投資した場合の，当該固定利付債と捉えることが出来るであろう。

確かに，金利スワップにおいては，約定時の実際の現金支出はないのであるが，このように変動利付債により調達された資本をすぐさま相手企業の発行する固定利付債へと投資したと考えるならば，当該固定利付債に相当するスワップ資産については，派遣分の特質②′資本貸与運動性（資本の往還運動性）を満たすものと思われる[79)80)]。つまり，ここでも「投下資本なくして利潤なし」という発想がやはり重要となるし，また，これこそがレバレッジ効果の会計的意味となろう。

また，このようにスワップ資産を固定利付債と捉えるならば，スワップ資産は，派遣分に係る他の特質をも満たすこととなる。すなわち，上述のように考えるならば，スワップ資産については，固定利付債というかたちでの相手企業への資本貸与と考えられる。ここで，当該資本貸与は，相手企業により産出された利潤の分け前に参与することを企図したものと捉えることが出来るので，スワップ資産は特質①′価値参画運動性も満たし得ると思われる。

また，このように資本貸与運動が，他企業により産出された利潤の分け前に与る価値参画運動であるとすれば，そこでは，特定の期間だけ相手企業に資本の利用を委ねたことに対する一面的な時間的報酬，すなわちスワップ損益が獲得されることとなるので，スワップ資産は特質③′時間的利得性も満たし得ると思われる。

以上のように，スワップ資産は，派遣分の3つの特質を満たすこととなる。よって，D法におけるスワップ資産は，企業資本等式においては派遣分として

解することが出来るものと思われる。

（ⅲ） スワップ負債と算段分

次に，スワップ負債について考えることにする。先にも述べた通り，結論的にはスワップ負債については，企業資本等式の7つの基本的カテゴリーのうちの算段分として理解し得ると考えられるが，このことについて以下検討する。

ここで算段分とは，企業資本の調達分のうち，企業の利潤獲得活動を可能ならしめるための企業外部からの元手[81]をいい，会計的変容により導出されたもの[82]であるが，この算段分とスワップ負債との関係については，先の（ⅱ）における発想と同様の発想で理解することが出来る。

すなわち，D法においては，金利スワップを当該企業による変動利付債の発行と相手企業の発行する固定利付債への投資と仮定することが出来た。そして，そうであるならば，スワップ負債は変動利付債として捉えることが出来る。すなわち，スワップ負債は，固定利付債への投資という企業の利潤獲得活動を可能ならしめるための，変動利付債の発行というかたちでの相手企業からの資金の算段（資金調達）と捉えることが出来るであろう。

以上のように考えれば，D法におけるスワップ負債は，企業資本等式においては算段分として解することが出来るものと思われる。そして，このようにスワップ負債を，スワップ資産とは別個の経済的性質を有し，また，スワップ資産とは別個の資本運動を行うものとして捉えるところに，この問題の，そして企業資本等式の新しさがあるように思われるのである。

（ⅳ） 企業資本等式におけるスワップ損益

以上のように，基本的等式として企業資本等式に依拠した場合，スワップ資産は派遣分，スワップ負債は算段分として捉えることが出来ると思われるが，ここで，スワップ損益についてはどのように理解することが出来るのであろうか。ここで，もう1度，＜図表4-14＞に示されるD法の正則的な仕訳を思い出してみよう。

<図表4－14>に示されているように、各期末においては、スワップ損益が、スワップ資産とスワップ負債の両者から生じているが（仕訳(a)および仕訳(b)を参照）、このことをどのように解したらよいのかがここで問題となる。すなわち、ここでは、スワップ損益の本質について、スワップ資産から生じるスワップ損益と、スワップ負債から生じているスワップ損益とに分けて、それぞれ検討していくことが必要となるだろう。そこで以下では、この点につき、×1年期末を例にとり検討していくことにする。

<図表4－14>　D法の正則的会計処理方法（×1年度分のみ抜粋）

		借　　方		貸　　方	
×1年期首約定[83]		スワップ資産	1,000	スワップ負債	1,000
×1年期末	(a)	スワップ資産	74	スワップ損益	74
	(b)	スワップ損益	60	スワップ負債	60
	(c)	現　　金 スワップ負債	5 60	スワップ資産	65

　まず、スワップ資産から生じているスワップ損益74について考える。この点については、派遣分の観点から、次のように解することが出来るだろう。すなわち、派遣分たるスワップ資産から生じているスワップ損益74については、資本の往還運動から1面的に生じている時間的報酬と解することが出来るように思われる。つまり、スワップ資産を派遣分と捉えるならば、スワップ資産から生じたスワップ損益74については、相手企業の発行する固定利付債を特定の時間だけ保有したことから得られる時間的な報酬[84]であると解することが出来る。そしてこの点に、スワップ資産から生じるスワップ損益の本質があるように思われる。

　また、この時、スワップ資産本体部分の方に目を向けるならば、まず、この時点（利息交換直前）におけるスワップ資産残高1,074は、「この時点での収入しうべき金額」を示している。つまり、この1,074という金額は、この時点で、もし仮に当該派遣分を呼び戻したとしたら、自企業の価値生産過程にいくらの額を投入できるのか、という金額を表していることになる[85]。よって同様に、

スワップ資産の増加分74は，上述のような「この時点での収入しうべき金額」の，時間的報酬の獲得による増加分と解すことが出来る。

それでは他方，スワップ負債から生じているスワップ損益60については，どのように解することが出来るだろうか。結論的には筆者は，スワップ負債から生じているスワップ損益は，資金の算段に係る時間的報酬（の支払分）であると考えている。いわば，派遣分の裏返しとして考えているのであるが，以下この点について検討する。

ここまで考察してきたように，スワップ負債を算段分として，つまり，変動利付債の発行というかたちでの外部からの資金調達として捉えるのであれば，ごく素朴にいって，当該資金調達からは，何らかの報酬の支払が生じているのではないか，と考えることが出来る。すなわち，ごく自然に考えれば，運用資金を負債というかたちで調達しているいじょう，それが無償で行われているとは考えにくく，むしろ，そこには時間の経過に伴う報酬の支払が生じている（費用が発生している）といえよう[86]。そしてこの点に，スワップ負債から生じるスワップ損益の本質があるように思われる。つまり，スワップ負債から生じるスワップ損益60は，スワップ負債という資金の算段（資金調達）に係る時間的報酬の支払分であると考えることが出来る。

また，この時，スワップ負債本体部分の方に目を向けるならば，スワップ負債の増加分60については，どのように理解することが出来るだろうか。

ここで，企業資本等式の論理によれば，算段分は資本の調達源泉を意味し，収入額系統で評価されることになる[87]。すなわち，この時点（利息交換直前）におけるスワップ負債残高1,060は，この時点で運用可能な資金の流入額（調達額）を示している。そして，スワップ負債の増加分60についても，これと同様に解することが出来る。すなわち，時間的な報酬の支払分たるスワップ損益60の計上により，本来であれば現金の支出がなされ運用資金も60だけ減少することとなるのであるが，現実にはその支出がなされていないので，当該60に関しては，運用資金として利用出来ることになる。そしてこのように考えるならば，スワップ負債の増加分60についても，運用可能な資金の流入額として理解する

ことが出来るのである[88]。

よって、企業資本等式の立場からすれば、一方、派遣分から生じるスワップ損益については、相手企業の発行する固定利付債を特定の時間だけ保有したということから得られる時間的な報酬として、他方、算段分から生じるスワップ損益については、変動利付債の発行というかたちでの資金の算段（資金調達）に係る時間的報酬の支払分として、それぞれ理解することが出来るように思われる。そして、このようなスワップ損益の解釈は、Ⅲにおける「スワップ資産・スワップ負債の現在価値変動から生じるスワップ損益は、時間の経過に伴い随時発生する時間的利得・損失である」という解釈と整合する。

以上のことからすれば、D法については、その背後にある基本的等式たる企業資本等式の見地から、首尾一貫した説明が可能となるように思われる。

（4）小　　括

以上のように、一方（2）ではB法（「利息交換法」）の本質について、他方（3）ではD法（「利息・元本交換法」）の本質について、それぞれの背後にある基本的等式の見地から、特に時間的利得・損失たるスワップ損益の説明可能性という観点を中心としてそれぞれ検討した。そして、利息部分のみを考慮するB法（「利息交換法」）よりも、元本部分をも含めるD法（「利息・元本交換法」）の方が、会計的にヨリよい理解が可能となるのではないかという結論に至った。

そして、ここで得られたインプリケーションは大きく2つある。まず第1は、資本等式の立場からは、時間的利得・損失の発生という点について説明が困難であるということである[89]。これは（2）でも論じたところであるが、資本等式における交換概念では、時間的利得・損失は認識出来ず、結局は現金決済を擬制する等による「擬似決済差益」としか認識出来ないように思われるのである。

また第2のインプリケーションは、これに対して、企業資本等式の立場からは、時間的利得・損失の発生という点については、首尾一貫した説明が可能と

なる，ということである。これは（3）でも論じたところであるが，現実資本の運動とはその素性を異にする貸付・擬制資本の運動を会計的に明確に把握するための構造が，企業資本等式には備わっているように思われるのである。

Ⅵ　B法・C法・D法の関係

　Ⅴでの結論を踏まえたうえで，ここで改めて，本章に残された課題である，B法・C法・D法間の比較検討を行うことにする。

　本節では，これらの関係を論じるに当たって，このような複数の会計処理方法間の関係が問題となるケースをいくつか挙げてみることにする。勿論，このような（B法・C法・D法の）関係に類似したものは数多く存在すると思われるが，ここでは筆者の問題意識から，以下の3つのケースを取り上げてみることにする。ここでの鍵は，対立の意味や次元というものをどのように捉えるのか，ということである[90]。

　まず第1のケースは，複数の会計処理方法が，それぞれ独立した対等の関係にあるという場合である。これは例えば，設備資産の減価償却方法における定額法と定率法との関係などが想定できる。すなわち，一方，定額法は価値減少を一定と仮定した場合に採用され，また他方，定率法は減価償却費と当該設備資産に係る修繕費とをあわせて一定と仮定した場合に採用されることになる。このように，両者の違いは，あくまで経済的な仮定の違いにあり，その点で両者はその優劣を決すべきであるという関係にあるわけではないし，また，どちらが正則法・簡便法という関係にあるわけでもない。

　次に第2のケースは，複数の会計処理方法が，それぞれ優劣を決すべき関係にあるという場合である。これは例えば，長期請負工事の工事進行基準における両建法と加算法との関係[91]などが想定できる。すなわち，工事進行基準における両建法と加算法については，どちらか一方だけが理論的に妥当ということ

になるという意味で，その優劣を決すべきものであり，その点で両者は経済的な仮定が異なるという関係のものではないし，またどちらが正則法・簡便法という関係にあるわけでもない。

最後に第3のケースは，複数の会計処理方法が，正則法・簡便法という関係にあるという場合である。これは例えば，商品の損益算出に関する純額法と総額法との関係が挙げられる。すなわち，総額法と純額法については，正則的方法である総額法を相殺したものが，簡便法である純額法という関係にあり，その点で両者は経済的な仮定が異なるという関係のものではないし，またその優劣を決すべきであるという関係にあるわけでもない。

以上のように，ここでは大きく3つのケースを取り上げたが，金利スワップに係る会計処理方法であるB法・C法・D法間の関係は，上記3つのケースのうち，どれに該当するのであろうか。この点について，以下，次のような順序で述べることにする。まず，（1）では，B法とD法との関係について述べる。次に（2）では，B法とC法との関係について，更に（3）では，C法とD法との関係について，それぞれ述べることにする。そして，最後に（4）で，これらを纏めることにする。

（1） B法とD法との関係

まず，B法とD法との関係について述べる。これについては，Vにおける考察の通り，第2のケース（理論的にその優劣を決する関係）に該当することになる。すなわち，B法とD法は，経済的仮定の相違に応じて（状況に応じて）使い分けるという性質のものではないし（すなわち，第1のケースには該当しない），また，どちらもスワップ資産・スワップ負債を両建する方法であることから，一方が総額法（正則的方法），他方が純額法（簡便法）という関係にあるわけでもない（すなわち，第3のケースにも該当しない）。すなわち，Vで考察した通り，B法は資本等式，D法は企業資本等式，というように，両者はその会計構造上の理論的基礎を大きく異にしているものである。よって，これらについては，どちら

が理論的に妥当であるかという点について決せられなければならないように思われる。すなわち，これは，第2のケースに該当することになる。そして，Vでの考察によれば，元本部分をも含めるD法（「利息・元本交換法」）のほうが，会計理論的には妥当であるということになる。

（2） B法とC法との関係

次に，B法とC法との関係について述べる。結論的には，筆者は，B法とC法の関係は，第3のケース（正則法・簡便法という関係）に該当すると考える。この点について以下検討する。

先に述べた通り，B法とC法との関係は，金利スワップに係る価格算定式［ＰＶ(swap)＝Ｖ(fix)－Ｖ(flt)］において，左辺のＰＶ(swap)をみるか（C法），右辺のＶ(fix)とＶ(flt)とをみるか（B法）という違いであるように思われる。そしてもし，そうであるならば，B法とC法とは，特にその経済的仮定が異なっている，というわけではない。だとすれば，B法とC法の関係は，第1のケースのように，状況に応じて使い分けるというものではないだろう。この点，第1のケースには該当しないものと思われる。

また，B法とC法は，理論的には上述の価格算定式の左辺と右辺というかたちで繋がっている（同じ理論的基礎を有する）といえるので，特に理論的にどちらが妥当であるかという優劣を決すべきものでもないように思われる。但し，ここでの理論的基礎とは，あくまで金利スワップに係る価格理論というファイナンス的な意味での理論的基礎であることから，この点については，会計的な視点から，もう1度検討しなおす必要がある[92]。この点に関して，結論的には筆者は，ファイナンス的な意味合いだけでなく，会計的な意味合いにおいても，B法とC法とは資本等式に依拠しているという意味で，同一の理論的基礎を有すると考えているが，この点について以下述べる。

すなわち，Vでの考察において，B法は，会計構造的には資本等式に依拠しているということを確認した。そして，資本等式によれば，借方と貸方とを同

質の財産と捉えたうえで，借方を正の財産，貸方を負の財産と捉えることになる。すなわち，資本等式においては，借方と貸方とが同質の財産であるということを前提としたうえで，その借方の正の財産と貸方の負の財産との差額として，正味の財産額を求めるということになるのである。これを式で示すと，以下のようになる。

　　正味の財産額＝正の財産－負の財産

　つまり，B法は，会計構造的には，上記の関係式に示されるような，資本等式に依拠していることとなる。そして，そうであるならば，C法は，会計構造的には，この資本等式の左辺部分に着目したものであるということが出来るように思われるのである。すなわち，右辺の正の財産と負の財産との差額部分である，左辺の正味の財産額というものに着目して，その正味財産額について，会計上スワップ勘定（もしくはスワップ資産（またはスワップ負債））として認識している，ということになるのである。

　このように考えるならば，B法とC法は，一方，ファイナンス理論における価格算定式［ＰＶ(swap)＝V(fix)－V(flt)］においても，その左辺と右辺という意味において同じ理論的基礎を有しているといえるし，また他方，会計理論における基本的等式たる資本等式［正味の財産額＝正の財産－負の財産］においても，その左辺と右辺という意味において同じ理論的基礎を有しているともいえる。

　だとすれば，B法とC法との関係は，同じ会計構造（資本等式）を前提としていることから，理論的な優劣を決すべきものではないように思われる。すなわち，第2のケースには該当しないこととなる。そして，B法とC法との違いは，資本等式における左辺である正味の財産額部分をみているか（C法），右辺である正の財産と負の財産部分をみているか（B法）という違いに過ぎないということが出来，よって，総額計上がなされるB法を正則法，純額計上がなされるC法を簡便法とする第3のケースに該当するように思われるのである。

（3） C法とD法との関係

　最後に，C法とD法との関係について述べる。先にⅢ（6）でも述べた通り，C法は，価格理論的には，［ＰＶ(swap)＝Ｖ(fix)－Ｖ(flt)］における左辺ＰＶ(swap)だけではなく，［ＰＶ(swap)＝Ｂ(fix)－Ｂ(flt)］における左辺ＰＶ(swap)に着目しているといえなくもないことから，C法とD法との関係は，（B法とC法との関係と同様に）第3のケース（正則法・簡便法という関係）に該当するのではないか，ということがここで問題となる。しかしながら，結論的には筆者は，ここにおいても上述のようなファイナンス的な視点（価格理論）と会計的な視点（会計構造）とを峻別する必要があると考える。更にいえば，結論的には筆者は，会計的な視点（会計構造）からすれば，C法とD法とはその理論的基礎を大きく異にしていることから，この両者の関係は，第3のケースではなく，（むしろB法とD法との関係と同様に）第2のケース（理論的に優劣を決すべき関係）に該当すると解する。そこで以下，この点について述べる。

　すなわち，これまで本章では，C法の背後にある価格理論としては，［ＰＶ(swap)＝Ｖ(fix)－Ｖ(flt)］を想定してきた。しかしながら，確かに，［ＰＶ(swap)＝Ｖ(fix)－Ｖ(flt)］における左辺部分ＰＶ(swap)と，［ＰＶ(swap)＝Ｂ(fix)－Ｂ(flt)］における左辺部分ＰＶ(swap)とが計算上は同じであることから，ファイナンス的な視点（価格理論）からすれば，C法とD法とは，同じ理論的基礎を有しているといえなくもない。

　しかしながら，このことをもって直ちに，会計的にも，C法とD法とは同じ理論的基礎を有しているといえるかといえば，実は，そうではないように思われるのである。すなわち，一方，D法の背後にある会計的な理論的基礎は，Ⅴで検討した通り，企業資本等式にあるといえる。他方，C法の背後にある会計的な理論的基礎は，本節（2）で検討した通り，資本等式にあるといえる。このように考えれば，ファイナンス的な視点（価格理論）において（右辺と左辺という意味で）同じ理論的基礎を有しているからといって，ただ単純に，会計的な視点においても，同じ理論的基礎を有しているとはいえないように思われる

のである。よって，C法とD法との関係は，第3のケース（正則法と簡便法という関係）であるとは，単純にはいえないのである。むしろ，この両者は，その依拠している会計構造（基本的等式）を大きく異にしていることから，第2のケース（その優劣を理論的に決すべき関係）に該当するように思われるのである。

なおここで，C法について，会計的には，資本等式の他に企業資本等式の見地からも説明できないかが問題となるが，結論的にいえば筆者は，これについては困難であると考えている。

すなわち，企業資本等式においては，借方を企業資本の運用形態，貸方を企業資本の調達源泉と捉えている。そしてこのことを，先の資本等式と同様のかたちで表現するならば以下のようになる。

企業資本の運用形態＝企業資本の調達源泉[93]

そして，ここでもし仮に，ファイナンス的視点からの価格算定式［PV(swap)＝B(fix)−B(flt)］における各項PV(swap)・B(fix)・B(flt)について，会計的に，そして特に企業資本等式の見地から，改めて捉えなおすとするならば，それは以下のようになると思われる。

B(fix)＝B(flt)＋PV(swap)

すなわち，上記の関係式においては，一方，左辺部分であるB(fix)が企業資本等式における企業資本の運用形態に，他方，右辺部分である［B(flt)＋PV(swap)］が企業資本等式における企業資本の調達源泉に，それぞれ該当することとなる。なお，ここでは，会計構造的な視点からすると，［PV(swap)＝B(fix)−B(flt)］と，［B(fix)＝B(flt)＋PV(swap)］という2つの関係式は，ただ単純に各項を移項しただけの関係とはなっていない，という点にはくれぐれも留意されたい[94]。すなわち，［B(fix)＝B(flt)＋PV(swap)］は，左辺部分は借方の企業資本の運用形態を，右辺部分は貸方の企業資本の調達源泉を表しており，会計構造的な視点からすれば，先の［PV(swap)＝B(fix)−B(flt)］とはその素性を異にするものとなるのである。そして，このように考えるならば，

B(fix)とB(flt)とを相殺したかたちで認識する（すなわち，B(fix)とB(flt)との正味額のみを認識する）という発想が生じる余地は，企業資本等式にはないように思われるのである。すなわち，上述の［B(fix)＝B(flt)＋PV(swap)］という関係からは，PV(swap)部分のみを計上しようとする発想は出てこないのである。よって，PV(swap)部分のみについて，スワップ勘定（もしくはスワップ資産（またはスワップ負債））として計上するC法については，企業資本等式の見地からは，説明し得ないように思われるのである。

以上のように考えるならば，C法とD法との関係は，（B法とC法との関係ではなく）B法とD法との関係と同様，第2のケースに該当するように思われる。すなわち，C法とD法とは，一方，C法が資本等式，他方，D法が企業資本等式というように，その会計構造上の理論的基礎を大きく異にしているものであり，その優劣を理論的に決すべき関係にあるといえる。

（4）小　　　括

本節では，まず（1）においては，B法とD法との関係について，次に（2）においては，B法とC法との関係について，そして最後に（3）においては，C法とD法との関係について，それぞれ検討を行った。そしてここで，以上の議論を図に纏めると，＜図表4－33＞のようになる。

すなわち，（2）での検討から，B法とC法とは第3のケースとして，（資本等式に依拠しているという意味で）同じカテゴリーに属すると考えることが出来るように思われる[95]。また（1）および（3）での検討から，その（B法とC法との）カテゴリーと，D法とは，理論的にその優劣が決せられるべき関係にあると考えることが出来るように思われる。そしてここでVでの結論を踏まえるならば，これらの会計処理方法のうち，会計理論的に最も妥当な方法は，D法（「利息・元本交換法」）であるということになる。そして，その理論的根拠は，会計構造的には企業資本等式にあるということになる。

<図表4-33> 3つの会計処理方法の関係

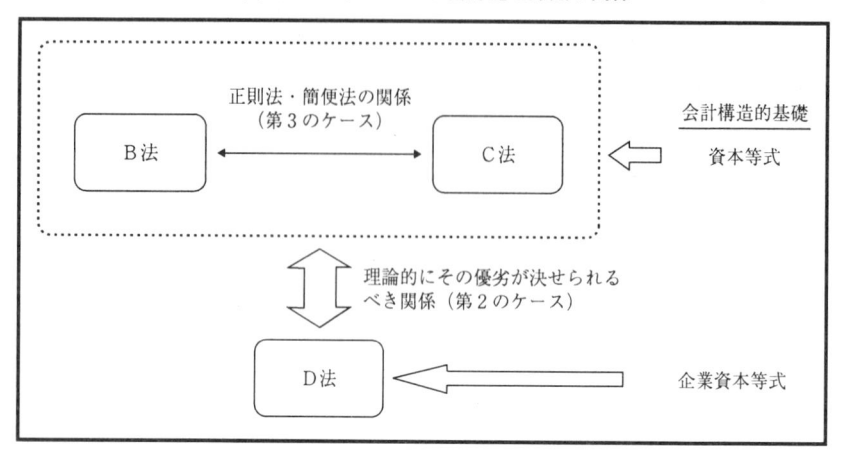

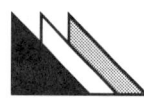

```
┌─────────────────────────────────────────────────────────────┐
│  ┌····································┐                      │
│  :      正則法・簡便法の関係            :                      │
│  :        (第3のケース)                :    会計構造的基礎     │
│  : ┌───┐              ┌───┐ :    ⇐                     │
│  : │B法│ ←――――――→ │C法│ :        資本等式             │
│  : └───┘              └───┘ :                            │
│  :                                    :                      │
│  └····································┘                      │
│                    ⇅  理論的にその優劣が決せられる             │
│                        べき関係(第2のケース)                  │
│                 ┌───┐                                       │
│                 │D法│  ⇐――――――     企業資本等式         │
│                 └───┘                                       │
└─────────────────────────────────────────────────────────────┘
```

Ⅶ 本章の纏め

(1) 結　論

　本章では，金利スワップの会計処理方法に焦点を当て，大きく2つの問題について，ファイナンス理論的見地および会計構造的見地から検討を行った。

　まず，第1の問題として，金利スワップに係る損益の性質について検討した(Ⅲ)。すなわち，一般的には，金利スワップに関しては，実際の現金授受に係る損益(「受取利息」)とスワップ資産・負債の変動に係る損益(「スワップ損益」)との両方が存在するものと解されていたが，両者の関係や素性については必ずしも明らかではなく，両者を分けて処理するにせよ，同一のものとして処理するにせよ，いずれにせよその理論的解明が急務の課題であった。そして本章での検討によれば，両者はどちらもスワップ本体部分の現在価値の変動に係る時間的損益として理解することが出来，この点両者を区別せず同一のものとして

第4章　金利スワップの会計

取り扱う会計処理方法が理論的に妥当であるとの仮説に行き着いた。

また，いま1つの問題として，金利スワップに係る各会計処理方法のうち最も妥当なものはどれか，また，その理論的根拠は何処にあるのか，という点についての検討を行った（Ⅳ・Ⅴ・Ⅵ）。そして，金利スワップに係る正則的な会計処理方法については，D法（「利息・元本交換法」）が最も妥当ではないか，そして，その理論的根拠は企業資本等式にあるのではないか，という1つの結論に至ったのである[96]。

（2）　デリバティブの位置付けを巡って

最後に，財務諸表全体の中の金融商品，および，金融商品全体の中のデリバティブという点について述べる。

まず，前者については，「区分の論理」の立場，そしてその中でも特に企業資本等式説にたつ方が，ヨリ説得力のある説明理論を，首尾一貫したかたちで構築することが可能となるように思われる。すなわち，本章でみたように，金融商品の会計を議論するうえでは，企業資本等式における企業会計的変容という概念が1つ重要となっている。

また，後者については，特に本章の結論である企業資本等式に関していえば，以下のことがいえる。すなわち，有価証券とデリバティブとは，会計的には，どちらも企業資本等式の派遣分概念が関係するという意味において同質であるが，貸方の算段分概念が関係するという意味においては異質ともいえる[97]。但し，特にここでは，前者の同質性の方がヨリ重要と思われるので，企業資本等式の見地からのデリバティブ会計の位置付けとしては，第2章Ⅲ（2）②における＜図表2－4＞の整理図表でいえば，「区分の論理」タイプAの立場に該当するものと思われる。

（注）
1）　白鳥他［1996］p.95。

2) 佐藤・吉野 [1991] p.68。
3) なお,ここでは,具体的な計算方法そのものよりも,そのエッセンスをつかむことに主眼があることから,計算の簡略化の観点から,割引率としては,評価時点の市場利子率を用いることにする。また,毎期末ごとに新たな将来キャッシュフローを見積もるとともに,新たな割引率によって現在価値を計算するいわゆるフレッシュスタート法を適用する(これらの点は,田代 [2000] pp.63-67を参考にした)。なお,本来であれば,パー・レート,スポット・レート,フォワード・レートを算出し,利子率の期間構造を考慮に入れたうえで,ヨリ厳密な計算を行うことになる。この点については,例えば,吉田 [1999] pp.235-243の設例,田代 [2000] pp.77-81の設例,もしくは新日本監査法人編 [2004] 第2章等を参照されたい。
4) 総額処理方式,または,約定アプローチと呼ばれることもある。例えば,田中(建) [2000],徳田 [2000] 等を参照。
5) 純額処理方式,または,公正価値アプローチと呼ばれることもある。例えば,田中(建) [2000],徳田 [2000] 等を参照。
6) なお,A法を決済基準,B法およびC法を値洗基準と呼ぶこともある。
7) 未履行契約とは,契約上の権利または義務をいずれの当事者も完全には履行していない状態にある契約をいう。西澤 [1995] p.93参照。
8) 未履行契約が会計上認識の対象とされない理由としては,次の4つが考えられるという。すなわち,①履行不確実説,②権利義務相殺説,③認識対象不在説,④差金決済説の4つである。これらの詳細については,醍醐 [1995],古賀 [1999] 第5章,西澤 [1994],嶺 [1989] 等を参照。
9) 田中(建) [1991] p.121参照。
10) 多くの議論においては,このような体系が収益費用観と位置付けられている。
11) 庄司 [2000] p.65参照。
12) 例えば,笠井 [2000 a] は,いわゆる「取得原価主義会計」は,理論的に内在的欠陥を有しており,そもそも(理論的にも)存在し得なかったとして,「従来の体系」というものへの一般的理解が妥当であったのかという点について,疑問を投げかけている。
13) Nair, Rittenberg & Weygandt [1990] pp.22-23参照。なお,この文献は,古賀 [1993] または白鳥等 [1996] などでも紹介されているが,白鳥等 [1996] は,これら3つの説は,マッチ・スワップという限定された局面での議論でしかないと述べている。つまり,これらはどちらかというとヘッジ目的のスワップに係る議論であるように思われる。
14) Nair, Rittenberg & Weygandt [1990] p.22参照。
15) この「経済的実質」とか「経済的実態」と呼ばれるものが,はたしてどのような意味をもつのかは,明らかではない。なお,デリバティブに限った議論ではないが,この「経済的実質」という用語に対しての疑問を呈している文献としては,例えば,藤井 [1997] pp.179-180, p.256等を参照。

16) 小宮山〔1993〕p.155参照。
17) 井尻〔1976〕p.192等を参照。
18) ここでは,SFAC第6号における資産・負債の定義が想定されている。すなわち,一方,資産とは,過去の取引または事象の結果として発生の可能性の高い将来の経済的便益をいう(パラグラフ25)。また,他方,負債とは,過去の取引または事象の結果として発生の可能性の高い将来の経済的便益の犠牲をいう(パラグラフ35)。
19) ここで確定的とは,契約の履行が厳しいペナルティを伴うことなしには回避し得ない状況をいう。Ijiri〔1980〕p.66参照。
20) Ijiri〔1980〕pp.65-67参照。
21) この他,例えば,醍醐〔1995〕は,①譲渡可能性,②債務の確定性,③損益作用性といった要件を挙げている。
22) 古賀〔1993〕p.21参照。
23) 古賀〔1993〕p.21参照。
24) 古賀〔1993〕p.21参照。
25) これに対し,例えば弥永〔1998〕は,双方未履行契約は通常厳しいペナルティを伴うことなく契約を解除出来ることから,双方未履行契約については確定的にはなっておらず,よって資産・負債の定義を満たさないとしている(p.48参照)。
26) なお,この契約会計の問題は,取引概念の拡大・拡張といった視点から議論がなされることもある。この点については例えば,浦崎〔1993〕等を参照。
27) 古賀〔1993〕p.21参照。
28) 古賀〔1993〕p.21参照。
29) 徳田〔2000〕p.112等を参照。
30) 約定基準については,吉田〔1999〕pp.213-214を参照。
31) 吉田〔1999〕p.237参照。
32) このように,スワップ資産とスワップ負債とをゼロで両建計上しても,以下の2つの点で問題なしとはいえない。まず第1は,例えばもし,次期以降に,金利スワップの正味公正価値がプラスとなり,そして決済時までそのままプラスであったとしたら,結局,ゼロのスワップ負債が勘定上に残ってしまうという点である。この点からすれば,たとえスワップ資産とスワップ負債とをゼロで両建したとしても,結局のところ,何の問題解決にもなってはいないようにすら思われる。

また,第2は,スワップ資産・スワップ負債をゼロで両建計上することの価格理論的な裏付けがないという点である。すなわち,価格理論的には,B法でみたように,×1年期首は,スワップ資産172およびスワップ負債172となり,「スワップ資産0およびスワップ負債0」となる価格理論的な裏付けはない。このような点からも,この方法は問題なしとはいえないように思われる。
33) 例えば,古賀〔1993〕等を参照。
34) 古賀〔1993〕参照。
35) 仕訳上は,スワップ資産のみが計上されており,一見するとC法のようであるが,

そういうわけではない。すなわち，このような仕訳となるのは，あくまで計算上，スワップ負債の増加額＝0となるからであり，これはC法とは異質な会計処理であるという点にはくれぐれも留意されたい（なお，これは，貸借対照表上のスワップ負債の残高をみればヨリ明確となろう。すなわち，×1年期末におけるスワップ負債残高は1,000（貸方残高）であり，この点からもC法とは異なることがわかる）。なお，このように利息だけでなく元本までも交換すると仮定する方法において，金利の実際の受払いの直後には，変動金利側（本設例ではスワップ負債側）の金額は，約定時の金額に常に一致することになる（数学的証明は，白鳥他［1996］pp. 99-100またはハル［2001］p.167を参照）。

36) ×1年期末同様，仕訳上は，一見するとC法のようであるが，これは，計算上こうなったということであり，C法とは異質な会計処理であるという点にはくれぐれも留意されたい。

37) 単純に想定元本1,000を持ってきたものである。

38) 備忘記録の取消し仕訳を行う。

39) 例えば，田中（建）［1999］によれば「受取利息」を計上することになるが（p.89），吉田［1999］によれば「スワップ収益」を計上することになる（p.238参照。ただ，厳密なことをいえば，筆者の立場からすれば「スワップ収益」ではなく「スワップ損益（利得または損失）」となる）。

40) 但し，これまでもこの点についての議論がまったくなかったという訳ではない。例えば，中央監査法人編［1996］p.110や白鳥他［1996］第6章というような試みがある。

41) 白鳥他［1996］第4章参照。

42) 白鳥他［1996］第4章またはハル［2001］p.166等を参照。

43) ハル［2001］p.166参照。

44) 固定金利に係る受取分65＝想定元本1,000×固定金利6.5％

45) 変動金利に係る支払分60＝想定元本1,000×変動金利6.0％

46) （×1年期末利息交換直前におけるB(fix)）－（×1年期首におけるB(fix)）≒1,074－1,000＝74

47) （×1年期末利息交換直前におけるB(flt)）－（×1年期首におけるB(flt)）≒1,060－1,000＝60

48) スワップ資産の期末残高＝1,000＋74－65＝1,009（借方残）

49) スワップ負債の期末残高＝1,000＋60－60＝1,000（貸方残）

50) 本章の設例においては，利息交換を行う時点と決算期末が一致する場合を取り扱ったが，例えば，利息交換を行う時点と決算期末にズレがあるような場合を想定したとしても，同じことがいえる。利息交換を行う時点と決算期末にズレがある場合は，確かに，利息交換は，スワップ資産およびスワップ負債の現在価値変動を認識する契機にはなるかもしれないが，しかしながらこのような（ズレのある）場合においても，利息交換に係る現金の授受そのものからは，直接的には損益は生じないのである（スワップ損益は，現金授受そのものからではなく，あくまでスワップ

第 4 章　金利スワップの会計

資産・スワップ負債の現在価値変動の方から生じることとなるのである)。
51) D法の約定時の仕訳については,次のように考えることが出来る。すなわち,金利スワップに関して,当該企業は変動利付債を,相手企業は固定利付債を,両者の現在価値が一致するような条件で同時に発行する。そして,現在価値が同じであるこの両債券を,現金を介すことなくすぐさま交換する,と考えるのである。そして,このような解釈は,金利スワップの性質からしても妥当であるように思われる。
52) なお,ここでの金利スワップにおける「受取利息」と「スワップ損益」との問題は,有価証券における「保有損益」と「売却損益」との関係の問題にも通じるところがあるように思われる。すなわち,有価証券については,一般的には,「保有損益」と「売却損益」という両方が生じるものと解されているが,その2つの関係については明らかではなかったし,また,そもそも「保有損益」とは何か(もしくは「売却損益」とは何か),ということについては必ずしも明らかではなかった。しかしながら,笠井 [2000 b] の研究によって,有価証券については保有損益しか生じない(「売却損益」は生じない)ということが明らかにされた。すなわち,笠井 [2000 b] (特にpp.708－725) によれば,有価証券の時価変動差額については,保有損益ということで統一的に説明されることとなるのである。そしてそれと同様のことが,金利スワップについてもいえるように思われる。すなわち,金利スワップについても,「受取利息」と「スワップ損益」の関係については明らかではなかったし,また,そもそも「受取利息」とは何か(もしくは「スワップ損益」とは何か)ということについては必ずしも明らかではなかった。しかしながら,本章のように考えるならば,金利スワップに係る損益については,どちらもスワップ損益(時間的損益)ということで統一的に説明が可能となるように思われるのである。
53) 例えば,大村 [1999] pp.126－130,および,企業財務制度研究会訳 [1999] pp.25－31等を参照。
54) なお,金利の期間構造理論においては,「流動性選好仮説」の他,「純粋期待仮説」や「特定期間選好仮説」等がある。大村 [1999] p.128参照。
55) 現金主義会計とは,収益および費用を現金の収入および支出にかかわらしめて認識・測定する体系をいう。笠井 [2000 b] p.425参照。
56) 山桝 [1963] によれば,発生主義会計とは,「収益なり費用なりの発生自体を意味する経済的な事実こそを重視し,それに基づいて損益を認識しようとする」(p.87。但し,傍点は田口) 発生主義 (accrual basis) に特徴付けられる会計体系であり,「費用と収益とが全一的・有機的に結び付けられる近代的な会計制度」(p.98) をいう。そしてこの体系により,「期間損益計算が合理的なものになるのはもちろんのこと」(p.99),「企業資本の展開する統一的・持続的な循環運動」(p.99) が「有機的に描写されることにもなる」(p.99)。なお,本研究で述べている発生主義会計とは,あくまで山桝 [1963] の指摘するような発生主義の概念に特徴付けられるいわば'純粋な意味合いでの'発生主義会計であって,一般的に理解されているところの,「発生主義会計＝取得原価主義会計＝収益費用観」というバイアスのかかったものではない点にはくれぐれも留意されたい。

229

57) 確かに，実際上は決算期末・利息交換がその損益認識の契機とはなっているが，理念的・本質的には毎時発生の都度損益を認識するということになる。
58) 現金主義会計および発生主義会計というように，ここで敢えて会計としたのは，以下の2つの理由による。すなわち，①ここでの議論は，認識原則としての現金主義・発生主義というものではなく，ヨリ広い意味での理論的基礎を想定してのものであるということ，および，②通説（資産負債観・収益費用観，『取得原価主義会計』・『時価会計』）との対比，という2つの理由から，ここでは会計というヨリ広義の体系を指し示す用語を用いた。
59) ここでは筆者の問題意識から，基本的等式を用いて両者の関係ないし優劣について論じることとした。しかしながらこの他に，例えば実証研究により両者の関係ないし優劣について論じるということも考えられるかもしれない。すなわち，投資意思決定に有用な情報を提供し得るのはどちらかという観点から，実証研究によってその優劣を決することも，1つのシナリオとして考えられるように思われるのである。ただし，その場合であっても，その背後に会計の論理というものが必要であると筆者は考えている。そして，その論理性の追求こそが，筆者の当面の関心事である。なお，実証研究の位置付けについては，例えば，冨塚［1997］や藤井［2002］［2003］等を参照されたい。
60) ハル［2001］p.166参照。
61) ここで「正正の関係」とは，B(fix)とB(flt)とが「正の財産と負の財産」という正負の関係ではなく，「正の（運用）資本と正の（調達）資本」という関係にある，ということである。なお，正正関係という用語に関しては，笠井［1996］p.13参照。
62) 笠井［1996］第8-11章および上野［1998］第3-6章などを参照。
63) 笠井［1996］第12・13章，上野［1998］第7章および笠井［2000b］第8-10章等を参照。なお，会計構造論そのものではなく会計測定論に関して，企業資本等式の説明力の高さを示した文献としては，笠井［2000b］第4部，また会計測定論のうち，特に有価証券に関しては，笠井［2000b］第16・17章または石川［1999］等を参照されたい。
64) ここでの「正負の関係」ないし正負関係という用語については，笠井［1996］p.12参照。
65) なお，ここで，D法も「＋/－型」で説明出来ないかが問題となるが，この点に関しては，「説明出来なくはないが，資本等式による（単なるキャッシュフローのプラス・マイナスという）説明よりも企業資本等式による（調達と運用という）説明の方がヨリ自然でかつ精緻な理論構築が可能となる」といえる。すなわち，確かに，D法のB(fix)とB(flt)とを単純に「元利合計のプラス・マイナスのキャッシュフロー」と捉えて資本等式的に説明することも出来なくもないが，但し，ここで問題となるのは，どのような説明をすればヨリ合理的で精緻な理論構築がなし得るかという点である。つまり，B(fix)とB(flt)は，確かに単にキャッシュフローと捉えることも出来る（「＋/－型」による説明）が，そこからヨリ踏み込んで，相手企業

の発行する固定利付債への投資（運用）と変動利付債の発行（調達）と解することも出来る（「＋／＋型」による説明）。そうであれば，ヨリ精緻な説明理論構築という観点からすれば，単純なキャッシュフローとしての説明よりも，元利あわせた調達と運用という説明の方がヨリ望ましいといえる。そこで本章では，D法については，前述の通り，調達と運用という企業資本等式による説明を採用することとする（なお，逆にいえば，B法は利息部分だけであるため，キャッシュフローと捉えるところからヨリ踏み込んだ説明がなし得ず，このため資本等式による説明が最も自然な解釈ということになるのである）。

66) なお，資本等式を想定した場合には，これを棚卸法と結び付けて議論することも，純理論的には可能かもしれない。すなわち，資本等式については，棚卸法の視点からの説明と誘導法の視点からの説明とが考えられるように思われる。そして，このうち期首と期末の2時点間比較をなす棚卸法の視点からすれば，ここでの発想によらずとも，スワップ損益を説明出来ないわけではない。しかしながら，現行制度は，棚卸法でなく，誘導法を前提としていることから（そして本研究は現行制度の説明理論を構築することを企図していることから）以下では，この資本等式についても誘導法の視点を前提に議論を進めることにする。なお，棚卸法および誘導法については，笠井［2000ｂ］第5章等を参照。

67) なお，利息交換に係る仕訳(c)［(借) 現金5，スワップ負債60 (貸) スワップ資産65］についても，資本等式の見地からは以下のような説明しか出来ないものと思われる。すなわち，資本等式の立場からすれば，現金を軸とした交換を想定することとなるので，上記の仕訳は［(借) 現金65 (貸) スワップ資産65］および［(借) スワップ負債60 (貸) 現金60］という2つの仕訳にならざるを得ない。つまり，利息交換については，総額による（現金を介した）擬似決済を想定しなければならないように思われるのである。そしてこのような解釈は，利息交換の差額決済性を考えるならば，問題なしとはいえないように思われるのである。このように，資本等式に依拠した場合は，仕訳(a)および仕訳(b)のみならず，仕訳(c)についても，問題なしとはいえないように思われるのである。

68) 山桝［1983］p.47等を参照。

69) 笠井［2000ｂ］p.373参照。

70) 井上［1993］または井上［1996］等を参照。

71) 笠井［2000ｂ］p.361をもとに作成。

72) 笠井［2000ｂ］第9章参照。なお，企業会計的変容という概念は，笠井教授により生み出された概念である。つまり，故山桝博士が生み出した企業資本等式を，のちに笠井教授が，企業会計的変容という概念の導入によってヨリ精緻化した，ということが出来ると思われる。

73) 笠井［2000ｂ］pp.497-499。以下，企業的変容についての記述は，本文献を参考にしている。

74) 擬制資本とは「抽象的人間労働の対象化されていない物が，商品として流通するとき，その価値または価格の本質あるいは，その構成方法について措定された概

念」をいう。赤川 [1980] p.320参照。
75) なお，会計学において，デリバティブを擬制資本と位置付けて論じている文献としては，例えば，石川 [2000] または高山 [1998] 等がある。
76) この企業的変容は，今日のような金融商品を中心とした経済状況を考えるうえでは，非常に重要な視点であるように思われる。すなわち，従来の生産・販売財を中心とした経済状況においては，確かに，[G－W－G´] という国民経済のシェーマだけでも，ある程度の説明は可能であったかもしれない。しかしながら，今日のような金融商品を中心としたいわば金融経済とでもいうべき状況を考えると，やはりこの国民経済のシェーマだけでは説明しきれないように思われる。すなわち，貸付・擬制資本の運動をも描写しようと考えるならば，やはり企業的変容は不可欠であるように思われる。

但し，従来の生産・販売財を中心とした経済状況下であっても，有価証券，貸付金といった第1次金融商品は（重要性が低かったにせよ）すでに存在していたのだから，厳密にいえば，やはりこの国民経済のシェーマだけでは説明が出来なかったとも考えられる。この点について，笠井 [2000a] は，この国民経済のシェーマだけを前提としている「取得原価主義会計」は，そもそも存在しなかったのではないかと，「取得原価主義会計」の内在的論理そのものの妥当性を問うている（例えばpp.37－38）。
77) 笠井 [1997] pp.62－63参照。
78) 笠井 [2000b] p.707参照。
79) ここでも第3章同様，現金収支と企業資本の運動との峻別が重要となる。
80) なお，このように最初のGの出が欠如している派遣分としては，例えば，売掛金が挙げられる。売掛金は，貸付金等とは異なり純然たる財務取引ではない（あくまで販売に随伴する財務取引である）から，直接的にGを相手企業に貸し付けるわけではない（よって，現実のGの出は生じない）。しかしながら，売掛金は，相手企業からすれば，購入した時点で減少すべき現金を支払時まで利用出来るのであるから，一種の借入と考えることが出来，よってこれを自企業からみれば，やはり資本の派遣ということになる（笠井 [2000b] pp.681－682参照）。このようにGの出が欠如しているのは，何もデリバティブにかぎったことではないという点を，ここで強調しておきたい。
81) 山桝 [1983] p.34，もしくは，笠井 [2000b] p.341, 347等を参照。
82) 笠井 [2000b] pp.370－372等を参照。
83) D法の約定時の仕訳については，次のように考えることが出来る。すなわち，金利スワップに関して，当該企業は変動利付債を，相手企業は固定利付債を，両者の現在価値が一致するような条件で同時に発行する。そして，現在価値が同じであるこの両債券を，現金を介すことなくすぐさま交換する，と考えるのである。そして，このような解釈は，金利スワップの性質からしても妥当であるように思われる。
84) 笠井 [2000b] 第17章参照。
85) 笠井 [2000b] p.726参照。

86) 笠井［2000ｂ］p.779参照。
87) 笠井［2000ｂ］pp.780－782参照。
88) 笠井［2000ｂ］p.782参照。
89) 笠井［2000ｂ］pp.475－476参照。
90) なお，ここでの３つのケースについては，笠井昭次教授が，「財務会計論」（慶應義塾大学商学部，2001年度）において講述していたものである。
91) この点については，笠井［2000ｂ］pp.571－578参照。
92) なお，このようなファイナンス的視点と会計的視点の峻別という発想については，特に，笠井［2000ｂ］結章における会計的会計学の確立という考え方から大きな示唆を受けている。
93) 笠井［2000ｂ］pp.340－343等を参照。なお，企業資本等式における「＝」（イコール）は，実は左辺と右辺とが常に均衡している恒等式を示しているという点には留意されたい（均衡等式としての企業資本等式）。この点，左辺と右辺とが常に均衡しているとはいえない資本等式とは，大きく異なっている（非均衡等式としての資本等式）。
94) この点については，山桝［1983］pp.29－32もしくは笠井［1996］pp.21－26を参照されたい。
95) 但し，3章の先物契約で検討したように，Ｃ法を正則法としてみることも不可能ではないかもしれない。つまり，［ＰＶ(swap)＝Ｖ(fix)－Ｖ(flt)］における右辺のＶ(fix) およびＶ(flt) は，それぞれ単独では資産および負債の定義を満たし得ず，左辺のPV(swap)の部分だけが資産の定義を満たし得るとするならば，このＣ法を正則法として位置付けることも不可能ではないかもしれない（例えばこれは，3章における「権利・義務のレヴェルで相殺されると捉える見解」に該当する）。そしてそのような場合は，Ｂ法とＣ法とは，正則法同士ということで，もしかすると第２のケース（理論的にその優劣が決せられるべき関係）となるのかもしれない。すなわち，Ｂ法とＣ法との違いは，相殺に対する見方の違い（一方，Ｂ法はＶ(fix) およびＶ(flt) がそれぞれ単独で資産・負債の定義を満たし得るため，もし仮に相殺を想定したとしても「資産・負債のレヴェルで相殺されると捉える見解」，他方，Ｃ法は「権利・義務のレヴェルで相殺されると捉える見解」）ということになることから，両者は，どのレヴェルにおいて相殺がなされると考えるか，という点について優劣を決すべき関係にあるということになるのかもしれない。

　しかしながら，もし仮にそのように位置付けることが妥当であったとしても，①Ｂ法とＣ法の根拠はどちらも資本等式にあることから，結局は（Ｂ法とＣ法の）どちらも理論的に妥当ではないということになるし，また，②Ｂ法・Ｃ法と，Ｄ法との関係は結局（第２のケースで）変わらないことから，本章での結論（Ｄ法が最も妥当であるということ）については，変わることはないものと思われる。
96) 但し，金利スワップの正味公正価値算定について，本章で用いた算定式とは別の算定式を想定することで（すなわち，金利スワップを一連の金利の先渡契約の束と捉えることで）別の解釈もあり得るかもしれない（この点については，例えば，白

鳥他［1996］第4章などを参照）。ただ、そのような別の解釈があり得るにせよ、最終的には、これらの問題を会計学の議論として論じることが重要となると思われる。すなわち、筆者の問題意識からすれば、たとえ他領域の概念を援用したとしても、最終的には、会計学の議論として決着をつけなければならないように思われるのである。その1つが、本研究での仕訳であり、また、いま1つが、基本的等式レヴェルでの議論である。

97) なお、ここでは、スワップ資産における資本派遣過程については、貸付金（売掛金・割引債等）と同様、市場を介さず直接的に他企業へ資本を派遣することが予定されている点に留意されたい。これは厳密にいえば市場を介して間接的に他企業へ資本を派遣することが予定されている有価証券とは異なっている。そしてこの意味では、有価証券とスワップ資産は、資本派遣過程において異質といえなくもないのである。しかしながら、資本派遣過程の再整理ないし深化が必要か否かという観点からすると、スワップ資産の資本派遣過程については、既存の第1次金融商品における概念で説明出来るため（つまり、資本派遣過程の再整理ないし深化が必要とされないため）、有価証券と同質であるといえる。そしてここでは、この資本派遣過程の再整理ないし深化が必要か否かという観点を特に重視する。すなわち、有価証券とスワップ資産の資本派遣過程については、資本派遣過程の再整理ないし深化が共に必要とされないという意味で同質であると考えることにする。

第5章
買建コール・オプションの会計

　本章では，買建コール・オプションに係る各会計処理方法について比較検討を行い，その整理の鍵が何処にあるのか探求する。
結論的には筆者は以下のように考える。
① 買建コール・オプションの会計処理方法を整理する鍵となるのは，権利行使か投機かという「保有目的」ではなく，オプション・プレミアム部分を会計的にどのように捉えるかという点にある。また，その背後には，一取引基準および二取引基準という伝統的な論点が存在する。
② 理論的に最も妥当な見解（オプションの経済的性質とも整合し首尾一貫した説明が可能となる見解）は，二取引基準から導出される，「オプション・プレミアムについて権利そのものに着目し，かつ当該権利を商品(W)とは異質なものと捉える見解」であり，その背後にある理論的体系としては，当該権利部分を派遣分(D)と捉える企業資本等式が想定出来る。またこのことにより，最も妥当な会計処理方法が資産計上・公正価値基準であることがわかる。つまり，ここでも理論的に重要となるのは「拡張の論理」ではなく「区分の論理」である。
③ 権利行使のケースについても，市場での換金を想定することで，会計上は投機のケースと同一視出来る。そしてここでポイントとなるのは，オプション契約の会計的な特質が「価格差を狙う」ことにあるという点である。
そして本章では，上記の点を，仕訳を辿ることで明らかにしていく。

第5章キーワード

買建コール・オプション，「保有目的」，権利行使，投機，オプション・プレミアム，一取引基準，二取引基準，「将来原資産」，売却，保有，「断絶」，「連続」，オプション・プレミアムの決定要因，市場での換金

第5章 買建コール・オプションの会計

I はじめに

本章では買建コール・オプションの会計について検討する。

先にも述べた通り、デリバティブの会計は売買目的有価証券（の会計）の「応用問題」とされることが多いが、特に、本章で取り扱う買建コール・オプションはその傾向が強いように思われる。確かに、買建コール・オプションは、約定時において少額ではあるがオプション・プレミアム分の現金支出が存在する。このため、先行研究等では、当該現金支出部分を踏まえて有価証券との類似性が特に強調されるのであろう。しかしながら、ヨリ具体的には一体どのような意味で「応用問題」なのかという点については、先行研究では必ずしも明らかにされていないし、また本当に「応用問題」なのかどうかは、ヨリ踏み込んだ検討を行わないことには何ともいえないように思われる。初期現金支出が存在するからといって、ただそれだけを捉えて、単純に有価証券の「応用問題」としてしまうのは理論研究上好ましくないだろう。

また、制度的な変遷を追いかけてみると、例えばわが国の買建コール・オプションに係る会計処理基準は以下の＜図表5－1＞のような変遷を辿ってきた。

＜図表5－1＞ わが国の会計基準における買建コール・オプションの会計処理方法の変遷

～ 1990年 ～ 1999年 ～
費用処理 → 資産計上・原価基準 → 資産計上・公正価値基準

＊ 1990年……企業会計審議会［1990］、1999年……企業会計審議会［1999］

しかしながら、わが国の会計基準が何故、そのような会計処理を採用してきたのか（採用しているのか）については必ずしも明らかではない。すなわち、それぞれの会計処理の背後にある理論的根拠については、これまで必ずしも明らかにされてきていないのである。

そこで本章では，買建コール・オプションの会計処理方法の背後にある理論的根拠について検討することにしたい。

まずIIでは，先行研究を概観したうえで，それらに対して問題提起を行う。次にIIIでは，通説的見解の中から特に，オプションの「保有目的」（これについては後述する）に着目し各会計処理方法を論じる見解について検討し，その問題点を探る。そしてIVおよびVでは，オプション・プレミアムの本質にまで遡り，そしてそれをヒントに各会計処理方法の比較検討を行う。最後にVIでは本章の纏めを行う。

II 先行研究の概観

（1）定　義

オプションとは，原資産（underlying）を，将来のある一定時点またはそれ以前に，あらかじめ定められた価格で買う権利（call）または売る権利（put）のことをいう[1]。すなわち，「売買する権利」というものがオプションの本質ということになる[2]。また，オプション・プレミアムとは，権利の価格ないし値段をいう[3]。つまり，権利を売買する契約がオプション契約であるから，その売買の対象となる権利には値が建つことになり，そしてそのような権利に対する価格ないし値段がオプション・プレミアムということになる。

なお，オプション（契約）と先物契約との違いは以下のようになる。すなわち，まず一方，先物契約は，買い手と売り手の双方に契約を履行する義務があるが，他方，オプション（契約）は，実際に原資産を売買するか否かはオプションの保有者（権利の買い手）の選択による（つまり，契約の放棄も可能となる）。この点で，オプションは先物契約と異なる。

また，満期日にしか権利行使できないオプションをヨーロピアン型，満期日

以前ならいつでも権利行使できるオプションをアメリカン型といい[4]，本章では，ヨーロピアン型の買建コール・オプションに限定して以下議論を行う。

（2） 先行研究における各会計処理方法の根拠

次に，先行研究における各会計処理方法の根拠をみておこう。先に述べた通り，わが国の会計基準が採用した（採用している）会計処理方法は，「費用処理」（オプション・プレミアム部分を約定時に費用計上する方法），「資産計上・原価基準」（オプション・プレミアム部分を約定時に資産計上するが，その後決済時まで当該資産の評価替えを行わない方法）および「資産計上・公正価値基準」（オプション・プレミアム部分を約定時に資産計上し，その後の公正価値の変動に応じて各決算期末に評

<図表5－2＞　先行研究における各会計処理方法の根拠[5]

会計処理方法		先行研究で掲げられている根拠
費用処理	保険料・経費説	原資産を将来決められた値段で買うための保険料であって，経費として処理するのが望ましい
	不確実性説	オプションは，決済時まで顛末が不明であり，損益が不確実であるから，そのような不確実なものをB／S計上することは資産内容の健全性を損なう
資産計上・原価基準	前払費用説	保険料の前払い（前払保険料）
	仮払金説	オプションは，転売・権利行使・権利放棄のいずれかにより決済されるか不確定であり，未決算取引としての性格を持つものであるから，仮払金として処理することが望ましい
	準貨幣資産説	「相場観に基づくディーリングや資金運用等のプロセスで生じた資産で現金および預金に準ずる換金性の極めて高い資産」としてのオプション
	複合的性格説	上述の様々な（複合的な）性格を有する資産としてのオプション
資産計上・公正価値基準	？	？

価替えを行う方法)の3つである。そして,先行研究で掲げられている各会計処理方法の根拠を纏めたのが＜図表5－2＞である。

　＜図表5－2＞のうち,そのいくつかについて若干の考察を加えてみよう。

　資産計上・原価基準の根拠の1つである準貨幣資産説は,オプション取引会計基準研究委員会編［1992］で掲げられている。これは,貨幣性資産・費用性資産2分類説をまず前提としたうえで,当該2分類説の貨幣性資産では完全に捉えきれないオプションを,新たに準貨幣(性)資産(相場観に基づくディーリングや資金運用等のプロセスで生じた資産で現金および預金に準ずる換金性の極めて高い資産)として把握しようというものである。しかしながら,①(資産計上との結び付きは一応理解できても)それが何故原価評価と結び付くのかは明らかではないし,また,②結局のところ資産側は貨幣性資産・費用性資産・準貨幣資産という3分類となるが,それら3つがどのように関係しているのか,また会計全体としてこのような体系がどうして想定され得るのかについては必ずしも明確ではなく,この点問題が残る。

　また資産計上・原価基準の根拠として複合的性格説というものがあるが(これもオプション取引会計基準研究委員会編［1992］で掲げられている),これについても結局のところ,何故原価評価と結び付くのかは明らかではない点問題が残る。

　また,＜図表5－2＞にあるように,資産計上・公正価値基準の論拠については先行研究においては必ずしも明らかではない点にも着目したい。もっとも,敢えて根拠らしきものを挙げるとしたら,次に述べる2つの考え方が想定出来ないわけではないが,結局のところそのいずれにも問題がある。

　まず第1に,デリバティブの公正価値評価が前提にあったうえで,オプションはデリバティブであるから,資産計上・公正価値基準が採用されるという考え方が想定し得るかもしれない。しかしながら,そもそも何故デリバティブが公正価値評価なのかという点については先行研究では必ずしも明らかではなく[6],この点,ヨリ具体的な検討が必要となる。

　また第2に,有価証券時価評価が前提にあったうえで,オプションは有価証券に類似しているから資産計上・公正価値基準が採用されるという考え方が想

定し得るかもしれない。これはⅠで述べた「応用問題」という見解であるが，しかしながら，具体的にはどのような意味で類似しているのか明らかではなく，やはりヨリ踏み込んだ検討が必要となるだろう。

このように，先行研究においては，各会計処理方法について明確な理論的根拠が必ずしも掲げられているわけではなく，結局のところ，各会計処理方法の妥当性を巡ってはいまだ解決をみていないといわざるを得ない。

（3）小　　括

上述のように，買建コール・オプションに係る各会計処理方法の妥当性を巡ってはいまだ十分な理論的根拠が掲げられているわけではないのだが，他方，オプション契約がどのような意図でなされるのかという点に着目して，その会計処理方法が論じられることもある。すなわち，権利行使を企図して契約がなされるのか，それとも投機を企図して契約がなされるのか（ここではこれらを仮に「保有目的」[7]と呼ぶ）という点に着目し，そのような「保有目的」の違いにより会計処理を分けようという考え方が存在する。そこでⅢでは，この「保有目的」と各会計処理方法との関係について論じることにする。

Ⅲ　オプションの「保有目的」と各会計処理方法との関係

（1）　オプションの「保有目的」

まず，オプション契約がどのような意図を持ってなされるのかということと，当該オプション契約の顛末との関係を纏めると＜図表5－3＞のようになる。

<図表5-3> オプションの「保有目的」とその顛末

「保有目的」	顛末
(広義の)ヘッジを企図した保有	
ヘッジ会計の対象となるもの 　(ヘッジ対象に対するヘッジ手段として保有)	→ ヘッジ対象の価格変動に応じて転売
ヘッジ会計の対象とならないもの 　(権利行使(原資産購入)を企図した保有)	→ ① in the money…権利行使 ② at the money…権利行使or放棄 ③ out of the money…権利放棄
投機を企図した保有	→ 転売

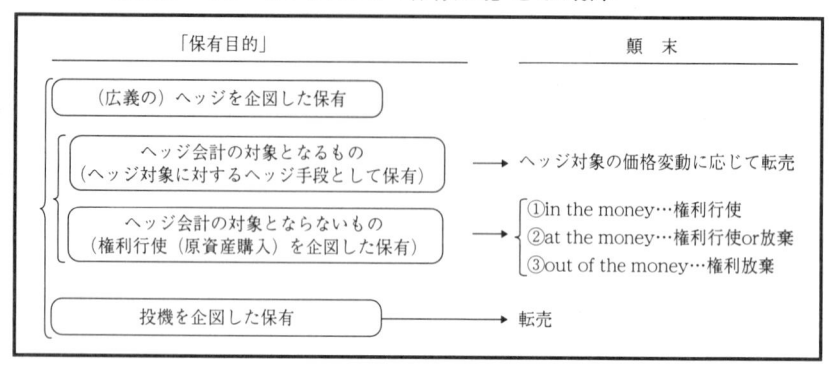

　<図表5-3>にも示されている通り,一般的には買建コール・オプションには大きく2つの「保有目的」が存在するものと捉えられている。

　まず第1は,広義のヘッジを企図した保有であり,これは更にヘッジ会計の対象となるもの(ヘッジ対象の価格変動に対するヘッジ手段としてオプションが保有される場合)と,ヘッジ会計の対象とならないもの(権利行使(原資産購入)を企図してオプションが保有される場合)とに分けることが出来る。そして前者はヘッジ対象の価格変動に応じて転売され,また後者は,オプション契約の状態によりそれぞれ,①イン・ザ・マネー (in the money) の状態[8]であれば権利行使,②アット・ザ・マネー (at the money) の状態[9]であれば権利行使もしくは権利放棄,③アウト・オブ・ザ・マネー (out of the money) の状態[10]であれば権利放棄,ということになる。

　また,第2は投機を企図した保有である。これはオプションの価格上昇により利潤を得ることを目的としてオプションが保有される場合であり,契約の顛末はオプションの転売ということになる。

　なお,前述の通り本研究はヘッジ会計をその考察の対象外とするので,本章においても,ヘッジ会計の対象となるものは考察の対象外とする。よって,本章の検討対象となる「保有目的」は,権利行使を企図したものおよび投機を企図したものの2つである。

(2) オプションの「保有目的」と各会計処理方法との関係

次に、オプションの「保有目的」と各会計処理方法との関係を考えてみよう。ごく一般的な理解としては、両者の関係は、以下の＜図表5－4＞のようになっているものと解される。

＜図表5－4＞ オプションの「保有目的」と各会計処理方法（一般的理解）

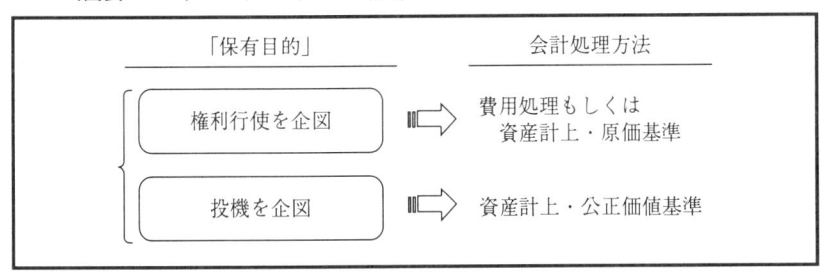

「保有目的」	会計処理方法
権利行使を企図	⇒ 費用処理もしくは資産計上・原価基準
投機を企図	⇒ 資産計上・公正価値基準

すなわち、まず一方、オプションの「保有目的」が権利行使を企図したものであれば、オプション・プレミアム部分は当該権利行使と何らかのかたちで関係するものとして捉えられ、それを何らかの費用として計上するという会計処理（費用処理）か、もしくは、その実際の権利行使まではいったん資産計上しておきかつ評価替えを行わないという会計処理（資産計上・原価基準）のどちらかが選択される。また他方、オプションの「保有目的」が投機を企図したものであれば、オプション・プレミアム部分は例えば有価証券のように捉えられ、これを資産計上しかつ評価替えを行うという会計処理（資産計上・公正価値基準）が選択される。

このように、ごく一般的には、オプションの「保有目的」と各会計処理方法とが一義的に（上述のようなかたちで）結び付けられている可能性がある。しかしながら、このような考えは、ごく素朴に考えてみると問題がないわけではない。

例えば、権利行使を企図したものが資産計上・公正価値基準と結び付かない

根拠は,一体どこにあるのだろうか。すなわち,オプション契約が権利行使を企図したものであるならば,一体何故,費用計上かもしくは（資産計上しても）評価替えされないということになるのか（つまり,約定時のオプション・プレミアム部分が当該権利行使と何らかのかたちで関係するものとして捉えられると,一体何故それは評価替えされないのだろうか）という点については,実は「保有目的」というところからは,あまり説得的な説明がなされていないように思われる。もっとも,この点については例えば,「権利行使を企図しているのだから,その途中の段階で評価替えしても無意味である。ゆえに一括費用処理か,もしくは資産計上・原価基準が妥当となる」という考え方があるのかもしれない。しかしながら,これに対しては逆に,「権利行使を企図していた場合でも,当該権利行使が成功するかどうかを随時判断するためには途中段階の情報も必要である。ゆえに資産計上・公正価値基準の方がヨリ望ましい」との反論も出来よう。このように考えると,たとえ権利行使を企図したものであるとしても,資産計上・公正価値基準が理論的に選択される可能性も十分にある。少なくとも「保有目的」というところからは,評価替えの妥当性については決定的には何もいえないだろう。つまり,権利行使という「保有目的」だけからは,一括費用処理もしくは資産計上・原価基準は一義的には導出されない可能性がある。

　同様に,投機を企図したものが資産計上・原価基準と結び付かない根拠についても,必ずしも明らかではないように思われる。もっともこれについては,先述のように,①オプションと有価証券との類似性（「応用問題」）,および,②有価証券が資産計上・公正価値基準で会計処理されていること,という2つの考えがその背後にあり,そのことから資産計上・公正価値基準がいわばアプリオリに前提とされているのかもしれない。しかしながら,①オプションと有価証券との類似性といえども,具体的には一体何処がどのように類似しているのかは必ずしも明らかではないし,また,②そもそも有価証券についても（その妥当性はともあれ）原価基準を推す学説も存在すること[11]等を鑑みれば,投機目的という説明だけでは,それが資産計上・原価基準と結び付く可能性を否定することは出来ないだろう。また,この他にも,③オプションはデリバティブで

あり，かつ，④デリバティブは公正価値評価されるから，という２つの考えをアプリオリに前提としたうえで，オプションについても資産計上・公正価値基準が妥当とする見解もあるのかもしれないが，そもそも何故デリバティブが公正価値評価なのか，まさにその理論的根拠が明らかでないからこそ本研究がなされているわけであり，ただ単純にそれをアプリオリに前提とは出来ないだろう。つまりここでも，投機という「保有目的」だけからは，資産計上・公正価値基準は一義的には導出されない可能性がある。

そうであれば，＜図表５－４＞にあるようなごく一般的な理解が，そもそも意味のある分類枠組だったのか，素朴な疑問がわいてくる。すなわち，ごく一般的には「保有目的」が各会計処理方法を一義的に決しているように理解されているふしがあるが，実はこれはそれほど説得的な分類枠組ではないことが，上記の検討からも明らかとなろう。

そしてそうであれば，「保有目的」とはまた違った視点から，各会計処理方法を整理する分類枠組を構築していく作業がまずもって重要となる。そこでⅣでは，各会計処理方法の整理枠組を構築するための準備作業として，そもそもオプション・プレミアムとは一体何なのか，その本質にまで遡って検討してみよう。

Ⅳ　オプション・プレミアムの本質と各会計処理方法との関係

（１）オプション・プレミアムの本質と一取引基準・二取引基準

ここではまず，オプション・プレミアムについてファイナンス的にはどのような説明がなされているのか再確認し，そしてそのようなオプション・プレミアムを会計上どのように捉え，またどのように処理するのが妥当なのか，検討

することにしたい。

　先述のように，オプション・プレミアムは，ファイナンス的には権利の価格ないし値段として説明される。すなわち，あくまでも権利を売買する契約がオプション契約なのだから，その権利に対して支払われるオプション・プレミアムは，ファイナンス的には権利に対する価格ないし値段として捉えられることとなる。

　では，このようなオプション・プレミアムについて，会計的にはどのように理解するのが望ましいであろうか。また，そのような考え方と各会計処理方法（特に，資産計上・原価基準および資産計上・公正価値基準）とは，一体どのように結び付いているのだろうか。

　結論的には筆者は，ここで鍵となるのは一取引基準および二取引基準という概念であると解する。すなわち，(後述のように) 一取引基準および二取引基準という概念は通常は外貨建取引の会計で用いられる考え方であるが，これらの概念をオプション（オプション契約それ自体とその後の原資産に係る取引との関係）にも適用し，またそれらをオプション・プレミアムの会計的性質と関連させることで，各会計処理方法を整理することが出来るのではないか（それも権利行使のケースだけでなく投機のケースについても整理することが出来るのではないか）と筆者は考えるのである。そしてこのことを図に纏めたものが＜図表5－5＞である。

　まず，鍵概念である一取引基準および二取引基準について述べる。これらは，外貨建取引 (foreign currency transactions) の会計において，当初の外貨建取引とその後の代金決済取引との関係をどう捉えるかという点に係る概念である。ヨリ具体的には，これらの概念は，外貨建取引がその当初の取引日と最終的な代金決済日との間に決算日を挟む場合，為替相場の変動による外貨建金銭債権債務の為替換算差額をどのように捉えるかという問題に大きく関係している。

　まず一方，一取引基準 (one-transaction basis) とは，仕入・売上等当初の外貨建取引と当該取引に係る代金決済取引とを1つの連続した取引とみなして会計処理する考え方をいう[12]。この立場によれば，為替相場の変動による外貨建金

第5章 買建コール・オプションの会計

＜図表5－5＞ 一取引基準・二取引基準とオプション・プレミアムの会計的性質および具体的な会計処理方法との3者関係

鍵となる概念	オプションプレミアムの会計的性質	具体的な会計処理方法
一取引基準	将来原資産（原資産を中心に捉える見解）	資産計上・原価基準
二取引基準	権利そのもの（権利そのものに着目する見解）	
	「拡張の論理」権利を商品(W)の延長で捉える	資産計上・原価基準 資産計上・公正価値基準
	「区分の論理」権利を商品(W)とは異質(D)と捉える	資産計上・公正価値基準

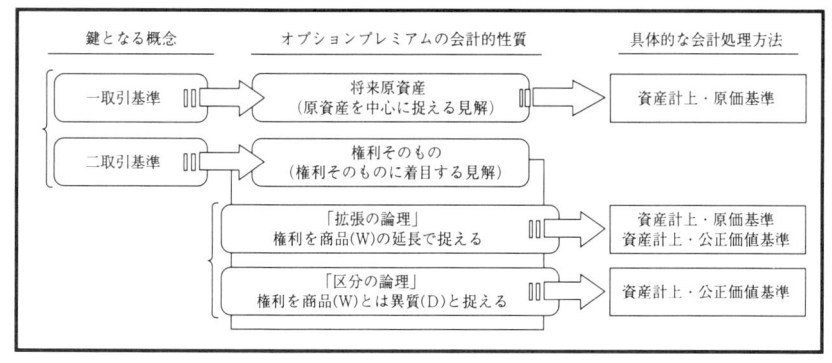

銭債権債務の為替換算差額は，当初の外貨建取引の修正というかたちで捉えられることとなる。

また他方，二取引基準（two-transaction basis）とは，当初の外貨建取引と当該取引に係る代金決済取引とを，それぞれ別個独立した2つの取引とみなして会計処理する考え方をいう[13]。この立場によれば，為替換算差額は，財務取引（代金決済取引）の巧拙を示す為替差損益というかたちで捉えられることとなる。

そしてこれらの鍵概念とオプション・プレミアムの会計的性質との関係は以下の通りである。

まず一方，一取引基準の考え方からすると，オプション・プレミアムの会計的性質としては，原資産を中心にして捉える見解（オプション・プレミアムを将来原資産（の1部）として捉える見解）が導出される。すなわち，一取引基準の考え方（仕入・売上等当初の外貨建取引と当該取引に係る代金決済取引とを1つの連続した取引とみなして会計処理する考え方）からすると，オプション契約それ自体とその後の原資産に係る取引とは，同一の連続した取引として捉えられることになる。よってこの立場からすれば，当初約定時におけるオプション・プレミアムは，その後の原資産に係る取引において原資産（の1部）を構成するものとして捉えられることになる。

また他方，二取引基準の考え方からすると，オプション・プレミアムの会計

的性質としては，権利そのものに着目する見解（権利そのものと捉える見解）が導出される。すなわち，二取引基準の考え方（当初の外貨建取引と当該取引に係る代金決済取引とを，それぞれ別個独立した2つの取引とみなして会計処理する考え方）からすると，オプション契約それ自体とその後の原資産に係る取引とは，別個独立した2つの取引として捉えられることになる。よってこの立場からすれば，当初約定時におけるオプション・プレミアムは，その後の原資産に係る取引とは別個独立したものとして捉えられるため，ファイナンス理論のいう通り，権利そのものとして捉えられることになる。なお，この見解は，当該権利を商品(W)の延長で捉えるか，商品(W)とは異質と捉えるかにより更に2つに分けることが出来よう。

そして，これらの考え方と各会計処理方法との結び付きは次の通りである。まず一取引基準から導出される（オプション・プレミアムの会計的性質として）原資産を中心に捉える見解は，会計処理方法としては資産計上・原価基準と結び付く（(2)で検討）。また，二取引基準から導出される（オプション・プレミアムの会計的性質として）権利そのものに着目する見解のうち，一方，当該権利を商品(W)の延長で捉える見解は，資産計上・原価基準および資産計上・公正価値基準と結び付き（(3)で検討），また他方，商品(W)とは異質と捉える見解は，資産計上・公正価値基準と結び付くことになる（(4)で検討）。

なお，ここで留意したいのは，このような整理枠組は，先の「保有目的」からの各会計処理方法の整理枠組とはまた違ったものであるということである。すなわち，「保有目的」における2つのメルクマール（権利行使を企図するものか，投機を企図するものか）と，ここでの2つのメルクマール（一取引基準および二取引基準，そしてそれらから導出される原資産を中心に捉える見解と権利そのものに着目する見解）とは，まったく異質なものであるという点が重要である。例えば，オプション・プレミアムの会計的性質として原資産を中心に捉える見解は，「保有目的」でいうところの権利行使を企図するものとは一義的に対応していないし，また同様に，権利そのものに着目する見解は，投機を企図するものとは一義的に対応していないのである。つまり，オプション・プレミアムを原資産を

中心に捉える見解と権利そのものに着目して捉える見解のそれぞれについて，権利行使目的と投機目的との両方が想定し得るということなのである。

このように，「保有目的」による整理とオプション・プレミアムの会計的性質による整理とはまったく異質な整理枠組であるし，また，会計処理方法を整理するうえで重要となるのは後者であるということがここでの大きなポイントである。そしてこの点については（2）以降の検討で明らかにしていく。

（2） 一取引基準および原資産を中心に捉える見解について

まず，一取引基準および（オプション・プレミアムの会計的性質として）原資産を中心に捉える見解について検討しよう。

先に述べた通り，一取引基準の考え方からすれば，オプション契約それ自体とその後の原資産に係る取引とは，同一の連続した取引として捉えられることになる。つまり，オプション契約は，それ自体独立したものとしては捉えられず，あくまでその後の原資産取引とのかかわりの中で捉えられることになるのである。よってこの立場からすれば，当初約定時におけるオプション・プレミアムは，その後の原資産に係る取引において原資産（の1部）を構成するものとして捉えられることになる。そしてこの考え方は，資産計上・原価基準と結び付く。このことを具体的な設例により確認しよう。そこで＜図表5－6＞のような設例を設けて，それに対して具体的な仕訳を行うと，＜図表5－7＞のようになる。また各期間損益の推移は＜図表5－8＞のようになる。

<図表5-6> 設　例-権利行使のケース-

①	×1年度期首	コール・オプション契約締結（買建，市場性あり）ヨーロピアン型（行使日×3年度期首，権利行使価格10,000）オプション・プレミアム＝100
②	×1年度期末	オプション・プレミアム＝120
③	×2年度期末	オプション・プレミアム＝110
④	×3年度期首	権利行使：原資産14)（公正価値10,110）を購入（現金10,000の支払）
⑤	×3年度期首	④の直後，原資産を10,110で売却

<図表5-7> 原資産を中心に捉える見解における具体的仕訳-権利行使のケース-

	仕　訳	
	借　方	貸　方
①	「将来原資産」　100	現　金　100
②	なし	
③	なし	
④	原　資　産　10,100	現　金　10,000 「将来原資産」　100
⑤	現　金　10,110	原　資　産　10,100 原資産売却益　10

<図表5-8> 各期間の損益の推移

		損　益
×1年度	①②	0
×2年度	③	0
×3年度	④	0
	⑤	10（原資産売却益）
全　期　通　算		10

すなわち，一取引基準の考え方からすれば，①から⑤の一連の取引は全て同一のものとして捉えられることになる。そしてこのことからすれば，当初約定時のオプション・プレミアムについてもこの一連の流れの中で，特に④や⑤との関係の中で捉えられることとなる。よって，＜図表５－７＞に示される通り，①×１年度期首に支払ったオプション・プレミアム100は，「将来原資産」として資産計上され，④×３年度期首に実際に権利行使された時に，その100がそのまま原資産の１部に変化する（振り替えられる），ということになるのである。このため，④における原資産の簿価は10,100となっている。

ここでのポイントは，この見解のもとでは，②および③は「仕訳なし」ということにならざるを得ないという点である。つまり，この見解は，会計処理方法としては，資産計上・公正価値基準とは結び付かないことになる。すなわち，もし仮に資産計上・公正価値基準ということであれば，①で計上される「将来原資産」の本質が改めて問われなければならないが，この「将来原資産」は，'将来時点における実際の原資産の入り'に着目して計上された項目であり（つまり，焦点はあくまで将来時点における実際の原資産の入りにあり），よって，その焦点たる'将来時点における実際の原資産の入り'があるまでは，当該「将来原資産」項目自体は何ら評価替えされないと考えるのが自然といえよう。そしてそうであれば，原資産を中心に捉える見解は，資産計上・公正価値基準とは結び付かないと解するのが自然といえる。なお，ここで留意したいのは，権利行使を企図するということから資産計上・原価基準が導出されるのではなく，あくまでオプション・プレミアムを「将来原資産」と捉えるからこそ資産計上・原価基準が理論的に導出されるという点である。すなわち，一取引基準およびそこから導出された「将来原資産」というオプション・プレミアムの会計的性質から，資産計上・原価基準という会計処理方法が決せられているのだという点にはくれぐれも留意されたい。

以上のように，原資産を中心に捉える見解は，資産計上・原価基準と結び付くことになるが，しかしながら，このような見解に対して，筆者は以下の点から問題なしとしない。

すなわち、ここでの大きな問題は、④×3年度期首仕訳の借方に計上される原資産が10,100となってしまう点である。これは結局一取引基準の問題点に帰着するのだが、公正価値が10,110のものを10,000で購入出来たということがオプション契約を結んだことの意味であり、この点からすれば、権利行使価格10,000、④時点の原資産価格10,110、およびそれらの差額110というものが、オプション契約の本質であると考えられる。にもかかわらず、この立場では、これらオプション契約の経済的意味を表す数値が仕訳上に一切表現されないため、オプション契約を結んだことの経済的な本質が何ら表現されないことになり、この点問題なしとはいえない[15]。

しかしながら、この点については、もし仮に④で原資産の入帳価額を10,110として仕訳を行うのであれば、オプション契約の本質が貫徹され特に問題はないのではないかという反論もあり得るかもしれない。つまり、④では［(借)原資産10,110（貸）現金10,000、将来原資産100、原資産購入利得10］という仕訳を行い、⑤で［(借)現金10,110(貸)原資産10,110］という仕訳を行うのであれば、上記の問題点は解決するのではないか、つまり、オプション契約の本質を表現することは十分可能ではないか、という反論である。

しかしながら、もし仮にそのように解したとしても、次のような問題が生じる。すなわち、確かに上記のように解することも不可能ではないが、このような解釈では、仕訳④において、貸方側に「原資産購入利得10」が生じてしまうのである。ここで、現行の会計ルールのもとでは、商品等棚卸資産について購入時にこのようなかたちで購入利得を計上することはみとめられていない[16]。よって、たとえ上記のように解したとしても、現行ルールに反する「原資産購入利得10」が生じてしまう点で大きな問題となるだろう。

以上の問題点を鑑みるならば、一取引基準およびそこから導出される原資産を中心に捉える見解は決して妥当とはいえない。

なお、＜図表5-6＞の設例は権利行使のケースだったが、投機（転売）のケースではどうなるだろうか。そこで設例を1部改変し、④×3年度期首にオプションを市場で転売するケースを想定してみよう。それを示したのが＜図表

第5章 買建コール・オプションの会計

5-9>であり、それに対して具体的に仕訳を行うと<図表5-10>のようになる。また、各期間損益の推移は<図表5-11>に示される通りである。

<図表5-9> 設　　例－投機（転売）のケース－

①	×1年度期首	コール・オプション契約締結（買建、市場性あり） ヨーロピアン型（行使日×3年度期首、権利行使価格10,000） オプション・プレミアム＝100
②	×1年度期末	オプション・プレミアム＝120
③	×2年度期末	オプション・プレミアム＝110
④	×3年度期首	オプションを110で転売（オプション・プレミアム＝110）

<図表5-10> 原資産を中心に捉える見解における
具体的仕訳－投機（転売）のケース－

	仕　　　訳	
	借　　　方	貸　　　方
①	「将来原資産」　100	現　　　金　　100
②	な　　　し	
③	な　　　し	
④	現　　　金　　110	「将来原資産」　　100 「将来原資産」売却益　10

<図表5-11> 各期間の損益の推移

	損　　益
×1年度　①②	0
×2年度　③	0
×3年度　④	10（「将来原資産」売却益）
全　期　通　算	10

このケースについても基本的には権利行使のケースと同様、①においてオプション・プレミアム部分の100は「将来原資産」として資産計上され、また②および③では評価替えされないことになる。

253

しかしながら，④の転売時に生じる利得については，「『将来原資産』売却益」と解されることとなり，この点大きな問題となる。すなわち，あくまで投機を目的としてオプションを保有したにもかかわらず，そこから生じた損益が，原資産に係るものである点問題があるし，また「将来原資産」というその素性が明らかでないものから生じている点でも問題がある。

　これは結局，原資産を中心に捉える見解そのものの問題点，つまり，オプション・プレミアム部分を「将来原資産」（の1部）と捉えることそのものの問題点といえるのだが，このように考えれば一取引基準およびそこから導出される原資産を中心に捉える見解はやはり妥当とはいえないだろう。

（3）　二取引基準および権利そのものに着目する見解について（その1）
　　　−権利を商品(W)と同質と捉える見解−

　次に，二取引基準およびそこから導出される（オプション・プレミアムの会計的性質について）権利そのものに着目して捉える見解について検討しよう。

　先述のとおり，二取引基準の考え方からすると，オプション・プレミアムの会計的性質としては，権利そのものに着目する見解（権利そのものと捉える見解）が導出される。すなわち，二取引基準の考え方からすると，オプション契約それ自体とその後の原資産に係る取引とは，別個独立した2つの取引として捉えられることになる。よってこの立場からすれば，当初約定時におけるオプション・プレミアムは，その後の原資産に係る取引とは別個独立したものとして捉えることが出来るため，ファイナンス理論のいう通り，権利そのもの（に対する価格）として捉えられることになる。

　ようするに，二取引基準の考え方からすれば，オプションをオプションそのものとして捉えることが可能となるため，オプション・プレミアムを，会計理論上もファイナンス理論と同様に原資産とは別個独立した権利そのものとして捉えることが可能となるのである。

第5章 買建コール・オプションの会計

　但し，この見解は，会計上当該権利をどのように捉えるかで更に次の2つの考え方に分類されるだろう。

　第1は当該権利を商品(W)と同質と捉える見解である。これは，本研究のキーワードでいえば「拡張の論理」の立場，すなわち，当該権利を従来の棚卸資産の会計（[G−W−G´]）の延長線上で説明する立場であり，具体的な会計処理方法としては，資産計上・原価基準および資産計上・公正価値基準と結び付く。これについてはこの（3）で検討する。

　また第2は，当該権利を商品(W)とは異質と捉える見解である。これは，本研究のキーワードでいえば「区分の論理」の立場，すなわち，当該権利を従来の棚卸資産の会計（[G−W−G´]）とは別個の論理で説明する立場であり，具体的な会計処理方法としては，資産計上・公正価値基準と結び付く。これについては次の（4）で検討することにする。以上のように，ここでもまさに，オプションという権利を「拡張の論理」で捉えるのか，「区分の論理」で捉えるのかが大きなポイントとなるのである。

　それではまず，前者の当該権利を商品(W)と同質と捉える見解について検討しよう。先の（2）における設例＜図表5−6＞を想定したうえで，それに対して具体的な仕訳を行うと，＜図表5−12＞のようになる。また各期間損益の推移は＜図表5−13＞のようになる。

<図表5-12> 権利を商品と同質と捉える見解における具体的仕訳
－権利行使のケース－

	資産計上・原価基準（伝統的実現）		資産計上・公正価値基準（実現可能・広義実現）	
	借　方	貸　方	借　方	貸　方
①	オプション資産　100	現　金　100	オプション資産　100	現　金　100
②	仕訳なし		オプション資産　120	オプション資産　100 オプション資産擬似売却益　20
③	仕訳なし		オプション資産　110 オプション資産擬似売却損　10	オプション資産　120
④	現　金　110	オプション資産　100 オプション資産売却益　10	現　金　110	オプション資産　110 オプション資産売却益　0
	原　資　産　10,110	現　金　10,110	原　資　産　10,110	現　金　10,110
⑤	現　金　10,110	原　資　産　10,110 原資産売却益　0	現　金　10,110	原　資　産　10,110 原資産売却益　0

<図表5-13> 各期間の損益の推移

		資産計上・原価基準	資産計上・公正価値基準
×1年度	①②	0	20（オプション資産擬似売却益）
×2年度	③	0	△10（オプション資産擬似売却損）
×3年度	④	10（オプション資産売却益）	0（オプション資産売却益）
	⑤	0（原資産売却益）	0（原資産売却益）
全　期　通　算		10	10

ここでのポイントは大きく3つある。

まず第1のポイントは，この考え方のもとでは，①においては，オプション資産という権利そのものが資産計上されるという点である。すなわち，上述のように，二取引基準の考え方からすれば，オプションをオプションそのものとして捉えることが可能となるため，オプション・プレミアムを，会計理論上も権利そのものとして捉えることが可能となる。よって①においては，オプショ

ン資産という権利そのものが資産計上されるのである。この点,「将来原資産」が資産計上される(2)の見解とは大きく異なっている。

　第2のポイントは,②③において,まず一方,伝統的実現概念を採用すればオプション資産は評価替えされないことになり(資産計上・原価基準と結び付く),また他方,伝統的実現概念を何らかの意味で拡張した実現可能性概念もしくは広義実現概念を採用すれば,オプション資産はそれらの概念の適用により擬似売却というかたちで評価替えされることになる(資産計上・公正価値基準と結び付く)という点である。つまり,この見解のもとでは,オプション・プレミアム100は確かに「権利そのもの」として捉えられているものの,売却により利得が生じる商品(W)と同質的なものとして(すなわち,努力と成果の対応計算という枠組の中で)位置付けられているのである。

　第3のポイントは,この見解のもとでは,④権利行使については,オプション資産をいったん売却し現金110を得て,その現金110と現金10,000で原資産を購入すると考える点である。この点についてはV(2)で後述するが,これは二取引基準の考え方からきている。すなわち,④権利行使の段階で,いったんオプション契約は終了したと考え(ここで現金110への換金が行われる),そしてそれとはまた別個の原資産取引に,当該現金110と権利行使価格として別に用意しておいた10,000を用いると考えるのである。また,その結果,④における原資産の簿価は10,110になっている点にも注意しておきたい。

　以上のように,二取引基準およびそこから導出される(オプション・プレミアムについて)権利そのものに着目する見解のうち,当該権利を商品(W)と同質と捉える見解は,資産計上・原価基準および資産計上・公正価値基準と結び付くが,筆者は結論的には以下の点から問題なしとしない。すなわち,ここでの問題は,結局のところオプション資産売却損益ないしオプション資産擬似売却損益という点,つまり,②③④においてオプションから生じる損益は本当に売却ということから生じているものなのか,という点にある。そして,この点(売却損益か保有損益かという点)については,第3章で検討したところと大きく関係しているが,重要なところであるので重複を恐れずもう1度検討しよう。

すなわち，この見解は，「拡張の論理」の立場から，棚卸資産会計の延長線上でオプションを捉えている。よって，オプション資産から生じる損益は，努力と成果の対応計算（収益原価対応原則）の枠組において生じる売却損益として位置付けられることとなる。

　しかしながら，オプション損益は，本当にそのような伝統的な（努力と成果の対応計算という）枠組に包摂し得るものなのか，疑問がないわけではない。

　例えば，オプションの公正価値変動に費用に該当するものが存在するのか[17]（オプションの公正価値の上昇は自企業の努力によるものなのか[18]），また，オプション損益は売却ないし決済という「断絶」がないと本当に生じ得ないものなのかについては，オプション損益の性質を鑑みるならば問題なしとはいえないだろう。すなわち，オプションから生じる損益は，あくまでポジションをとり続ける（オプションを保有し続ける）ことから随時連続的に生じる利得ないし損失である。つまり，オプション損益の本質は，ポジションをとり続ける（保有し続ける）という「連続」にあり，決して（決済や売却などという）「断絶」にあるのではない。この点についての詳細な検討は，Ｖおよび補論５－１で再び行うことにするが，ともあれ，このような随時連続的に生じる損益を，実現概念の何らかのかたちでの適用（努力と成果の対応計算の枠組の適用）により，あくまで（擬似）売却損益として説明しようとする「拡張の論理」の見解は，決して妥当とはいえないだろう。

　またそうであれば，従来の棚卸資産会計の枠組とは別の枠組を用意し，その別概念によって説明する必要があろう。これがまさにもう１つの「区分の論理」の見解に他ならない。そして，この点については（４）で検討する。

　なお，ここで問題となっているのは，②③④における「オプション資産売却損益」であり，⑤の「原資産売却益」は特に問題とならない。つまり，ここでの論点は，②③④でオプション資産そのものからどういった素性の損益が生じているか（売却か，保有か）という点であり，⑤で原資産そのものの売却から「原資産売却益」が生じることは特に問題とはならない点には留意されたい（この点（２）とは異なる）。

また，投機（転売）のケースを考えてみよう。先の（2）と同様に，＜図表5－9＞の設例を想定したうえで，それに対して具体的に仕訳を行うと＜図表5－14＞のようになる。

＜図表5－14＞ 権利を商品と同質と捉える見解における具体的仕訳
　　　　　　　－投機（転売）のケース－

	資産計上・原価基準（伝統的実現）		資産計上・公正価値基準（実現可能・広義実現）	
	借　方	貸　方	借　方	貸　方
①	オプション資産　100	現　金　100	オプション資産　100	現　金　100
②	仕訳なし		オプション資産　120	オプション資産　100 オプション資産擬似売却益　20
③	仕訳なし		オプション資産　110 オプション資産擬似売却損　10	オプション資産　120
④	現　金　110	オプション資産　100 オプション資産売却益　10	現　金　110	オプション資産　110 オプション資産売却益　0

しかしながら，これもやはりオプション（擬似）売却損益が生じる点問題となろう。すなわち，ここでも上述の議論同様，「区分の論理」か「拡張の論理」かという点が重要となる。そしてここでの見解のように「拡張の論理」の立場からは，②③においてオプションから生じる損益は，結局のところ売却活動からしか生じ得ないということになってしまい，この点保有活動から損益が生じているという視点が欠如してしまっているのである。

（4）　二取引基準および権利そのものに着目する見解について（その2）
　　　－権利を商品(W)とは異質(D)と捉える見解－

次に，二取引基準およびそこから導出される（オプション・プレミアムについて）権利そのものに着目する見解のうち，当該権利を商品(W)とは異質と捉える

考え方について検討しよう。

先述のとおり，二取引基準の考え方からすると，オプション・プレミアムの会計的性質としては，権利そのものに着目する見解（権利そのものと捉える見解）が導出されるが，この見解のうち，当該権利を商品(W)とは異質と捉える見解が，ここでの検討対象である。そしてこれは，「区分の論理」の立場，すなわち，当該権利を従来の棚卸資産の会計（[G－W－G´]）とは別個の論理で説明する立場であり，具体的な会計処理方法としては，資産計上・公正価値基準と結び付く。以下このことを確認しよう。そこで先の（2）における設例＜図表5－6＞を想定し，それに対して具体的な仕訳を行うと，＜図表5－15＞のようになる。また各期間損益の推移は＜図表5－16＞のようになる。

＜図表5－15＞ 権利を商品とは異質と捉える見解における
具体的仕訳－権利行使のケース－

	資産計上・公正価値基準			
	借　　　方		貸　　　方	
①	オプション資産	100	現　　　金	100
②	オプション資産	20	オプション資産保有利得	20
③	オプション資産保有損失	10	オプション資産	10
④	現　　　金	110	オプション資産	110
	原　資　産	10,110	現　　　金	10,110
⑤	現　　　金	10,110	原　資　産 原資産売却益	10,110 0

＜図表5－16＞ 各期間の損益の推移

		資産計上・公正価値基準
×1年度	①②	20（オプション資産保有利得）
×2年度	③	△10（オプション資産保有損失）
×3年度	④	0
	⑤	0（原資産売却益）[19]
全　期　通　算		10

第5章　買建コール・オプションの会計

ここでのポイントは3つある。

まず第1のポイントは，この考え方のもとでは，①においては，オプション資産という権利そのものが資産計上されるという点である。この点は（3）の見解と同様である。

第2のポイントは，②③において，オプション資産の評価替えがなされるということである。ここでも第3章の議論が参考になる。すなわち，この見解は，オプション資産を権利として捉えるものの，当該権利を商品(W)とは異質のものとして捉える見解であるが，オプション資産が商品(W)とは異質であるという点から，オプション資産を企業資本等式における派遣分(D)として捉えるということが，1つの理論的方向性として想定し得る。そしてオプション資産を資本派遣過程（[G－D－G´]）における派遣分(D)として捉えるのであれば，当該派遣分は現在時点で収入しうべき金額たる公正価値で評価替えされることになる。また，そこでは（3）のような実現可能性・広義実現概念の適用による擬似売却損益ではなく，保有活動から生じる狭義発生主義の適用による保有損益の計上がなされることになる。そしてこれは，オプションから生じる損益が，ポジションをとり続ける（オプションを保有し続ける）ことから随時連続的に生じる利得ないし損失であるという点と整合する。

第3のポイントは，この見解のもとでは，④の権利行使については，オプション資産をいったん市場で現金110に換金し，その現金110と現金10,000でもって原資産を購入すると考える点である。この発想は（3）と同様に，二取引基準の考え方からきているものであり，④における原資産簿価は10,110になっている[20]。

また投機（転売）のケースについても考えてみよう。そこで，これまでと同様に，＜図表5－9＞の設例を想定したうえで，それに対して具体的な仕訳を行うと，それは＜図表5－17＞のようになる。

<図表5-17> 権利を商品とは異質と捉える見解における
具体的仕訳－投機（転売）のケース－

資産計上・公正価値基準			
借　　方		貸　　方	
① オプション資産	100	現　　金	100
② オプション資産	20	オプション資産保有利得	20
③ オプション資産保有損失	10	オプション資産	10
④ 現　　金	110	オプション資産	110

　<図表5-17>に示されている通り，このケースにおいても損益は，売却からではなく，保有というところから生じているということが貫徹されている点には留意されたい。

Ⅴ　オプション損益の性質

（1）　オプション損益の性質
～オプション・プレミアムの決定要因～

　ここでオプション損益の性質を，オプション・プレミアムの決定要因とかかわらしめてヨリ深く検討してみよう。
　Ⅳ（3）（4）で述べたように，オプションから生じる損益は，あくまでポジションをとり続ける（オプションを保有し続ける）ことから随時連続的に生じる利得ないし損失である。つまり，オプション損益の本質は，ポジションをとり続ける（保有し続ける）という「連続」にある[21]。そしてこのオプション損益の性質を，オプション・プレミアムの決定要因の観点から更に掘り下げてみるとどうなるだろうか。
　大村［1999］によれば，オプション・プレミアムは色々な要因によって影響

第5章 買建コール・オプションの会計

されるものの,これらの要因の中から基本的なものを挙げると次の6つに集約出来るという。すなわち,①原資産の価格,②権利行使価格,③原資産の収益率のボラティリティ(Volatility),④金利(リスクフリーレート),⑤満期までの期間,⑥現金配当(但し,原資産が株式の場合のみ)という6つである[22]。そしてこれらの要因を表に纏めると,＜図表5－18＞のようになる。

＜図表5－18＞ オプション・プレミアムの決定要因[23][24]

① 原資産の価格
② 権利行使価格
③ 原資産のボラティリティ
④ 金利(リスクフリーレート)
⑤ 満期までの期間
⑥ 現金配当[25]

また,これらの要因とプレミアムとの関係について種々の仮定[26]を置き単純化し,そのうえで配当の支払のない株式を原資産とするヨーロピアン・オプションの価格を算定するモデルが,かの有名なブラック・ショールズ・モデルである[27]。ここでXを原資産とするt時点のコール・オプション価格をC(t,X)とすると,それは以下のように示される。

$$C(t,X) = X(t)N(d_1) - Ke^{-r(T-t)}N(d_2)$$

$$d_1 = \frac{\ln(X(t)/K) + (r + \frac{1}{2}\sigma^2)(T-t)}{\sigma\sqrt{T-t}}$$

$$d_2 = d_1 - \sigma\sqrt{T-t}$$

(但し,t時点の原資産価格X(t),権利行使価格K,金利r,ボラティリティσ,満期T,正規確率累積密度関数N(・),自然対数lnとする。)

このモデルのもとでは,配当のない株式を原資産としたオプションに係るオプション・プレミアムは①,②,③,④および⑤の5つの情報が与えられれば決定される(投資家の選好や分布図・期待値等も必要としない)ということになる。

ここで，本章の当面の問題意識からして（このような価格算定方法の議論から，利益の産出原因を探るとすれば）[28]，重要なポイントは3つある。

(ⅰ)「連続」から生じるオプション損益　－要因①～⑥－

まず第1のポイントは，要因①から⑥全てに係るものである。すなわち，これら①から⑥の要因の随時連続的な変動が，オプション・プレミアムを随時連続的に変動させていることを鑑みれば，そのオプション・プレミアムの変動から生じるオプション損益は，決して売却等の「断絶」から生じているのではなく，あくまで「連続」から生じているということになる。この点からすれば，先に述べたとおり，やはり「拡張の論理」よりも「区分の論理」によった方が，そのような「連続」をヨリ合理的に説明出来るということになる。

(ⅱ)　自企業の努力とは無関係なオプション損益
　　　－要因①②③④（⑥）－

また第2のポイントは，要因①②③④（株式を原資産とする場合は⑥も含む）に係るものである。すなわち，要因①②③④（⑥）から考えれば，オプション・プレミアムは，自企業の努力とは無関係に上下しているということになる。つまり，自企業の努力とは直接は関連しないマーケットの諸要因によりオプション・プレミアムは決定しているといえ，この点からすれば，やはり，まず一方，Ⅳ（3）のように努力と成果の対応計算という枠組（つまりオプション損益という成果獲得には何らかの自企業の努力つまり費用が存在するという立場）で，（オプション・プレミアムの上下変動から生じる）オプション損益を説明しようというのは少々無理があるだろうし，また他方，Ⅳ（4）の見解は，自企業の努力とは別の視点からオプション損益を説明しようとしており，この点オプションの経済的性質に即した説明がなされているといえよう。

またここでは，「自企業の努力とは別の視点」とは何かが次に問題となるだろう。つまり，特にⅣ（4）の立場からすれば，買建コール・オプション契約とは，一体何処に対して資本を派遣し，そしてそれがどのようなかたちで利潤

第5章　買建コール・オプションの会計

を産むものなのか、ということが問われなければならない。そしてここでは、この点を検討するに当たり、買い手側および売り手側にとってのオプション契約からの抜け出し方（手仕舞いの仕方）の違い[29]に着目してみよう。

まず一方、買い手側は、自らのポジションを手仕舞う場合は、オプション契約という権利を市場で売却することになる。すなわち、オプション契約において、買い手側は、一方的な'権利'のみを有しているので、そのような'権利'を市場で売却することで容易に手仕舞いをすることが可能となる。それに対して他方、売り手側は、買い手側と異なり、自ら保有する売りのポジションに対して反対の買いのポジションを建てることにより、自らのポジションを手仕舞うことになる。すなわち、オプション契約において、売り手側は、一方的な'義務'を負っているので、そのような'義務'を市場で売却することは出来ない。つまり、売り手側はそのような'義務'を、当該契約が行使されるか、もしくは放棄ないし失効するまで、ずっと負い続けなければならないのである。そこで、売り手側は、当該ポジションを手仕舞う場合には、そのような'義務'に対して同条件・同額の買いのポジション（つまり'権利'）を建てる必要があるのである。このようにオプション契約の場合は、'権利'を有するか、それとも'義務'を有するかによってその手仕舞いの仕方に大きな違いが生じるのである。そしてこれを図に纏めると、＜図表5−19＞のようになる。

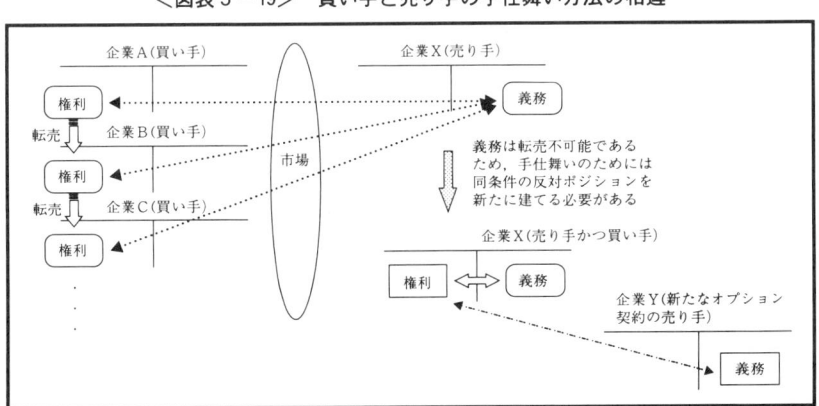

＜図表5−19＞　買い手と売り手の手仕舞い方法の相違

そして，このことから分かることは2つある。まず第1は，買い手と売り手は，市場を介することでお互いを特定できないものの，常に，(以下に述べる2つの意味で)対応関係にあるということである。すなわち，前述の通り，売り手側は，一度契約を締結したならば，契約の顛末まで当該'義務'を負うことになる。つまり，売り手(例えば，＜図表5－19＞でいうと企業X)は，買い手が如何に変わろうとも(例えば，＜図表5－19＞でいえば，オプション権利は，転売により企業AからB，そしてCへと随時変動している)，契約の顛末までは，買い手が保有する'権利'に対応した'義務'を有しているのである。これは，売り手が手仕舞いのために，新しく同条件の反対ポジションを建てた場合(＜図表5－19＞でいえば，企業Xが企業Yとの間に同条件・逆ポジションとなる新たな契約を締結した場合)でも同じである。すなわち，その場合においても，①結局は既存の契約が残っているため依然として'義務'は残る(例えば，＜図表5－19＞でいえば，売り手たる企業Xは，当該契約中は常に買い手(企業A・B・Cのいずれか)と対応関係にある(「第1の意味での対応関係」))し，また，②これは結局，新たな契約の'義務'の側(企業Y)が，その(企業Xの)'義務'を肩代わりしたに過ぎず，実質的には，新たな契約の売り手(企業Y)と既存の契約の買い手(企業A・B・Cのいずれか)とは対応関係にある(「第2の意味での対応関係」)といえるだろう。確かに，市場性あるオプション契約の場合，市場を介することで当該権利・義務は匿名性を帯び，相手先は明確には特定出来なくなる[30]のであるが，しかしながら，契約期間中は，売り手側は，いわば「契約の連鎖」[31]の中で，常に買い手側と対応したかたちで当該'義務'を有することになるのである。また同時に，買い手も，(市場を介することでその相手先を特定することは出来ないものの)常に売り手と対応関係にあるということになるだろう。

　また，第2は，買い手と売り手がお互い匿名ながらも常に対応関係にあるとするならば，買い手企業にとっての資本派遣先は，'権利'に対応する'義務'を有している匿名の売り手企業であるということである。この点は，先物契約との比較でみると理解しやすいだろう。

　先に第3章で述べた通り，先物市場は，クリアリング・ハウスの存在により，

第 5 章　買建コール・オプションの会計

買い手と売り手が構造的に分断されている。すなわち，先物市場においては，買い手と売り手は，特に対応関係にあるという訳ではなく，一方，買い手はクリアリング・ハウスと個別に契約を結び，また他方，売り手も個別にクリアリング・ハウスと契約を結ぶという構造になっているのである。このように買い手と売り手が先物市場で構造的に分断されているからこそ，第 3 章では，買い手側にとっての資本の派遣先は先物市場（ヨリ厳密にいえばクリアリング・ハウス）であるとの説明がなされたのである。

　それに対してオプション契約においては，基本的には，先物市場におけるクリアリング・ハウスのような何らかの清算機関は存在しない場合が多い[32]。そして，この場合には，買い手と売り手は，市場で構造的に分断されないのである。なお，このことは前述の（買い手と売り手にとっての）手仕舞い方法の違いにも如実に現れているといえよう。すなわち，ここでもし仮に，両者が構造的に分断されているとすれば，つまり，何らかの清算機関が両者の契約の間に介在しているとすれば，市場の安定化を図るため，'義務'の側も（'権利'の側と同様）清算機関が引き受ける（買い取る）ことが制度的に担保されるはずであり，よって，両者の手仕舞いの仕方に差異が生じることはないと思われる。にもかかわらず，両者の手仕舞いの仕方に差異が生じているということは，そのような清算機関が存在せず，（それぞれ相手は特定できないものの）両者は分断されないかたちで対応関係にあるということがいえる。よって，買い手にとっての資本派遣先は，（先物契約の場合のように，市場ないしクリアリング・ハウスということではなく）当該'権利'に対応する'義務'を有している匿名の売り手ということになる。

　但し，ここで重要なことは，オプション価格については，当事者間の合議で任意に決定されるのではなく，あくまで市場に委ねられている（市場における諸要因により決定されている）という点である。ここで先ほどのオプションプライシングモデルを思い出してほしい。つまりここでは，オプション価格自体を任意に 1 つに固定するというかたちで当事者間の合意があるのではなく，オプション価格が各種市場要因により変動するものとして当事者間の合意があると

いうことが重要である。そして,ここで登場するのが先の要因①②③④(⑥)ということに他ならない。すなわち,これらの要因は,オプション市場,原資産市場等で決定されることから,オプションの価格決定に関しては,あくまで市場に委ねられているということになる。

以上を纏めると,以下の2点が重要となる。

(イ) 買い手にとっての資本派遣先は,匿名の売り手側(市場の存在により特定することは出来ないが,自らの'権利'に対応する'義務'を有する売り手側)となる。この点,市場(清算機関)への派遣が想定されている先物契約とは異なる[33]。

(ロ) しかしながら,そのプライシング(価格決定)については,(当事者間で任意になされるのではなく)あくまで市場に委ねられているということになる。すなわち,オプション資産を資本派遣過程([G−D−G′])における派遣分(D)として捉えるⅣ(4)の立場からすれば,オプション資産の公正価値変動から生じるオプション損益は,派遣分たるオプション資産を匿名の売り手側に派遣し続けることより得られる利得・損失であるといえ,またその利得・損失については,市場における諸要因により決定されることが買い手と売り手の間で合意されている[34],ということになる[35]。

いずれにせよ,自企業の努力とは無関係にオプション損益が生じているという点がここでは重要である。

(ⅲ) 保有から生じるオプション損益 −要因⑤−

そして第3のポイントは,要因⑤(満期までの期間)に係るものである。これは第1および第2のポイントとも関係するところであるが,要因⑤から考えれば,オプション・プレミアムの変動は,オプションの保有期間に依存するということになる。つまり,オプション損益の本質は売却ではなく保有という点にあるといえ,この点からすればⅣ(3)の見解よりもⅣ(4)の見解の方がオプションの経済的性質と整合した説明といえよう。

以上,(ⅰ)から(ⅲ)を踏まえると,やはりⅣ(3)の見解よりも,Ⅳ(4)の見解の方が妥当といえよう。

（2） 権利行使を市場での（本源価値分の）換金として解することの妥当性

Ⅳ（2）（3）（4）においては，一取引基準と二取引基準を鍵概念として，それらからオプション・プレミアムの会計的性質を導出することで，各会計処理方法との結び付きを検討した。そしてそこでは，オプションの権利行使というものを，それぞれ以下のように捉えた。

まず一方，Ⅳ（2）においては，オプション・プレミアムについて原資産を中心にして捉えるという点から，オプションの権利行使を，「将来原資産」（の1部）から原資産への振替として捉えた（＜図表5－7＞④）。

他方，Ⅳ（3）（4）においては，オプションの権利行使につき，権利そのものを市場で換金しそれを原資産の購入に充当するというアイディアを提示し，それにそった仕訳を行った（＜図表5－12＞④および＜図表5－15＞④）。しかしながら素朴に考えると，何故，権利行使をしたにもかかわらず，当該権利部分について換金が可能なのか疑問が残る。すなわち，換金ということがはたして経済的に意味があるものなのか，という疑問が生じないわけではない。

しかしながら，結論的には筆者は，このような換金を想定することは妥当であると解するし，また意味のあることであると解する。その理由は2つある。

第1の理由は，二取引基準という点にある。すなわち，Ⅳ（3）（4）の背後にある二取引基準の考え方からすれば，権利行使の前後で取引を2つに分けることが出来る。つまり，権利行使の段階で，いったんオプション契約は終了したと考え（よってここでいったん現金110への換金が行われると考え），そしてその後，オプション契約とは別個の原資産取引に，当該現金110と権利行使価格として別に用意しておいた現金10,000をもって臨むと考えるのである。このように二取引基準の考え方からすれば，換金の想定は妥当であるといえるし，またむしろ経済的にもそのような想定に意味があると考えられるのである。

また，第2の理由は，第1の理由とオーヴァーラップするのであるが，オプションの本源価値に即した理由である。すなわちまず，権利行使時において

コール・オプションを保有しているということは，当該オプションに係る権利行使により，権利行使価格で原資産を購入することが出来るということを意味する。そしてそれは，権利行使をすることにより（イン・ザ・マネーで，かつ，ヨーロピアン型オプションであるならば），現在時点の原資産価格よりも，本源価値（＝原資産価格－権利行使価格）分だけ少ない金額で原資産が購入出来るということである。それは逆にいえば，原資産価格（10,110）に対して，権利行使価格分（の現金10,000）では足らない部分を，オプションの本源価値部分（110）で穴埋めをしているということに他ならない。つまり，現在10,110のものを10,000で購入出来るのは，実はその差額110部分（これはオプションの本源価値に相当する）をオプションの本源価値部分で穴埋めするからに他ならず，だからこそオプションを市場で換金するという想定がなし得るのである。そしてこのように考えれば，換金を想定することは妥当であると思われるし，（差額部分の穴埋めを想定しているという意味でも）また意味のあることであると思われるのである。

　ようするに，オプション契約の会計的な本質は，（原資産価格10,110と権利行使価格10,000との）差額110にあるというのがここでのポイントとなるだろう。つまり，「価格差110を狙う」のがオプション契約の会計的な特質といえよう。そしてこのように上記2つの理由からすれば，権利行使を市場での本源価値部分の換金として解することは妥当であると考えるし，また経済的にも十分意味のあることであるといえる。また，このように解することで（例えば<図表5-15>や<図表5-17>の仕訳からも分かるように），権利行使を企図した場合と投機を企図した場合どちらの場合でも，同じ会計処理方法を想定し得ることになる[36]。この点からしても，このような考え方は重要である。

Ⅵ 纏　め

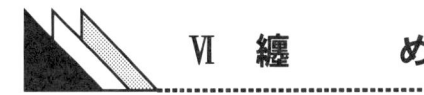

（１）本章の結論

　本章では，一取引基準および二取引基準を鍵概念とし，それらからオプション・プレミアムの会計的性質を導出し，そしてそれらと各会計処理方法の結び付きを検討したうえで，各見解の比較検討を行った。そして，理論的に最も妥当な見解（オプションの経済的性質とも整合し首尾一貫した説明が可能となる見解）は，二取引基準から導出される，「オプション・プレミアムについて権利そのものに着目し，かつ当該権利を商品(W)とは異質なものと捉える見解」であり，その背後にある理論的体系としては，当該権利部分を派遣分(D)と捉える企業資本等式が想定出来るということが明らかとなった。またそれにより，最も妥当な会計処理方法は資産計上・公正価値基準であることも明らかとなった。つまり，ここでも理論的に重要となるのは「拡張の論理」ではなく「区分の論理」である。

　なお，この他，本章で得られたインプリケーションは次の３つである[37]。

① オプションの会計処理方法を整理する鍵となるのは，権利行使か投機かという「保有目的」ではなく，オプション・プレミアム部分を会計的にどのように捉えるかという点にある。

② そして①の背後には，一取引基準および二取引基準という伝統的な論点が存在する。また，このような整理は，実は第３章の先物契約における整理ともリンクする。すなわち，第３章注29では，先物契約の整理について，一方，原資産を中心に捉える立場を一取引基準と，また他方，先物契約を中心に捉える立場を二取引基準と，それぞれ関連付けたが，そこでの議論は，まさにここでのインプリケーション①②と合致する。つまり，このよ

うな整理により，フォワード型とオプション型のデリバティブを包括的に説明することが可能となるのである。

③　権利行使のケースについても，市場での換金を想定することで，会計上は投機のケースと同一視出来る。そしてここでポイントとなるのは，オプション契約の会計的な特質が「価格差を狙う」ことにあるという点である。すなわち，権利行使のケースも投機のケースも，どちらも「価格差を狙う」という点で共通しているといえ，その意味では実は，両者は有価証券の会計処理基準でいうところの'売買目的'に該当するのではないか。

（2）　デリバティブの位置付けを巡って

最後に，財務諸表全体の中の金融商品，および，金融商品全体の中のデリバティブという点について述べる。

まず前者については，「区分の論理」の立場，その中でも特に企業資本等式説にたつことで，オプションの経済的性質に即した首尾一貫した説明がなし得ると思われる。つまり，前章までで検討したフォワード型デリバティブだけでなく，本章で検討したオプション型デリバティブについても，「区分の論理」の立場の方が説明力の高い理論を構築し得る可能性があるといえよう。

また後者については次のようにいえよう。すなわち，有価証券と買建コール・オプションは，どちらも企業資本等式の派遣分資産に該当するという意味において同質であるといえる。更に言えば，どちらも市場を介した，他企業への資本派遣が想定されている点で同質といえよう。

但し，Vで検討したように，企業資本等式の立場からすると，両者は以下の2点で異なっている。まず(イ)市場を介した相手企業への資本派遣といえどもその相手先が特定出来るか否かで両者は異なっているといえる。すなわち，一方，有価証券は，特定可能な相手企業への資本派遣として捉えられるのに対して，他方，買建コール・オプションは匿名の（特定出来ない）相手企業への資本派遣として捉えられ，この点でまず異なっているといえる。

第5章　買建コール・オプションの会計

　また、(ロ)当該資本派遣による損益金額の決定が何処に依存するか（相手企業の経営努力か、市場の諸要因か）でも両者は異なっている。すなわち、当該資本派遣に係る損益は、どちらも確かに自企業の努力により決定するものではない点では共通するが、一方、有価証券においては、主に相手企業の経営努力により決定されるのに対して、他方、買建コール・オプションにおいては、もっぱら市場における諸要因により（＜図表5－18＞参照）決定され、この点でも両者は異なっているといえる。

　但し、この資本派遣に係る(イ)(ロ)の相違点は、あくまで前述の同質性（同じ派遣分資産に該当するということ）を前提とした細分類ということが出来よう。よって、デリバティブ会計の位置付けとしては、先の第2章Ⅱ（2）②における＜図表2－4＞の整理図表でいえば、「区分の論理」タイプAの立場に該当するものと思われる。

補論5－1　ポジションの「連続」と「断絶」

　Ⅳ（3）およびⅤでは、オプション損益の本質は、ポジションをとり続ける（保有し続ける）という「連続」にあり、決して（決済や売却などという）「断絶」にあるのではないという点を述べたが、ここでのポイントは、この「連続」と「断絶」は、損益の発生原因（産出原因）の相違を意味するものであるという点である。すなわち、ここでの「連続」と「断絶」の対立軸は、あくまで、オプションに係る損益が、そのポジションを連続的に取り続けることから生じるのか（保有損益。「連続」）、もしくはポジションの一時的な決済（清算）から生じるのか（売却損益。「断絶」）という損益の産まれ方の違い（損益の質的な相違）に係るものである点にはくれぐれも留意されたい。

　しかしながら、筆者のこのような「連続」および「断絶」の対立に対しては次のような批判があるかもしれない。すなわち、「オプションの市場価格の変

動は，実は直前の価格とは断絶している。すなわち，グラフでは毎時変化する価格を線で結ぶため連続的にみえるが，実際はオプションの市場価格は連続ではなく，非連続つまり断絶である。よって，オプション損益は，非連続な価格差により計算されているため，『連続』から生じているとはいえないのではないか（むしろオプション損益は価格差という『断絶』から生じているのではないか）」という批判である。

但し，このような批判は，利益の産出原因の議論と利益の算出方法の議論とを混同している。つまり，このような批判に対しては，以下の2つの点から反批判できよう。

すなわち，①確かに，オプションの市場価格は非連続であり，オプション損益は，その非連続的な価格差によって計算されるという指摘は，的を射ている。しかしながら，それはあくまで損益の計算方法に係る議論（利益算定方法に係る技術的・量的な議論）である。つまり，具体的な数字でいうとすれば，例えば，「オプション損益20は，現在のオプション・プレミアム120と購入時のオプション・プレミアム100との差額で算定する。そして120と100との間は非連続である」といっているに過ぎない（これは単に，損益20は，非連続な価格120と100との差分をとって計算する（120－100で計算する）ということを述べているに過ぎない）。

しかしながら，②これに対して，筆者の述べている「連続」と「断絶」の対立は，むしろその損益20の中身（原因），つまり，利益の産まれる原因（要因）についての議論（質的な議論）である。すなわち，その価格差20がどのような企業資本の運動から産出されたのか（ポジションをとり続けるという連続的な資本派遣運動から生じたのか（「連続」），それとも，いったんポジションを清算するという非連続的な資本運動から（資本をいったん引き上げたことにより）生じたのか（「断絶」））というのがここでの主眼なのである。つまり，批判意見の主眼が損益20の計算（算定方法）にあるのに対し，筆者の主眼は，損益20の中身（産出原因）にある。つまり，議論のディメンジョンが異なっており，この点，上記の主張は，筆者に対する批判としては当たらないといえる。

第5章　買建コール・オプションの会計

補論5－2　フォワード型デリバティブとオプション型デリバティブ

　ここでは，本章のインプリケーション③「オプションの会計的な特質はあくまで差額（オプション・プレミアムの本源価値部分）にある」というアイディア（本章Ⅴ（2）およびⅥ（1）参照）について，若干の補足をしておきたい。そして，そのことにより，本研究の大枠であるフォワード型デリバティブの会計処理方法（第2章で提示した田中（茂）[2000]のいう「二重の債権債務関係」）とオプション型デリバティブのそれ（田中（茂）[2000]のいう「単一の債権債務関係」）との相違を明らかにしたい[38]。

　本章では，「現在10,110のものを10,000で購入出来るのは，実はその差額110部分をオプションの本源価値部分で穴埋めしている」という発想のもと，「オプションの会計的な特質はあくまで差額110にある」というアイディアを提示した。しかしながら，これに対しては，「オプションの会計的な特質は差額110ではなく，やはり『現在10,110のものを10,000で購入出来る』ということそのものにあるのではないか」という反論もあるかもしれない。そこで，この「差額が重要」という発想について，以下，具体的な設例のもと検討する。

　ここでもし仮に，オプション契約の原資産部分をオンバランスするとしたらどうなるだろうか。先の＜図表5－6＞の設例を更に簡略化したケースを想定し仕訳を行うと，＜図表　補5－1＞および＜図表　補5－2＞のようになる。

＜図表　補5－1＞　原資産オンバランス化の設例

①	×1年度期首	コール・オプション契約締結（買建，市場性あり） ヨーロピアン型（権利行使日×2年度期首，権利行使価格10,000） オプション・プレミアム＝100
②	×1年度期末	オプション・プレミアム＝110
③	×2年度期首	権利行使：原資産（公正価値＝10,110）を購入（現金10,000の支払）

275

<図表 補5－2> 仕　訳
（オプションについては，便宜的に資産計上・公正価値基準を採用）

			仕　　　訳	
			借　　方	貸　　方
①	(a)	オプションに係る仕訳	オプション資産　100	現　　金　100
	(b)	原資産本体の仕訳	「将来原資産」　10,000	「将来対価支払『予定』」　10,000
②		オプションに係る仕訳	オプション資産　10	オプション利得　10
③	(a)	原資産購入に係る仕訳	原　資　産　10,110	オプション資産　110 「将来原資産」　10,000
	(b)	対価支払に係る仕訳	「将来対価支払『予定』」　10,000	現　　金　10,000

　ここでのポイントは2つある。

　まず第1のポイントは，もし仮に原資産部分をオンバランス化することが出来るのであれば（＜図表　補5－2＞①(b)の仕訳），「差額部分を穴埋めする」という考え方は出てこない可能性があるということである（＜図表　補5－2＞③の仕訳）。すなわち，まず，もし仮に契約締結時に原資産部分をオンバランス化しようとすれば，それは，〔(借)「将来原資産」　10,000　(貸)「将来対価支払『予定』」10,000〕という仕訳になると思われる（＜図表　補5－2＞①(b)「原資産本体の仕訳」）。ここで重要となるのは，貸方の「将来対価支払『予定』」という負債勘定である。つまり，オプションの場合は，先物契約等と異なり，購入するかどうかは買建側が任意に選択出来るので（購入選択権），その支払側は決して義務ではなく，（約定時には未確定という意味で）単なる『予定』と表現すべきものとなろう。そしてそうであれば，③の権利行使時の対価支払については，＜図表　補5－2＞③(b)の仕訳のように，「将来対価支払『予定』」10,000を現金10,000と相殺するかたちで処理することが可能となる。そしてそうであれば，「オプション資産をいったん換金する」というアイディアに拠らなくとも，権利行使時の仕訳を説明出来る。よって，オプション契約の会計的特質は，ただ単に「現在10,110のものを10,000で購入出来る」ということとなろう。つまり，この場合は，先に述べた「差額部分を穴埋めする」という発想は出てこないよ

第5章 買建コール・オプションの会計

うに思われる[39]。

　しかしながら、第2のポイントは、この原資産オンバランス化の仕訳が理論的に可能か（＜図表　補5－2＞①(b)の仕訳がそもそもなし得るか）という点である。特にここでは、＜図表　補5－2＞①(b)の仕訳の貸側に生じる「将来対価支払『予定』」のオンバランス化がポイントとなるが、これは現行会計ルールによっても、また、もし仮に契約会計を導入したとしても、オンバランス化することは出来ないものと解される。すなわち、もし仮に、これが先物契約における「将来対価支払義務」（未履行の確定債務）であれば、契約会計の導入等によりオンバランス化する余地はあろう（もしくは、第3章で検討したように「現在時点の義務」と解することが出来るのであれば、契約会計を導入せずともオンバランス化が可能となろう）。しかしながら、ここでの「将来対価支払『予定』」はあくまで単なる将来の『予定』に過ぎない（敢えていうならば、'未履行の未確定債務'となろう）。すなわち、これまでも述べてきたとおり、買建コール・オプションは、先物契約等と異なりあくまで購入選択権であり、自分に不利な場合（out-of-the-moneyの場合等）は権利を放棄することも出来る。このように考えると、当該負債は、義務ではなく、単なる『予定』にしか過ぎない。ここで、契約会計はあくまで履行する権利・義務のある契約を未履行の段階でオンバランスしよう（認識時点を早めよう）というものであり、未履行かつ義務のない不確定なものについてまでオンバランス化を図るものではない。このように考えると、＜図表　補5－2＞①(b)の仕訳は理論的には成立し得ない（オンバランスされる余地がない）ものと思われる。そしてそうであれば、買建コール・オプション契約の仕訳としては、結局オプション・プレミアム部分（オプション資産）のところだけしかオンバランスする余地はないということとなる。つまり、オプション契約については、やはり田中（茂）[2000]のいう「単一の債権債務関係」（第2章＜図表2－5＞参照）しか存在しないということになろう。またこのように、会計的にはオプション・プレミアム部分についてのみ表現されるということであれば、やはり、会計的に重要となるのは「10,110のものを10,000で買える」という発想ではなく、むしろ、「差額部分を穴埋めする」という発想（つまり、市場での換金

277

により差額部分を穴埋めするという発想)(＜図表5－12＞仕訳④および＜図表5－15＞仕訳④参照)となろう。

以上2つのポイントを纏めるとするならば以下のようになる。すなわち，①(原資産オンバランス化が可能であれば「10,110のものを10,000で買える」という発想で足りるが，しかしながら実際は,)オプション契約については，理論的に原資産オンバランス化の余地がないため(「単一の債権債務関係」しか存在し得ないため)，②オプションの会計的特質としては「差額を穴埋めする」という発想が重要となる[40]，ということになろう。

またこのことを，先物契約等フォワード型デリバティブの会計処理と比較して示すと＜図表　補5－3＞のようになる[41]。

＜図表　補5－3＞オプション型デリバティブとフォワード型デリバティブ

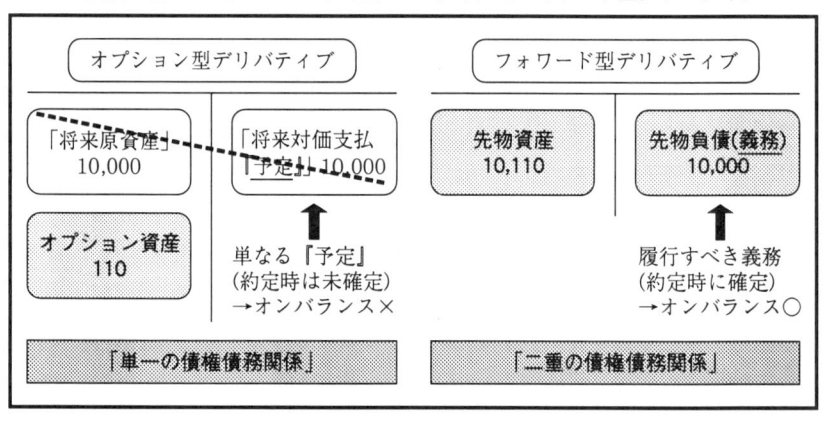

オプション型デリバティブ		フォワード型デリバティブ	
「将来原資産」 10,000	「将来対価支払予定」10,000	先物資産 10,110	先物負債(義務) 10,000
オプション資産 110	単なる『予定』(約定時は未確定)→オンバランス×		履行すべき義務(約定時に確定)→オンバランス○
「単一の債権債務関係」		「二重の債権債務関係」	

(注)
1) 榊原・青山・浅野［1998］p.380もしくは岩田［1989］pp.111－112等を参照。
2) 若杉［1988］p.112等を参照。
3) 榊原・青山・浅野［1998］p.381，藤原［1997］pp.24－25もしくは岩田［1989］p.112等を参照。
4) 藤原［1997］p.25もしくは榊原・青山・浅野［1998］p.380等を参照。
5) 主にオプション取引会計基準研究委員会編［1992］を参考にして，筆者が作成。
なお，この他，オプションの会計に係る先行研究としては，大城［2002］，奥村［1991］，大日方［1994］，富山［1992］，白鳥［1988］，田中(建)［1991］第9章,

第5章 買建コール・オプションの会計

林［1995］，吉田［1999］第13章，藤井［1997］第9章等を参照（なお，藤井［1997］第9章については，石川［2000］第7章補論7．1（1）において詳細な検討がなされている。あわせて参照されたい）。

6) これについて，例えば「資産負債観からデリバティブの公正価値評価が正当化される」とした場合であっても，「では，資産負債観とは一体何か？」ということが改めて問われなければならないだろう。この点については，第3章での議論を参照されたい。

7) 一般的には保有目的というと，例えば有価証券の会計基準にあるように売買目的，満期保有目的およびその他目的（他企業を支配する目的）等が想定されるかもしれないので，ここでは誤解を避けるために，敢えて「」を付している。

8) コール・オプションについては権利行使価格が原資産価格を下回る状態をいう。岩田［1989］p.116もしくは榊原・青山・浅野［1998］p.391等を参照。

9) 権利行使価格が原資産価格に等しい状態をいう。岩田［1989］p.116もしくは榊原・青山・浅野［1998］p.391等を参照。

10) コール・オプションについては権利行使価格が原資産価格を上回る状態をいう。岩田［1989］p.116もしくは榊原・青山・浅野［1998］p.391等を参照。

11) 例えば第2章Ⅲ参照。

12) 嶌村［1991］p.302および染谷編［1984］p.144等を参照。

13) 嶌村［1991］p.303および染谷編［1984］p.144等を参照。

14) なお，便宜的にここでの原資産としては実物資本に係る商品等の棚卸資産（充用分資産）を想定しておくことにする（本章の以下の設例も同様）。

15) なお，ここでの原資産簿価たる10,100とは何かがここでポイントとなるが，これはまさに支払対価総額に他ならない。つまり，第3章で検討した井尻［1968］の価額帰属規則の考え方がここにも反映されているのである。

16) この点については，例えば笠井［2000b］第12-15章を参照されたい。

17) 石川［2000］p.108参照。

18) この点について，オプションではないが有価証券を題材としたものとして，笠井［2000b］p.674および笠井［2004c］等を参照。

19) なお，ここで，原資産そのものの売却から原資産売却益が生じることは特に問題とはならない（むしろ自然なことである）点にはくれぐれも留意されたい。これは（3）でも述べたが，ここでの論点は，オプション資産そのものからどういった損益が生じるのか（（2）および（3）で検討したようにオプション資産から「原資産売却益」や「オプション資産売却損益」が生じるのであれば問題となるが，他方この（4）で検討するように「オプション資産保有損益」が生じるのであれば理論的にも妥当といえよう）であり，原資産そのものの売却については論点となっていない。

20) 但し，（3）とは異なり，オプション資産の換金それ自体からは売却損益（収支差額）は生じない点に留意されたい。すなわち，まず一方，（3）＜図表5-12＞④におけるオプション資産の換金は，収入額系統に属する貨幣財（現金）と支出額

系統に属するオプション資産との交換であることから，(たとえ金額が0だとしても) 収支差額としての売却損益が生じることとなる。それに対して他方，ここではオプション資産を商品（W）とは異質な派遣分（D）と捉えるため，その測定属性は収入額系統となる。よって，＜図表5－15＞④におけるオプション資産の換金は，収入額系統に属する貨幣財（現金）と，同じく収入額系統に属するオプション資産との等価交換（つまり単なるストックの構成要素の変化）として位置付けられるため，ここでは収支差額としての売却損益は生じないし，かつ，その差額にしても必ずゼロとなるのである。この点については，例えば笠井 [2004ｃ] を参照。

21) 後の補論5－1で述べる通り，ここでの「連続」とは，利益の産出原因に係る意味（ポジションの「連続」から利益が産出されるという意味）で用いており，利益の算定方法に係る意味（どのように金額を計算するか（価格差をとるのか，前期末残高に一定の利率を乗じるのか）という意味）では用いていないという点にはくれぐれも留意されたい。

22) 大村 [1999] p.111参照。なお，本節の記述は，大村 [1999] のほか，岩田 [1989] 第5章，小林 [2003] 第4章およびHull [2000] Chpter 6 －12を参考にしている。

23) 大村 [1999] p.112の図表の一部を引用したものである。

24) 要因①②は主に本源価値に関係するものである。また，要因③④⑤は主に時間価値に関係するものである。なお，各要因がプレミアムに及ぼす影響や各要因間の関係については大村 [1999] pp.111－113を参照のこと。

25) この要因は，株式を原資産としたオプションの場合のみ関係する。

26) これらの仮定の詳細は，例えば，小林 [2003] p.78等を参照。

27) 岩田 [1989] p.122, ハル [2001] p.287, 小林 [2003] p.80, 西村 [2003] p.107, 新井 [2004] p.185等を参照。特に，西村 [2003] と新井 [2004] は説明が分かりやすい。なお，ブラック・ショールズ・モデルの意義とその後の展開については，例えば池田 [2000] 第1章等が参考になる。

28) ここでの議論は，ブラック・ショールズ・モデル等のオプションに係る価格算定方法（利益の算出方法の議論）から，利益の産出原因を探るものである。すなわち，利益算出方法と利益産出原因の議論をいったんは峻別したうえで，前者から後者を導出することを試みている。この点，補論5－1で述べる（両者を混同してしまっている）議論とは大きくその論理構造が異なる点にはくれぐれも留意されたい。

29) 以下の記述は主に，小林 [2003] 第2章，宇佐美 [2000] pp.201－204等を参考にしている。

30) 確かに，相対取引であれば，契約の相手側は特定出来る（例えば，宇佐美 [2000] pp.204－205）が，ここでは相対取引以外の不特定多数の者が参加する市場取引（取引所取引）が想定されているので，このように権利義務が匿名性を帯びることになるのである。なお，相対取引については後述する。

31) なお，ここでの「契約の連鎖」にも，「第1の意味での対応関係」と「第2の意味での対応関係」と同じく2つの意味があるといえる。すなわち，①転売により買

第5章　買建コール・オプションの会計

い手が常に変動していくものの，そのどの時点でも買い手と売り手は対応関係にあるという意味（「第1の意味での対応関係」），また②たとえ売り手が新たな同条件・逆ポジションの契約を締結したとしても，実質的には既存契約の買い手と新たな契約の売り手とが間接的に対応しているという意味（「第2の意味での対応関係」）の2つである。

32) 但し，上場オプションの中には，清算機関の存在する契約形態もある。そしてこういったオプション契約については，第3章と同じロジックで資本派遣を説明することが可能である。すなわち，オプションの資本派遣については，（先の相対取引のケースを含めると）次の3つのタイプに纏めることが出来るかもしれない。
　① 清算機関の存在する上場オプション契約
　　…（ここでのロジックを持ち出すまでもなく，第3章同様）清算機関への資本派遣
　② 相対取引でなされるオプション契約…特定される取引相手への資本派遣
　③ 上記①②以外（清算機関が存在せずかつ相対でない市場取引）の契約
　　…匿名の売り手に対する資本派遣

33) 但し，前述の通り，清算機関の存在する場合および相対取引の場合は異なる。

34) ここでは，オプション価格の変動要因それ自体と，当該価格差を各企業の損益としてよい根拠（当該価格差を各企業の損益に帰属させてもよいという根拠）とを峻別して考えることが重要である。つまり，まず一方，オプション価格の変動要因は市場における諸要因の変動にあるが，他方，当該価格差を各企業の損益としてよい根拠は，オプション契約を締結しているということ（つまり，買い手にとってみれば，企業資本を匿名の売り手に派遣しているということ）それ自体にあるということになる。このように考えれば，資本派遣による損益の金額自体の決定は市場（の諸要因）に委ねられているが，それが各企業に帰属する根拠は，（買い手企業にとってみれば）資本を匿名の相手先に派遣し続けているということにあるといえる。

35) これは有価証券と比較すると非常にユニークな特徴といえよう。この点については後述するが，企業資本等式の立場からすると，有価証券は，(イ)市場を介した，特定可能な相手企業への資本派遣として捉えることが出来，また，(ロ)その損益は（確かに自企業の努力ではないが）相手企業の産み出す利潤の分け前に与るというかたちで（つまり，相手企業の努力により）得られるということになる。つまり，(イ)市場を介した相手企業への資本派遣といえどもその相手先が特定出来るか否か，また(ロ)当該資本派遣による損益金額の決定が何処に依存するか（相手企業の努力か，市場の諸要因か）という点で，有価証券とオプションは大きく異なる。

36) なお，この点については，大日方［1994］が参考になる。すなわち，大日方［1994］によれば，ヨーロピアン・オプション（および満期日まで執行されないアメリカン・オプション）は，「その満期日においては，オプションの権利行使と転売（ないし精算）とが無差別になるようにオプションの市場価格が形成されるから，市場価格の変動のみを問題としても，結局，権利行使によるオプションの処分も議

論の対象に包摂される」(p.322) ことになる。つまり，このケースでは，権利行使を企図する場合も，投機を企図する場合も，どちらも同じように取り扱うことが出来るということが，市場価格形成の観点からしても是認されるということになるのである。

37) なお，オプションの会計を巡っては，本章で議論したもののほか，以下の2つの論点も考えられよう。すなわち，(A)本源価値と時間価値の問題（両者を分けて処理するべきか否か），(B)原資産のオンバランス問題（先物契約等のように原資産の総額を両建でオンバランスする会計処理を理論的に想定し得るか）といった論点である。

なお，本研究の対象外であるが，(A)はヘッジ会計とあわせて論じられることもある。これについては，奥村 [1991] もしくは白鳥 [1988] 等を参照。

また(B)については，田中 [1991] p.187や黒川 [1995] pp.15-17等を参照。これは主に先物契約や金利スワップの会計処理方法との比較が重要となろう。但し，本章で述べたオプションの本質（オプションの本質はあくまで差額にあるという考え）からすれば，この原資産のオンバランス化は否定されることになる。よってこの点からすると，第2章で掲げた田中（茂）[2000] のいう「二重の債権債務関係」はオプション型デリバティブに関しては存在しないということになるのである。この点については，補論5-2で検討する。

38) なお，以下，本節で記述するアイディアは笠井昭次教授から賜ったものである。

39) なお，この仕訳については，次のような別の考え方も出来ないわけではない。すなわち，例えば，②×1年期末については，オプション資産が10増価するのではなく，「将来原資産」が10増価するという考え方である。その場合の②および③（a）の仕訳は以下のようになろう。

② ［(借)「将来原資産」10（貸) オプション利得10］

③ ［(借) 原資産10,110（貸) オプション資産100,「将来原資産」10,010］

しかしながら，このように解した場合でも，結局は権利行使価格（現金支払予定額）は10,000で固定されているため，③（b）の仕訳は同じとなる（［(借)「将来対価支払『予定』」10,000（貸) 現金10,000]）。すなわち，このような別の考え方に拠ったとしても，原資産をオンバランス化するかぎりは，先に述べた「差額部分を穴埋めする」という発想は出てこないものと思われる。

40) また，これまでも述べた通り，このような発想に立つことで，権利行使（権利行使・権利放棄）のケースだけでなく，転売のケースについても，統一的な説明が可能となる。

41) なお，このように解したとしても（つまり，オプション型デリバティブとフォワード型デリバティブとは異なるところはあるものの），オプション契約は第3章で述べた「投下資本なくして利潤なし」の発想にはなんら反しないという点には留意されたい。すなわち，オプションについては，そのような本源価値補填に供するオプション・プレミアム部分についての資本投下があるため，第3章での発想ともなんら矛盾しない（し，むしろ整合的である）といえる。

第6章 纏めと展望

　ここまでの考察を承けて，本章では全体の纏めと今後の検討課題を示す。
　また，それとの関連で，現行会計（特に，ＦＡＳＢやＩＡＳＢ（ＩＡＳＣ）が採用する資産負債観）と本研究との関係，もしくは，実証的会計理論（positive accounting theory）と本研究との関係についても，あわせて言及することにする。そしてそのことにより，本研究の'位置付け'を明らかにしたい。

第6章キーワード

企業資本等式,「区分の論理」,狭義発生主義,『取得原価主義会計』,併存会計,資産負債観,実証的会計理論,資本維持,'企業会計的変容の深化',仕訳,会計構造

I 本研究の纏め

（1） 本研究で得られたインプリケーション

以上のように，本研究においては，デリバティブを大きくフォワード型デリバティブ（「二重の債権債務関係」を持つデリバティブ）と，オプション型デリバティブ（「単一の債権債務関係」を持つデリバティブ）とに分け，まず一方，前者については買建先物契約（第3章）および金利スワップ（第4章）の会計について，また他方，後者については，買建コール・オプション（第5章）の会計について，それぞれ検討を行った。そして本研究で得られたインプリケーションを纏めるとするならば，それは以下の通りである。

（i） フォワード型デリバティブの会計処理

第3章および第4章における検討からすると，フォワード型デリバティブの会計処理として最も妥当なのは値洗基準・両建法であり，その損益は時間的利得・損失としての意義を有する。そして，その考え方を首尾一貫したかたちで合理的に説明し得る理論的根拠は，「区分の論理」の立場である企業資本等式にあると思われる。

まず買建先物契約の会計については，以下の2つの点が重要になる。

① 買建先物契約の貸借対照表能力

先物市場そのものの仕組み（クリアリング・ハウスの存在により，売り手と買い手とが構造的・制度的に分断されているという点）から考えると，先物契約の本質は，先物市場における企業資本の運用と調達という貸借関係（先物市場との資本の貸借関係）にあると想定し得る。そしてこのような経済対象の論理を会計的に忠実に描写し得る会計処理方法は値洗基準・両建法といえる。しかもそれは，

現在時点における運用と調達（ヨリ具体的には企業資本等式でいう派遣分と算段分）と解すことが出来るため，通説がいうような契約会計の考え方に依拠せずとも，先物契約のオンバランス化が合理的に説明可能となる。また，このように考えれば，差金決済性ということは，実は会計処理を考えるうえでは決定的なポイントとはならない。つまりここでは，「投下資本なくして利潤なし」という発想が重要となる。

② 先物契約から生じる損益の性質（損益計算書能力）

先物市場におけるヘッジャーからスペキュレーターへのリスク移転機能を鑑みれば，先物契約から生じる損益は，ある一定期間ポジションをとり続ける（リスクに耐え続ける）ことに対して一面的に生じる時間的報酬（「連続」）であるといえる。この点，まず一方，何らかの（擬似）決済を想定する（「断絶」から損益が生じるとする）通説的な実現・実現可能性基準の立場からは，そのような損益を合理的に説明することは困難となるし，他方，狭義発生主義の適用による保有損益を想定する（「連続」から損益が生じるとする）企業資本等式の立場からは，そのような損益を合理的に説明することが可能となる。

次に，金利スワップの会計については以下の2つの点が重要となる。

① 金利スワップから生じる損益の性質

先行研究においては，金利スワップにおける現金授受に係る損益（「受取利息」）とスワップ資産・負債の変動による損益（「スワップ損益」）との関係については理論的には必ずしも明らかではない。両者を区別して処理するにせよ，同一のものとして処理するにせよ，いずれにせよ現状ではその理論的根拠については必ずしも明らかではない。しかしながら，本研究の行った利息交換前後の割引現在価値（$B(fix)$・$B(flt)$ ないし $V(fix)$・$V(flt)$）の比較によれば，両者は実はスワップ本体部分の現在価値の変動（すなわち時間的損益）として同質であり，これらを同一視した処理を行うのが妥当であるという仮説が導出される。

第6章 纏めと展望

② 金利スワップの会計処理方法とそれを支える理論的根拠

ファイナンス的見地および会計構造的見地からの検討により，まず以下の2点が明らかとなる。すなわち，(イ)値洗基準・両建法の「利息交換法」(第4章でいうB法) および値洗基準・純額法 (C法) のファイナンス的基礎は，[PV(swap) ＝ V(fix) － V(flt)] という価格算定式にあり，その会計構造的基礎は資本等式にある。また他方，(ロ)値洗基準・両建法の「利息・元本交換法」(D法)のファイナンス的基礎は，[PV(swap) ＝ B(fix) － B(flt)] という価格算定式にあり，その会計構造的基礎は企業資本等式にある。

そしてそのうえで，両者が①の時間的損益を合理的に説明出来るかがポイントになるが，まず一方，(イ)の資本等式の見地からは，①で検討したようなスワップ本体部分の現在価値変動という時間的損益は合理的には説明出来ず，他方，(ロ)の企業資本等式の見地からは，そのような時間的損益を派遣分・算段分という概念により合理的に説明することが可能となる。よって，金利スワップの会計処理方法としては(ロ)値洗基準・両建法の「利息・元本交換法」が最も妥当であり，またそれを支える理論的根拠は，ファイナンス的には，[PV(swap) ＝ B(fix) － B(flt)] という価格算定式にあり，会計構造的には企業資本等式にある。

以上のように，第3章・第4章における検討[1]により，フォワード型デリバティブの会計処理として最も妥当なのは値洗基準・両建法であり，その考え方を首尾一貫したかたちで合理的に説明し得る理論的根拠は，企業資本等式ということになる。この点，現行会計ルールが採用する値洗基準・「純額法」は純粋理論的には妥当ではないと思われる。

またここでは，以下の2点を強調しておきたい。

まず第1は，ここで鍵となるのは「区分の論理」の発想であるという点である。これについては後述するが，フォワード型デリバティブから生じる損益は，もはや実物資本における犠牲と成果の対応計算という枠組では捉えきれないし，また他方，これらのオンバランス化を考える際にも，この「区分の論理」の発

想が非常に重要となっているのである。

また第2は，資本等式の問題点は，そのまま現行のFASB基準やIAS基準の問題点にも繋がる可能性があるという点である。

すなわち，第3章および第4章では，主に資本等式と企業資本等式とを比較検討し，資本等式の体系よりも企業資本等式に依拠する方が，先物契約および金利スワップの経済的性質に即したヨリ説明力の高い理論体系を構築し得ることを示してきたが，これは実は暗に，FASB批判およびIASB（IASC）批判となっている。つまり，FASBやIASB（IASC）の体系は，プラスの経済的便益とマイナスの経済的便益を基礎とした資本等式の体系であるとされている[2]が，このような体系を前提とした会計基準で，はたしてデリバティブの経済的性質を忠実に捉えることが出来るのか，本研究の結論からすれば大きな疑問である。なお，この点については（3）で改めて後述する。

（ii） オプション型デリバティブの会計処理

第5章における検討からすると，オプション型デリバティブの会計処理として最も妥当なものは，資産計上・公正価値基準であり，その理論的根拠は企業資本等式にあると思われる。

買建コール・オプションについては，以下の3点が重要となる。

① 会計処理方法整理の鍵概念

買建コール・オプションの会計処理方法を整理する鍵となるのは，権利行使か投機かという「保有目的」ではなく，オプション・プレミアム部分を会計的にどのように捉えるかという点にある。また，その背後には，一取引基準および二取引基準という伝統的な論点が存在する。

そしてこのような整理枠組からすれば，理論的に最も妥当な見解（オプションの経済的性質とも整合し首尾一貫した説明が可能となる見解）は，二取引基準から導出される「オプション・プレミアムについて権利そのものに着目し，かつ当該権利を商品(W)とは異質なものと捉える見解」である。また，その背後にある

理論的体系としては，当該権利部分を派遣分(D)と捉える企業資本等式が想定出来る。

② 妥当な会計処理方法

また，①での検討により，最も妥当な会計処理方法は，資産計上・公正価値基準となる。そして，その背後にある企業資本等式の立場によれば，その損益についても，(イ)派遣分たるオプション資産を匿名の売り手側に派遣し続けることにより得られる時間的利得・損失であり，また(ロ)その利得・損失の具体的金額については，市場における諸要因により決定されるものとしての説明が可能となる。すなわち，(イ)オプション市場の構造に即し，かつ，(ロ)オプション・プレミアムに係るファイナンス理論にも即した説明が可能となる。つまり，ここでも理論的に重要となるのは「拡張の論理」ではなく「区分の論理」である。

③ 権利行使と投機との関係

権利行使のケースについても，市場での換金を想定することで，会計上は投機のケースと同一視出来る。そしてここでポイントとなるのは，オプション契約の本質が「価格差を狙う」ことにあるという点である。

以上のように，第5章における検討により，オプション型デリバティブの会計処理として最も妥当なものは，資産計上・公正価値基準であり，その理論的根拠は企業資本等式にあると思われる。

（2） デリバティブの位置付けを巡って

またここで更に，本研究における大枠における結論について，第2章Ⅲ（2）＜図表2－2＞に対応するかたちで纏めるとすれば，それは＜図表6－1＞のようになる。

<図表6－1> 本研究の纏め（デリバティブの位置付けを巡って）

```
┌─────────────────────────────────────────────────────────┐
│ ① 財務諸表全体における金融商品の位置付け（「拡張の論理」か？「区分の論 │
│   理」か？）                                              │
│   →「区分の論理」（ヨリ具体的には企業資本等式の立場）が妥当       │
│ ② 金融商品全体におけるデリバティブの位置付け（有価証券とデリバティブと │
│   の関係）                                               │
│   ┌─────────────────────────────────────────────────┐ │
│   │ 同質性：企業資本等式の派遣分概念が関係                │ │
│   │ 異質性：(ⅰ)'企業会計的変容の深化'の重要性            │ │
│   │       (ⅱ) 資本運用に対する同じ相手からの資本調達の存在（「投下資本な │ │
│   │           くして利潤なし」）                         │ │
│   └─────────────────────────────────────────────────┘ │
│   →但し，上記の異質性は，あくまで同質性を前提とした細分類          │
│   →＜図表2－4＞でいえば，「区分の論理」タイプA                │
│ ③ 貸借対照表・損益計算書全体との具体的なかかわり                │
│   ・貸借対照表とのかかわり（借方（資産）と貸方（負債）とをどう関連付ける │
│     か？）                                              │
│     →企業資本等式のように企業資本の運用形態（派遣分）・調達源泉（算段分） │
│     とするのが妥当                                       │
│   ・損益計算書とのかかわり（具体的な認識・測定原則は何か？）       │
│     →狭義発生主義，「その時点で収入しうべき金額」（収入額系統）による測定 │
└─────────────────────────────────────────────────────────┘
```

（ⅰ）財務諸表全体における金融商品の位置付け（「拡張の論理」か？「区分の論理」か？）

　本研究におけるデリバティブに係る考察を踏まえると，金融商品の会計については，「区分の論理」の立場，そしてその中でも特に企業資本等式説にたつ方が，ヨリ説得力のある説明理論を，首尾一貫したかたちで構築することが可能となるように思われる。

　特に損益の性質に着目すれば，デリバティブから生じる損益は，時間やリスク量等に依存する。つまり，そこではあくまで時間やリスク，ボラティリティ等の変動による「連続」[3]的な損益が生じているのである。そして，この点からいえることは2つある。

　第1は，犠牲と成果の対応計算という伝統的・通説的な枠組では，このよう

な「連̇続̇」的な損益は説明出来ないのではないかということである。すなわち，犠牲と成果の対応計算という伝統的な枠組からは，あくまで売却や決済という「断̇絶̇」の視点からしか，損益を説明出来ない。たとえもし仮に毎時毎秒ごとの擬似決済ないし擬似売却を想定したとしても，それは同じである。よって，この点からすれば，「拡張の論理」の立場からは，デリバティブから随時生じる「連続」を合理的に説明することは困難であるように思われる。

また第2は，「区分の論理」の立場からは，このような「連続」をヨリ合理的に説明出来る可能性があるということである。特に本研究で取り扱った企業資本等式の立場によれば，デリバティブから生じる損益は，保有活動から生じる時間的損益として（資本派遣や資本算段から生じる時間的損益として），ヨリ合理的に説明し得る可能性がある。

なお，ここでのポイントは，「区分の論理」の中でも，特に企業資本等式説は，実物資本と金融資本との区分を会̇計̇的̇レ̇ヴ̇ェ̇ル̇で捉えている点で，同じく「区分の論理」に属する他の学説よりも，ヨリ合理的な説明がなし得る可能性を持っているという点である。つまり，デリバティブの問題（ないし金融商品の問題）を，ただ単に実物資本と金融資本という経済学的な議論で終わらせるのでなく，そこからまた1歩踏み込んで，充用分資産（価値生産過程［G－W－G´］におけるW）と派遣分資産（資本派遣過程［G－D－G´］におけるD）との相違という会̇計̇的̇レ̇ヴ̇ェ̇ル̇の問題として取り扱う点が，企業資本等式説にユニークなところ（であり，他の学説が持ち合わせていない'強み'である）といえる。

(ⅱ) 金融商品全体におけるデリバティブの位置付け（有価証券とデリバティブとの関係）

次に，有価証券とデリバティブとの関係についてであるが，企業資本等式に関していえば，以下のことがいえる。

まず同質性について述べる。すなわち，有価証券とデリバティブとは，会計的には，どちらも企業資本等式の派遣分概念が関係するという意味において同質であるといえる。例えばフォワード型デリバティブにおける先物資産やス

ワップ資産は，先物市場や相手企業に対する資本派遣がなされているという意味で派遣分資産である。またオプション型デリバティブにおけるオプション資産についても，市場を介した匿名の相手企業に対する資本派遣がなされているという意味で派遣分資産に該当する。

　また異質性について述べるとするならば，それは2つある。すなわち，（ⅰ）'企業会計的変容の深化'（派遣分における資本派遣過程の深化），および，（ⅱ）資本運用に対する同じ相手からの資本調達の存在（「投下資本なくして利潤が産まれるのか」という問いかけ）という2つである。

　すなわち，デリバティブについては，まず一方，（ⅰ）資産側（派遣分）について，その資本派遣過程の再構成ないし深化が必要となる点で有価証券とは異質といえる（その意味については後述）。

　また他方，（ⅱ）負債側（算段分）について，資本運用に対する同じ相手からの資本調達（貸方の算段分概念）が関係する点で，有価証券とは異質といえる。ここでは「投下資本なくして利潤が産まれるのか」という素朴な問いかけが重要となろう。すなわち，これは特にフォワード型デリバティブについてであるが，クリアリング・ハウス（先物契約）や相手企業（金利スワップ）に対する資本の貸借関係（資本運用先と同じ相手からの資本調達の存在）が想定される点が，ここでは非常に重要なポイントとなろう。そしてこれは，有価証券にはなかった極めてユニークな点であるといえるし，また，これこそがデリバティブのレバレッジ効果の会計的意義となる。

　但し，上記の同質性と異質性を比べると，特に前者の同質性の方がヨリ重要と思われる。すなわち，後者の異質性はどちらかというと，前者の同質性を前提としたうえでの細分類ともいえる。よって，この点からすれば，企業資本等式説の見地からのデリバティブ会計の位置付けとしては，第2章Ⅲ（2）②における＜図表2－4＞の整理図表でいえば，「区分の論理」タイプAの立場に該当するものと思われる。

(ⅲ) 貸借対照表・損益計算書全体とデリバティブとの関係

これは＜図表6－1＞①②とも関連するが，まず一方，貸借対照表とのかかわりで，借方（資産）と貸方（負債）とをどう関連付けるか，という点については，企業資本等式のように，借方を企業資本の現在時点における運用形態（派遣分），そして貸方を企業資本の現在時点における調達源泉（算段分）と捉えるのが妥当であると思われる。そしてそのように捉えることで，従来の契約会計とはまた違った論理で，また現行の企業会計にヨリ即したかたちで，デリバティブのオンバランス化を説明することが可能となる。

また他方，損益計算書との関わりで，具体的な認識・測定原則は何か，という点については，派遣分の認識原則である狭義発生主義，そして，「その時点で収入しうべき金額」（収入額系統）による測定，というものが妥当であるということになる。この点，実現・実現可能性基準の枠組で説明しようとする「拡張の論理」の立場とは大きく異なっている。

なお，ここでは，フォワード型であれオプション型であれ，また資産側であれ負債側であれ，デリバティブの会計処理を理論的に支える体系は企業資本等式の考え方（つまり基本的等式の借方・貸方の関係としては「＋／＋型」）であるというのが，本研究の1つの結論となる。

（3）現行会計との関係

またここでは，本研究の結論と現行会計との関係についても述べておきたい。

現在の企業会計の現状については，一般的には「『取得原価主義会計』から『時価会計』への移行」といわれることが多い。しかしながら，第2章で述べた通り，現行会計ルールの立場は，実は，原価，時価，および増価（いわゆる『償却原価法』，アキュムレーション法）の3つが存在する併存会計の体系であるといえる。

そしてこの併存会計をどのように位置付けるか，つまり，併存会計をどのように説明するかは非常に重要な問題といえる。すなわち，「全面的な『時価会

計』が妥当であり，現行の併存会計はあくまで過渡的なもの」と説明するのか，または「理論的にも現行の併存会計が妥当である」と説明するのかは，理論研究上大きな問題となろう。

そしてこの点について，本研究が示す結論は，「理論的にも現行の併存会計が妥当である」と説明する立場である。その根拠は，これまでも述べてきた通り「区分の論理」そして企業資本等式にあるのだが，ここでは特に，笠井［2000b］の見解を示すことで，本研究の結論がとる立場を明らかにしたい。

すなわち，笠井［2000b］は，資産側を，まず，それ自体利潤を産むものなのか，それとも利潤を産まないものなのかという点に着目して，前者を行使分，後者を待機分として区分する[4]。そして，更に前者の行使分を，利潤の産出方法の違いにより，一方，価値生産販売運動に係る2面的な利潤を産み出すものを充用分として，また他方，資本貸与運動に係る1面的な利潤を産み出すものを派遣分として，それぞれ区分する[5]。そして更に派遣分は，資本貸与の狙いの違いにより，価格差を狙うものと，定利を狙うものに，細分類される[6]のである。そして，充用分資産については原価評価，派遣分資産のうち価格差を狙うものについては時価評価（公正価値評価），派遣分資産のうち定利を狙うものについては増価評価が，それぞれ理論的に妥当となる。なお，本研究のデリバティブ資産は，このうち価格差を狙う派遣分として位置付けられ，公正価値評価が会計構造的にも妥当となるのである。

<図表6-2> 企業資本等式説における原価・時価・増価の関係[7]

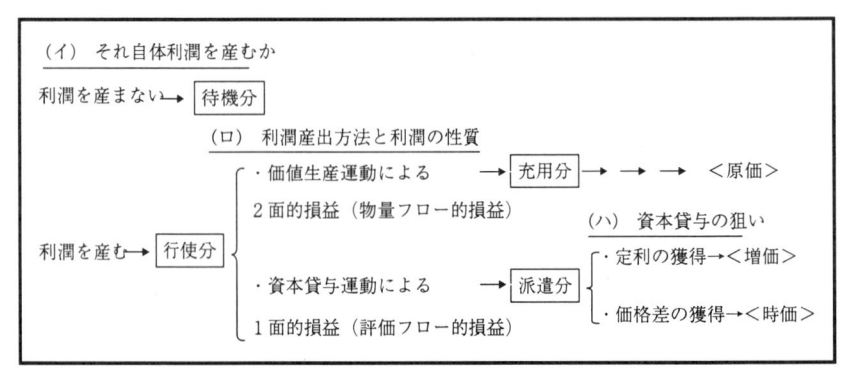

```
(イ) それ自体利潤を産むか
利潤を産まない → 待機分
                    (ロ) 利潤産出方法と利潤の性質
                    ・価値生産運動による    → 充用分 → → → <原価>
                      2面的損益（物量フロー的損益）
                                              (ハ) 資本貸与の狙い
利潤を産む → 行使分                          ・定利の獲得→<増価>
                    ・資本貸与運動による    → 派遣分
                      1面的損益（評価フロー的損益）  ・価格差の獲得→<時価>
```

第6章 纏めと展望

これを図に纏めると,＜図表6－2＞のようになる。
そしてここでのポイントは3つある。

まず第1のポイントは,併存会計の理論的妥当性である。つまり,上記の体系からすれば,そもそも併存会計が純粋理論的にも妥当であるということである。すなわち,上述のように,(イ)そもそも利潤を産むか産まないかの違い,(ロ)利潤産出方法（および利潤の性質）の違い,(ハ)資本貸与の狙いの違いに着目し,それらの違いから資産分類を行い,そしてそれぞれの資産ごとに原価・時価・増価が妥当と位置付ける企業資本等式の立場からすれば,併存会計は過渡的なものでも何でもなく,そもそも理論的に妥当な体系であると位置付けることが出来るのである。

また第2のポイントは,『取得原価主義会計』の位置付けである。つまり,そもそも『取得原価主義会計』は理論的に妥当であったのか,という点である。これは第1のポイントと大きく関係するし,また笠井［2000a］でも述べられている通りであるが,一般的には『取得原価主義会計』は理論的にはそれなりに妥当であったものの,経済環境の変化等により,新しい体系にとって代わられたと捉えられている。しかしながら,『取得原価主義会計』はそもそも理論的に妥当であったのかについては問題がないわけではない。確かに,デリバティブは『取得原価主義会計』が想定していなかった新しい経済事象なのかもしれず,この意味では,デリバティブの出現は,ここでの「経済環境の変化等」に該当するといえなくもない。しかしながら,デリバティブの登場前にも,有価証券等の第1次金融商品（企業資本等式でいう派遣分資産）は存在していたわけであり,それを取得原価評価していた『取得原価主義会計』は,そもそも理論的に妥当であったのか,現行会計を考えるうえでいま1度この点を問題提起として掲げておきたい。

また第3のポイントは,資産負債観の位置付けである。これはいわゆる全面的な『時価会計』との関係で重要となる。すなわち,資産負債観を会計全体の大枠に係るものとして捉えるのであれば,「最終的には全面的な『時価会計』が妥当であり,現行の併存会計はあくまで過渡的なものに過ぎない」という理

295

解に繋がる可能性があるが，これは，本研究の軸である「拡張の論理」や「区分の論理」に対して敢えていうならば，「否定の論理」（従来の棚卸資産に係る会計を否定したうえで，棚卸資産・金融商品ともに全面的な公正価値会計で捉えようとする立場）[8]と位置付けることが出来るかもしれない。そしてこの資産負債観については，本研究でも各章で随時述べてきたところであるが，非常に重要なところであるので，重複を恐れずここで改めて纏めることにしたい。

すなわち，デリバティブのオンバランス化の根拠として，通説的には資産負債観が挙げられることがある。すなわち，従来の収益費用観から資産負債観へ転換することでデリバティブがオンバランス化されるとする見解[9]が，これに該当する。この見解の根底にある考え方は，まずデリバティブを従来にはなかったまったく新しい経済事象として捉え，そしてそのうえで，会計的にも新しいものは新しい器で捉えようということなのであろうが，しかしながら，このような発想には問題がないわけではない。その論拠は4つある。

すなわち，①資産負債観は，会計構造的には資本等式と結び付く[10]が，デリバティブ会計に係る説明理論を構築するうえでの資本等式の問題点は第3・4章で述べた通りである。すなわち，本研究によれば，資本等式の視点からはデリバティブの会計は合理的に説明することが困難であるとの結論に至ったが，この点を踏まえると，資本等式に依拠する資産負債観が，デリバティブを会計的に論理整合的に説明出来るのか疑問が残る。

また，②資産負債観への転換という場合，それがどのレヴェルでの「転換」を指しているのか，その全体像が必ずしも明らかではないように思われる。すなわち，先に述べた通り，㈲会計体系全体レヴェルでの転換であり，（上述のように）「最終的には全面的な『時価会計』が妥当（現行の併存会計はあくまで過渡的なもの）」とされるのか（「否定の論理」に繋がるが，この場合，上記①および後述する③④の問題が残る），それとも，㈹金融商品のみの転換が理論的にも妥当するとされるのか（「区分の論理」に繋がるが，この場合，①③④の問題が残る他，資産負債観と従来の体系が同一のフレームワークの中で併存することの理論的根拠が必ずしも明らかではないという問題点が残る），必ずしも明らかでない。つまり，デリバ

ティブに関して資産負債観に転換するという場合，では，有価証券に関してはどうなのか，また棚卸資産についてはどうなのか，といった全体の枠組の中での位置付けないし関係付けという視点が，そこでは欠落してしまっているのである。

また，③その「転換」の根拠も明らかではないように思われる。例えば，必要性の論理以外から，その「転換」を理論的に正当化し得るのかについては，疑問が残る。

そして，④そもそも収益費用観および資産負債観とは一体何なのか明らかではないように思われる。すなわち，収益費用観および資産負債観とされているものの，そもそもの解釈が本当に妥当であるのかといった点についても，明らかではないように思われるのである。

このように，デリバティブのオンバランス化の根拠を資産負債観に求める立場は問題なしとはいえないのだが，この点を敷衍するならば，資産負債観の問題は，契約会計の問題とも重なるように筆者には思われる。

すなわち，デリバティブのオンバランス化のもう1つの通説としては，契約会計の考え方があるが，この契約会計については，例えば，現行の体系とは異なるものであるとか，しかしながら必要だから導入しようだとか，そういった議論がなされている。そしてここでの議論はまさに資産負債観にも重なるところがあるように思われる。つまり，資産負債観への「転換」は，結局のところ契約会計の「導入」と同じような問題点があるように思われるし，また，そうであるからこそ，これとはまた違った視点から，デリバティブ会計を説明する論理が求められるように思われるのである[11]。

(4) 実証的会計理論（positive accounting theory）との関係

次に，実証的会計理論（positive accounting theory）との関係についても述べておくことにする。ここでは，実証的会計理論および本研究の「理論の中身」

というより，むしろ両者の「考え方ないし発想」そのものについて述べることにする。

　本研究と実証的会計理論の関係についていえるのは，両者は相互補完の関係にあるということである。この点については，石川［2001b］のいう外生的ユースフルネス（外的有用性・制度的要請）と内在的コンシステンシー（理論としての首尾一貫性。内的整合性）という概念[12]が重要になる。ここで石川［2001b］は，両者を探求していくことの重要性を述べているが，一方，実証的会計理論は計量的・統計的に外生的ユースフルネス（外的有用性・制度的要請）を探求する立場であり，他方，本研究は，記述的にそして複式簿記機構を重視して，会計構造的側面から内在的コンシステンシー（理論としての首尾一貫性。内的整合性）を探求する立場であるといえる。すなわち，本研究は，実証的会計理論がブラックボックス化してしまう会計構造的側面を明らかにして，その観点からの説明理論の構築を目指すという意味で，実証的会計理論とは相互補完の関係にあるし，また両者は大枠では融合していくべき関係にあるといえる。この意味で，本研究は，実証的会計理論とはまた違った意味での存在意義を有するといってよいだろう。また，この点に関して，辻山［1991］は，以下のように述べている。「……（中略）……（会計情報の機能論的研究は———田口注）発生主義会計の中身を所与とし，あるいはあたかもブラック・ボックスのようにみなして，もっぱらその情報としての有用性を問題にしていたが，そのようなアプローチこそ,現代会計の混乱の原因の一つであるからである。たとえ困難であっても，ブラック・ボックスの構造の解明に向けて不断の歩みが進められなければならないことは論をまたない」(p.225。傍点は田口)。まさに本研究は，デリバティブの会計問題を単に有用性の観点からではなく，辻山［1991］のいう「ブラック・ボックスの構造の解明」の観点から検討したものであるといえよう。

　またこの点を更に敷衍させて，本研究の立場を相対化させると次のようになる。ここでは，津守［2002］のいう「計算」と「公開」という視点[13]が重要となる。すなわち，津守［2002］は，「ここ（ヨリ具体的には，現行会計が原価・時価

第6章 纏めと展望

（増価）の併存する体系となっているということや，包括利益計算書に係る問題（貸借対照表と損益計算書の連繋問題）を指す―――田口注）には会計理論が取り上げるべき重要な問題が提起されている。」（p.396）としたうえで，「会計理論は，このような『会計政治化』の未曾有の進展に直面して，政治的にではなく理論的に，また『公開』に回避するのではなく『計算』に即して，問題の解決に努めるべきである。その場合，会計学の主体性・学としての批判性の堅持，ひいては自己を相対化することのできる構造を具えた会計理論（『メタ理論』を内蔵した会計理論）の構築が不可欠であろう。」（p.397）と述べ，あくまで「計算」の視点から会計問題を解決することの重要性を述べているが，本研究は，まさに「計算」の視点から，デリバティブの会計問題を解き明かそうとするものである。つまり，現行会計が，複式簿記機構により勘定を辿ることで投資家に対して会計情報を提供している点を重視し，あくまで「計算」の視点から，この問題を解き明かそうとしているのが，本研究の基本的立場といえよう。

近年，「出来上がったものとしての財務諸表」を出発点とした利益の量的分析（利益額と株価ないし利害関係者との関係）が重視されている。そしてこのような立場からすれば（例えば損益に関していえば），デリバティブ損益が決済から生じるものなのか，それともポジションをとり続けることから生じるものなのか，といった質的な側面はあまり重視されないのかもしれない。

しかしながら，現行の企業会計は，投資者に対して，あくまで誘導法を前提として（勘定を辿ることで）企業の経済活動を伝達しようとするものなのである。そしてこのような「財務諸表が作成される一連のプロセス」というものを重視するのであれば，利益というものがどのようにして産み出されるのか，といった利益の質的分析を捨象することは出来ないだろう。であれば，デリバティブ損益が決済から生じるものなのか，それともポジションをとり続けることから生じるものなのか，といった質的な違いを無視することは出来ないし，むしろ，そのような違いは企業会計上大きな問題となるように思われる[14]。このように本研究は「計算」の視点から，デリバティブの会計問題を解き明かそうとする点で，一定の存在意義を有するといえる。

Ⅱ 今後の検討課題

(1) はじめに

　次に今後の検討課題について述べる。今後の検討課題は大きく2つある。まず第1は，資本維持概念に係る検討課題であり，これを（2）で取り上げる。また第2は，デリバティブ負債に係る検討課題であり，これを（3）で取り上げることにする。

(2) 資本維持概念に係る検討課題

　第1の検討課題は，デリバティブの会計と資本維持概念との関係である。例えば，先行研究においては，金融商品に関して，現在市場収益率を維持するという意味での資本維持（以下，CMR資本維持と略す）という新たな概念が提唱されている[15]が，これが意味するところが一体何なのかという点について，今後踏み込んだ議論が必要となるように思われる。
　例えば，本研究第3章の先物契約に関して，値洗基準・両建法を想定するならば[16]，そして特に企業資本等式等により，一方，借方を企業資本の運用形態として，また他方，貸方を企業資本の調達源泉として，それぞれ捉えるのであれば，デリバティブといえども，資本調達，ならびに，当該調達資本の投下による資本運用，そして，当該運用形態に関しての資本の回収，という一連のプロセスが想定し得ることとなる。そしてそうであれば（そして，もし仮に資本維持という概念を投下資本の維持回収計算という意味で用いるのであれば），金融商品，特にデリバティブについても，通常の名目資本維持概念を（従来通り）想定し得るようにも思われる。であれば，一体何故，CMR資本維持という新たな概念が提唱されているのか，この点について，従来の資本維持概念との関係付け

の中で解明していくことが1つ重要となる[17]。

(3) デリバティブ負債に係る検討課題

また第2の検討課題は、デリバティブ負債に係るものである。ここで、デリバティブ負債を整理すると、＜図表6－3＞のようになる。

＜図表6－3＞ デリバティブ負債の整理

フォワード型 デリバティブ	値洗基準・両建法におけるデリバティブ負債	資産と対になって計上
	値洗基準・「純額法」におけるデリバティブ負債	負債単独で計上
オプション型デリバティブ		負債単独で計上

＜図表6－3＞のうち、本研究では、フォワード型デリバティブ（先物契約、金利スワップ）に係るデリバティブ負債を第3・4章で取り扱ったが、オプション型デリバティブに係るデリバティブ負債（例えば、売建コール・オプション）については検討の対象とはしていない。そこで、この点について更なる検討を進めていく必要がある。特にこの点は会計構造全体とも関係する重要な問題となろう。

例えば、田口［2005］では、デリバティブ負債の検討にあたり、従来型の「＋／－型」（資本等式のように、資産をプラスの概念と解したうえで、負債をそのマイナス概念とする体系）や「＋／＋型」（貸借対照表等式や企業資本等式のように、負債を、資産とは別個独立したプラスの概念と捉える体系）だけでなく、「＋／＋－型」（「＋／＋型」の派生型として、借方側を運用形態として、他方、貸方側にマイナス（ポジション）の運用形態とプラスの調達源泉とを併存させる体系）の可能性が示唆されている。特に、オプション型デリバティブに係るデリバティブ負債は、マイナスポジションの運用形態との解釈が可能なものも存在することから、会計全体としては、新たな「＋／＋－型」という説明体系が求められる可能性もないわけではない。

この点からすれば，オプション型のデリバティブ負債の問題は，まさに会計の全体像を問う大きな問題になるように思われる。この意味でも，オプション型デリバティブ負債について，早急に理論研究を進めていく必要があろう。特に，売建コール・オプションの他，現在大きな問題となっているストック・オプションの会計[18]や新株予約権付社債の会計[19]，売建プット・オプションの会計[20]について，ヨリ具体的な理論研究を進めていく必要があるだろう。

Ⅲ　企業会計的変容の深化

（1）　企業会計的変容の深化

　本研究では，デリバティブ資産を企業資本等式における派遣分として捉えたが，その資本派遣過程について，一体何処に対する資本派遣なのかが大きなポイントとなった。この点は，今後の検討課題となるところでもあるので，あくまで暫定的に，ということであるが，ここで改めて総括的な整理を行うことにしたい。

　企業資本等式における企業資本の運用形態たる派遣分については，企業外部への派遣が想定されているものについても（またそのうち利潤を産むものに限定しても）[21]，その企業外部が指し示す内容が何かという点で，現時点では以下のような細分類があるのかもしれない。まず①貸付金（売掛金・割引債等）や第4章で取り上げたスワップ資産は，市場を介さず直接的に他企業へ資本を派遣することが予定されている[22]。また，②有価証券は，市場を介して間接的に他企業へ資本を派遣することが予定されている[23]し，第5章で検討したオプション資産は，市場を介して間接的に匿名の相手企業（特定し得ない他企業）へ資本を派遣することが予定されている。これに対して，③第3章で検討した先物資産は，先物市場（クリアリング・ハウス）に対して資本を派遣することが予定されてい

るということになる。

　つまり，①および②のタイプの派遣分については，(直接的・間接的という違いはあるにせよ，最終的には) 他企業への資本派遣ということが想定されているのに対して，③のタイプについては，他企業への資本派遣というよりはむしろ，ヨリ広く市場 (クリアリング・ハウス) への資本派遣ということが想定されることになる。このように考えると，派遣分概念 (ないし企業会計的変容) については，今後更なる'深化'が重要となろう。また，このうち，フォワード型デリバティブに係る先物資産とスワップ資産については，本研究によれば，そのような資本派遣に見合う (しかも同じ相手先からの) 資本の調達が存在しているということになるが，このように考えていくと，デリバティブの会計を考えるうえでは，派遣分それ自体の細分類ないし再整理も重要であるが，そのような資本運用に対する調達側をも含めた，ヨリ立体的な整理を行うことが，今後の重要な検討課題となるように思われる[24]。

（2）属性的定義と関係的定義

　次に，派遣分という概念からして，ここでの'企業会計的変容の深化'というものが理論的にみとめられるのかについて検討することにしよう。つまり，派遣分に係る資本派遣先の概念変更が，理論的根拠のない安易な「拡張」にしか過ぎないのか (そのような安易な「拡張」は理論の「解消」に繋がってしまうだろう[25])，それとも理論的妥当性を伴った正当な概念変更なのかがここで問われなければならない。そして，ここでのポイントは，属性的定義と関係的定義である。

　笠井［2000 b］によれば，ある基本的カテゴリーを特定の理論体系に組み込むためには，まず，具体的にいかなる属性がそこに含まれるのかという「定義」が必要となるという[26]。そして更に，複式簿記を不可欠とする測定機構としての企業会計においては，2種類の定義，すなわち，関係的定義と属性的定義とを考えなければならないという。

前者は，会計の基本的枠組の形成を念頭に置きながら，その基本的勘定カテゴリーと，その体系内に存在する他の諸基本的勘定カテゴリーとの関係を定めるという意味での定義であり，構造的定義ともいえるものである。これは，企業資本等式を構成する7つの基本的勘定カテゴリーに相当する。例えば，派遣分という基本的勘定カテゴリーは，待機分・充用分・費消分および算段分・蓄積分・稼得分と，企業資本等式に示されているような関係を結んでいるし，また，派遣分における資本派遣過程と，充用分における価値生産過程とでは，その構造を根本的に異にしているが，派遣分という基本的勘定カテゴリーの定義は，充用分とのそうした会計構造上のパターンの相違をも内包しているのである。派遣分という基本的勘定カテゴリーは，このような意味で関係的定義といえ，またそれは不偏性をもったものとなるのである[27]。

　一方，後者の属性的定義とは，現実の経験対象の歴史的変化を念頭に置きながら，当該基本的勘定カテゴリーがカヴァーする範囲を限定するという意味での定義を指す。例えば，派遣分という関係的定義それ自体は，その時々の歴史的な状況の中で，資本派遣過程に存在し得る経済財の内容までをも具体的に指示し得るものではない。すなわち，資本派遣過程に存在し得る経済財の具体的内容は，その時々の経済状況によって歴史的に規定されることとなり，それを普遍的に定義することは出来ないのである。そこで，派遣分という関係的定義のもとで，歴史性に規定された経済状況を勘案しながら，資本派遣過程に存在し得る経済財を指示するものが，属性的定義ということになる[28]。以上のように考えるとするならば，定義といえば，まず複式簿記によって技術的に規定された関係的定義が存在し，そしてその関係的定義のもとで，その時々の経済状況によって歴史的に規定された属性的定義が与えられることになるのである[29]。

　そして，金融技術の発展等を背景としたデリバティブという新しい経済事象の登場，および，それによる‘企業会計的変容の深化’は，まさに後者の属性的定義と関連した問題であるといえよう。そして，属性的定義の性質からすれば，その深化は理論的妥当性を有するもの（安易な「拡張」ではない）と考えられる。すなわち，上述のように，第1次金融商品までをカヴァーしていた派遣

第 6 章 纏めと展望

分の「他企業への資本派遣」という属性的定義は，デリバティブという新しい経済事象の登場により，「市場への資本派遣」までも指し示すこととなったが，ここで「何処に対する資本派遣か」という問題は，上述の属性的定義の概念からすれば，（派遣分という関係的定義に制約されつつも）その時々の経済状況によって歴史的に規定されるものとなる。よって，先物資産に係る「市場への資本派遣」については，派遣分という関係的定義を崩すことなく，属性的定義のみが歴史的・経済的状況の変化により変更されただけと捉えることが出来る。そうであれば，ここでの「市場への資本派遣」は，単なる安易な「拡張」ではなく，理論的妥当性を有する正当な概念変更（まさに深化）と位置付けることが出来るだろう[30]。

なお，この点に関連して，例えば笠井［2000ｂ］は次のように述べている。

「……（中略）……新しい経済事象（企業の経済活動）を，従来の会計事象との調和をも念頭におきつつ，どのように統合化してゆくのか，さらには，そうした新しい経済事象（企業の経済活動）をも視野に入れながら，会計の枠組をどのように再構築してゆくのか，……（中略）……その新しい事象をも，会計の枠組の中に調和的に受け入れ（あるいは調和的に受け入れられるように，会計の枠組を再構築し），会計事象化しなければならないはずなのである。」（p.835。）

ここでの「新しい経済事象」としては，まさに本研究が対象としたデリバティブが当てはまるだろう。また，「従来の会計事象」としては，例えば，同じ派遣分に属する有価証券等の第１次金融商品などが挙げられよう。まさに笠井［2000ｂ］のいうように，デリバティブという新しい経済事象を，会計の枠組の中にどのように調和的に受け入れていくか（会計の枠組をどのように再構築していくのか），どのように会計事象化していくのか，この点こそが，まさに現代会計の論理を解き明かしていくうえで１つ重要なポイントとなるであろうし，またこの点の解明こそが筆者に課せられた今後の大きな課題といえよう。

Ⅳ　おわりに

　ここまでの議論を通じて，少なくとも以下の2つの点については明らかになったように思われる。

　第1は，デリバティブの会計処理を巡る問題は，決して一筋縄ではいかないということである。すなわち，この問題は，ただ単純に有価証券の延長として解決出来るという性質のものではないし，また，ただ単純に何か新しい枠組に転換することで解決出来るという性質のものでもない。今後も，（全体的な視点を持ちつつも）個別的かつ具体的な検討を進めていく必要がある。

　また，第2は，仕訳ないしは会計構造の重要性である。

　すなわち，第1章でも述べた通り，金融商品ないしはデリバティブに係る会計問題を巡る先行研究の多くでは，会計機能論と会計測定論とがただ単純に結び付けられた議論がなされていたように思われる。例えば，「有用だから時価（もしくはオンバランス）」であるとか，「会計責任だから原価（もしくはオフバランス）」であるとか，そういった議論がなされていたように思われるのである。しかしながら，このような議論においては，企業会計の全体像を鑑みると，実は重要な視点が欠落してしまっているように思われるのである。すなわち，現行の企業会計は，投資者に対して，あくまで勘定を辿ることで，企業の経済活動の全体を伝達しようとするものなのである。そして，このような企業会計の全体像を踏まえるならば，会計機能論と会計測定論とをただ単純に結び付けて議論をなすのではなく，実際の仕訳を踏まえた議論をなすことが，（少なくとも理論研究においては）求められるように思われるのである[31]。

　そしてこのように，勘定を辿った説明理論構築が重要となるのは，複式簿記機構が，企業の経済活動の全体を捉えるものであるからこそである。そしてここでは，山桝［1983］の以下の記述が重要となろう。

第6章 纏めと展望

「……（中略）……企業の経済活動は，これを企業資本の自己増殖運動として把握することが出来るところから，企業の簿記は，そのような運動の経過ないし顛末を計算的に明らかにし，計算の面から企業資本の統一的・全体的な管理を行うための装置としての意味を持つ。従ってそこでは，企業において不断に展開される一切の経済活動，すなわち一切の取引が，かの勘定形式による計算方法でもって，終始，秩序的・有機的に遂行されることになるわけである。」（p.34。但し，傍点は田口）

山桝［1983］がいうように，複式簿記機構は，企業の経済活動の全体を捉えるものである。よって企業会計についてのヨリ精緻で，ヨリ首尾一貫した合理的な説明理論を構築するためには，このような複式簿記機構を重視した研究というものが，1つ重要となるように筆者には思われるのである。

（注）
1) ちなみに，同じフォワード型デリバティブであっても，例えば先物契約における決済基準の位置付けと，金利スワップにおける決済基準の位置付けは，実は異なっているという点にも着目しておきたい。すなわち，先物契約における決済基準は，第3章で検討したように，原資産を中心に捉える見解における具体的会計処理方法の1つとして位置付けられるのに対して，金利スワップにおける決済基準は，第4章で検討したように（そのような位置付けとは異なり）合成商品説のような立場との関連で位置付けられることとなる。このように，同じデリバティブの，そして一見すると同じようにもみえる会計処理方法であっても，実はその位置付けはまったく異なるということは十分にあり得るのである。そしてこの意味でも，デリバティブに係る会計問題は決して一筋縄ではいかず，解決すべき課題は多いように思われる。
2) ＩＡＳＣ［1989］，ＦＡＳＢ［1985］，および，石川［2001ｃ］pp.104－106を参照。
3) なお，ここでの「連続」および「断絶」という用語の示す意味内容については，第5章補論5－1を参照。
4) 笠井［2000ｂ］第9章参照。
5) ここでは企業会計的変容（特に企業的変容）という概念が重要となる。笠井［2000ｂ］pp.362－364参照。
6) 笠井［2000ｂ］第17章参照。

7）笠井［2000ｂ］，および，笠井［2004ｃ］参照。
8）この「否定の論理」という概念は，笠井昭次教授が，「財務会計各論」（慶應義塾大学商学部，2002年度秋学期）において講述していたものである。
9）例えば，庄司［2000］等を参照。
10）石川［2001ｃ］pp.104－105参照。
11）なお，この点については，笠井［2003ａ］（特にp.21図表３）をあわせて参照されたい。
12）石川［2001ｂ］p.207参照。なお，これらのうち内在的コンシステンシー（内的整合性）については，企業会計基準委員会［2004］においても，その重要性が明示されている（例えば，「会計情報の質的特性」を参照）。また，両者が相互補完であるという点については，例えば本研究第３章注62を参照。本研究の「投下資本なくして利潤なし」の発想が実証研究とも相互補完的といえる'ヒント'を提示している。
13）津守［2002］（特にp.397）参照。なお，津守［1996］についてもあわせて参照されたい。
14）なお，このような「出来上がったものとしての財務諸表」を重視して理論構築するのか，それとも「財務諸表が作成される一連のプロセス」を重視して理論構築するのかという違いの背後には，笠井［2001ｂ］のいう財務諸表中心観と記録中心観との対立がある。笠井［2001ｂ］pp.79－82（特にp.81図表20）参照。
15）ＩＡＳＣ［1997］およびＪＷＧ［2000］等を参照。
16）なお，値洗基準・「純額法」については，デリバティブの特質の１つである「最初の現金支出がない」ということが，「最初の資本投下がない」というかたちで理解されてしまっている。そして，このように理解されてしまっているからこそ，先行研究にあるように「デリバティブには維持すべき資本がそもそもないのではないか」もしくは「従来の資本維持概念では説明できないのではないか」という問題提起がなされることとなるようにも思われるのである。つまり，ＣＭＲ資本維持のような新たな資本維持概念が提唱される要因の１つは，現行会計基準が，値洗基準・「純額法」を採用しているということ（もしくは先行研究の多くが，値洗基準・「純額法」を前提として議論しているということ）にあるのかもしれない。
17）また，もし仮に，資本維持概念を利益額の相違という意味で用いるならば，デリバティブについても通常の名目資本維持における利益と解することが出来るように思われる。そして，このように考えていくと，ＣＭＲ資本維持がいうところの「資本維持」とは，従来のそれとは違った意味合いで用いられているように思われるのである（つまり，それが指し示す対象うんぬん以前に，概念それ自体が従来とは違う意味で用いられてしまっているため，そもそも議論のレヴェルがそろっていないようにも思われるのである）。であれば，そこでいう「資本維持」とは一体何なのか（そもそも資本維持という用語で包摂し得る概念なのか），そして，従来のそれとはどのような意味で異なるのか，という点について，踏み込んだ考察が必要となるように思われるのである。

第6章 纏めと展望

18) 例えば，柴[1999b]，桃田[2001]，竹口[2001]，與三野[2002]，田中[2003]，および，斎藤[2004]等を参照。
19) 例えば，野口[1999][2004]等を参照。
20) この点については，特に自社株を対象とした売建プット・オプション(put option written on an enterprises' own stock)に係る会計処理の問題が重要となろう。この問題については，例えば古賀[2003]，もしくは秋葉[2003] pp.100–104等を参照。
21) 厳密にいえば，企業資本等式における派遣分は，企業内派遣ともいうべきもの（設備資産の残存価額等）と企業外派遣ともいうべきものとに大別でき，また，企業外派遣のカテゴリーにおいても利潤を産むものと産まないもの（例えば前渡金）とに分けられるのかもしれない。そして，この点も含めて，広い視野での再検討が必要であるように思われるのである。なお，この点については，笠井[1997] pp.47–51等を参照。
22) 貸付金等については，笠井[2000b] pp.691–704等を参照されたい。なお，同じ①のタイプに属する派遣分でも，前者の測定規約は増価，後者の測定規約は公正価値（時価）というように，それぞれ異なっている。
23) 笠井[2000b] pp.704–708参照。
24) なお，笠井[2000b] pp.733–734等においても，派遣分の細分類およびそれぞれの認識・測定規約に関する詳細な研究の重要性が示唆されている。
25) 安易な理論の「拡張」が，理論の「解消」へ繋がる危険については，山桝[1982]参照。
26) 笠井[2000b] p.500参照。
27) 笠井[2000b] pp.500–501。またこの意味で，関係的定義は，技術的側面から会計の本質を定めるものといえる。
28) 笠井[2000b] p.501。
29) 笠井[2000b] p.502。
30) デリバティブ会計の問題を，ここでの'企業会計的変容の深化'（派遣分が指し示す経済対象の範囲が拡大したこと）のように説明対象の拡大として（そして説明理論の深化として）捉えるのか，それとも，資産負債観への転換等のように，会計の枠組自体の転換として（新たな規範理論の提唱として）捉えるのかは，理論的に大きな別れ道となろう。この点については，笠井[2003a][2004e]を参照のこと。
31) そしてこのことは，先に述べた内在的コンシステンシーを探求していくことの重要性にも繋がるように思われる。石川[2001b] p.207参照。

参 考 文 献

赤川元章 [1980]「『擬制資本』の概念について」渡辺佐平編著『マルクス金融論の周辺』法政大学出版局
秋葉賢一 [2003]「第5章 デリバティブの会計」田中建二編『金融リスクの会計』東京経済情報出版
明日山俊秀 [1989]「先物取引と原価主義・実現主義会計」『企業会計』第41巻第6号
新井清光 [1978]『会計公準論（増補版）』中央経済社
─── ・白鳥庄之助編 [1990]『先物・オプション取引等会計基準詳解』中央経済社
新井啓 [1997]「第5章 証拠金の経済的効果の測定」岩田暁一編『先物・オプション市場の計量分析』慶應義塾大学出版会
─── [2004]『ファイナンス入門』慶應義塾大学出版会
池田昌幸 [2000]『オプション評価と企業金融の理論』東京大学出版会
井尻雄士 [1968]『会計測定の基礎－数学的・経済学的・行動学的探求－』東洋経済新報社
─── [1976]『会計測定の理論』東洋経済新報社
石川純治 [1999]「笠井理論の学説論的意義－有価証券の時価評価と保有損益の論拠を巡って－」『三田商学研究』第42巻第4号
─── [2000]『時価会計の基本問題』中央経済社
─── [2001 a]「時価会計と資本利益計算の変容」大阪市立大学ワーキングペーパー No.200105
─── [2001 b]「ディスカッションⅨ－1」日本会計研究学会特別委員会『会計基準の動向と基礎概念の研究（最終報告）』
─── [2001 c]『キャッシュフロー簿記会計論（改訂版）』森山書店
─── [2002 a]「時価会計と資本利益計算の変容（上）－社会科学としての時価会計」『経営研究』第53巻第2号, 大阪市立大学経営学会
─── [2002 b]「金融商品会計の理論的基礎－再構成の可能性を求めて」『企業会計』第54巻第12号
─── [2004]「現代企業会計の全体的あり方－「配分」と「評価」の関係性を巡って－」『経済学論集』第36巻第1号, 駒沢大学経済学会
井上良二 [1993]「有価証券評価益の会計処理について」『会計』第144巻第2号

─────[1995]「原価主義会計と価値会計の論理」『会計』第148巻2号
─────[1996]「市場性ある有価証券の性格とその測定」『ＪＩＣＰＡジャーナル』第487号
─────[1999]「時価会計の論理構造」『会計』第156巻2号
─────[2000]「時価会計における減損会計の意味」『会計』第158巻6号
岩田暁一［1989］『先物とオプションの理論』東洋経済新報社
上野清貴［1998］『会計の論理構造』税務経理協会
宇佐美洋［2000］『入門先物市場』東洋経済新報社
内川菊義［2002］「歴史的原価と割引現在価値」『会計』第162巻第6号
浦崎直浩［1993］「取引概念の拡大とその会計的認識－未履行契約の認識をめぐって－」『会計』第143巻第4号
─────[2002]『公正価値会計』森山書店
大石桂一［2000］『アメリカ会計規制論』白桃書房
大城康子［2002］「第3章 オプション会計の評価と公正価値会計」豊岡隆編『変革期における会計と経営の展望』同文舘出版
大塚宗春編［1999］『逐条解説金融商品会計基準』中央経済社
大村敬一［1999］『現代ファイナンス』有斐閣
荻茂生［2002］『金融商品の全面時価評価－フェアバリュー・アカウンティング』中央経済社
─────・川本修司［1997］『デリバティブの会計実務』中央経済社
奥村雅史［1991］「オプション取引における会計上の問題－討議報告86-2のヘッジ会計をめぐって－」『早稲田商学』第349号
大日方隆［1991］「第5章第4節 オプション投資の業績測定」米国財務会計基準（金融商品）研究委員会編『金融商品をめぐる米国財務会計基準の動向：基準の解説と検討』企業財務制度研究会
─────[1995ａ]「先物投資の業績測定」『経済学研究』第61巻第3・4号，九州大学経済学会
─────[1995ｂ]「先物によるヘッジ活動の業績測定」『横浜経営研究』第16巻第3号，横浜国立大学経営学会
─────[2002]「Ⅳ－2章利益の概念と情報価値（2）－純利益と包括利益－」斎藤静樹編『会計基準の基礎概念』中央経済社
オプション取引会計基準研究委員会編［1992］『オプション取引会計基準研究委員会報告オプション取引会計基準形成に向けての調査研究』企業財務制度研究会

参 考 文 献

加古宜士 [1991]「公表財務諸表制度における時価情報の地位」『会計』第139巻第3号
笠井昭次 [1989]『会計的統合の系譜』慶應通信
─────［1995］「有価証券の評価に関する学説の諸類型」『三田商学研究』第38巻第1号
─────［1996］『会計構造の論理（改訂版）』税務経理協会
─────［1997］「貨幣性資産・費用性資産分類論の総合的検討－意味論的検討(1)－」『三田商学研究』第40巻第3号
─────［2000 a］「原価・時価・増価の統合の論理」『会計』第157巻第1号
─────［2000 b］『会計の論理』税務経理協会
─────［2001 a］「いわゆる保有損益の3類型」『三田商学研究』第44巻第3号
─────［2001 b］「有価証券損益の性格」『三田商学研究』第44巻第5号
─────［2002－2003］「貨幣性資産・費用性資産分類論に関する総合的検討(1)－(7)」『三田商学研究』第45巻第2号－第46巻第2号
─────［2003 a］「第3章 複式簿記機構と時価評価」会計学研究連絡委員会編『情報技術革新と会計学の課題』日本学術会議第18期会計学研究連絡委員会
─────［2003－2004］「主観のれん説の総合的検討」『三田商学研究』第46巻第4・5・6号・第47巻第2・3号
─────［2004 a］「現代会計理論の2類型」『三田商学研究』第47巻第1号
─────［2004 b］「実現概念の金融資産への援用可能性－主観のれん説と企業資本等式説との比較検討－」『産業経理』第63巻第4号
─────［2004 c］「金融資産と実現概念(1)(2)」『会計』第165巻第6号・第166巻第1号
─────［2004 d］「先物取引の初期投資欠如説に関する批判的検討－主観のれん説における値洗基準純額法の妥当性の吟味－」『税経通信』第59巻第11号
─────［2004 e］「会計理論における市場の位置付け－主観のれん説と企業資本等式説との比較検討－」『経理研究』第47巻，中央大学経理研究所
可児滋 [1997]『デリバティブズ－その運用とリスク管理－』ときわ総合サービス
椛田龍三 [2001]『自己株式会計論』白桃書房
上江州由正 [1991]「金融商品会計に関する一考察－債券先物取引を中心に－」『商経論集』第19巻第1号，沖縄国際大学商経学部
企業会計基準委員会 [2004]『討議資料：財務会計の概念フレームワーク』
企業会計審議会[1990]『先物・オプション取引等の会計基準に関する意見書等について』
─────［1999 a］『金融商品に係る会計基準』
─────［1999 b］『金融商品に係る会計基準の設定に関する意見書』

企業財務制度研究会訳［1999］『現在価値－キャッシュフローを用いた会計測定－』中央経済社

菊谷正人・岡村勝義・神谷健司［2002］『金融資産・負債と持分の会計処理』中央経済社

北村敬子［1995］「デリバティブ等の会計処理と原価主義会計」『企業会計』第47巻第1号

草野真樹［2005］『利益会計論』森山書店

黒川行治［1995］「序章　オフバランス取引と会計の課題」『オフバランス取引－実態と会計の対応－』財団法人日本証券経済研究所

─────［2001］「温室効果ガス排出枠に関する会計の論理」『三田商学研究』第44巻第5号

─────［2002］「Ⅲ排出枠の先物に関する会計上の取り扱い　1・基本的な考え方」『排出削減における会計および認定問題研究委員会報告書』財団法人地球産業文化研究所

黒澤清［1980］『近代会計学（普及版7訂）』春秋社

古賀智敏［1993］「スワップ会計の基礎理論－金利スワップ取引の会計問題を中心として－」『経営学論集』龍谷大学経営学会，第33巻第2号

─────［1995］「デリバティブとヘッジ会計」『ＪＩＣＰＡジャーナル』第481号

─────［1999］『デリバティブ会計（第2版）』森山書店

─────［2000］『価値創造の会計学』税務経理協会

─────・河﨑照行訳・ＦＡＳＢ編［2000］『デリバティブ会計とヘッジ戦略』東洋経済新報社

─────［2003］「自社株式を対象とした売建プット・オプションと資本の準負債化」『企業会計』第55巻第7号

小林啓孝［2003］『ＭＢＡビジネス金融工学　デリバティブとリアル・オプション』中央経済社

小宮山賢［1993］「オフバランス取引を巡る会計問題」『金融研究』第12巻第3号

─────［2000］『金融商品・年金会計入門（改訂版）』税務経理協会

斎藤静樹［1995］「金融資産の評価をどう考えるか」『ＪＩＣＰＡジャーナル』第479号

─────［1996］「時価会計とヘッジ会計－キャッシュフローのリスクとそのヘッジをめぐって－」山桝忠恕先生十三回忌追悼論文集編集委員会編『山桝忠恕先生十三回忌追悼論文集』税務経理協会

─────［1999］「資産負債の評価基準－金融商品を中心に－」『企業会計』第51巻第

参考文献

1号
─── [2004]「ストック・オプションの費用と資本会計」『会計』第165巻第3号
榊原茂樹・青山護・浅野幸弘（日本証券アナリスト協会編）[1998]『証券投資論（第3版）』日本経済新聞社
桜井久勝 [1995]「資産の本質とオフバランス取引」『税経セミナー』第40巻第16号
─── ・桜井貴憲 [1998]「第6章 銀行のデリバティブ会計情報と株価形成」中野勲・山地秀俊編『21世紀の会計評価論』勁草書房
佐藤信彦 [1993]「第4章第3節 金融商品・オフバランス取引と資産負債概念」会計フロンティア研究会編『財務会計のフロンティア』中央経済社
─── 編 [2003]『業績報告と包括利益』白桃書房
佐藤昌俊 [1986]「第5章 債券先物取引」CPA実務会計研究会編『新金融商品の会計と税務』日本経済新聞社
佐藤孝一・新井清光訳[1962]『アメリカ公認会計士協会会計公準と会計原則』中央経済社
佐藤節也・吉野克文 [1991]『金融ハイテクの経済学』東洋経済新報社
柴健次 [1999a]『テキスト金融情報会計』中央経済社
─── [1999b]『自己株式とストックオプションの会計』新世社
嶌村剛雄 [1991]『国際会計論（第2版）』白桃書房
庄司樹古 [2000]「デリバティブの認識プロセスに関する一考察」『会計』第158巻第3号
白鳥庄之助 [1988]「通貨オプションとヘッジ会計」『企業会計』第40巻第8号
─── ・村本孜・花枝英樹・明石茂生[1996]『金融デリバティブの研究－スワップを中心に－』同文舘出版
─── ・大塚宗春・富山正次・石垣重男・篠原光伸・山田辰己・小宮山賢訳 [1997]『ヘッジ会計（増補版）－基本問題の探求－』中央経済社
─── [2000]「時価主義会計・監査の系譜と21世紀への期待」『会計』第157巻第1号
新日本監査法人編 [2004]『会計処理のための金融工学』中央経済社
須田一幸 [1993]「契約の経済学と会計規制(1)(2)」『会計』第143巻第4－5号
─── [2000]『財務会計の機能－理論と実証－』白桃書房
染谷恭次郎編 [1984]『国際会計論』東洋経済新報社
醍醐聰 [1990]「実現基準の再構成」『企業会計』第42巻第1号
─── [1993]「有価証券評価益論争を考える」『会計』第143巻第5号
─── [1995]「未履行契約の貸借対照表能力」『税経セミナー』第40巻第8号

高寺貞男・草野真樹［2004］「公正価値概念の拡大－その狙いと弱み－」『大阪経大論集』第55巻第2号

高山朋子［1998］「擬制資本と会計(2)－擬制資本の価格および評価損益の取扱について」『東京経済大学会誌（経済学）』第207号

田口聡志［2001］「金利スワップに係る会計処理方法の妥当性を巡って」『三田商学研究』第44巻第5号

─────［2002］「先物契約に係る会計処理方法の再検討」『三田商学研究』第45巻第4号

─────［2003］「先物契約会計の論理－損益の性質に着目して－」『日本簿記学会年報』第18号

─────［2004］「デリバティブ会計と企業会計的変容－現代会計の論理を求めて－」『三田商学研究』第47巻第1号

─────［2005］「企業会計における負債概念－デリバティブ負債の会計的理解を巡って－」『経営情報研究』No.9，多摩大学経営情報学部

竹口圭輔［2001］「ストック・オプションの測定に関する一考察」『産業経理』第60巻第4号

武田隆二［2001］「会計学認識の基点」『企業会計』第53巻第1号

田代樹彦［2000］「デリバティブとキャッシュフロー割引計算」北村敬子・今福愛志編『財務報告のためのキャッシュフロー割引計算』中央経済社

田中建二［1991］『オフバランス取引の会計』同文舘出版

─────［1999］『時価会計入門』中央経済社

─────［2000］「金融商品の認識－デリバティブを中心として－」『日本簿記学会年報』第15号

─────［2003］「ストック・オプション会計と負債概念」『産業経理』第62巻第4号

─────編［2003］『金融リスクの会計』東京経済情報出版

田中茂次［2000］『現代会計学総論（第2版）』中央経済社

田中弘［1999］『原点復帰の会計学－通説を読み直す－』税務経理協会

─────［2001］『会計学の座標軸』税務経理協会

─────［2002］『時価主義を考える（第3版）』中央経済社

茅根聡［1998］『リース会計』新世社

中央監査法人編［1996］『デリバティブの会計と税務』日本経済新聞社

辻山栄子［1991］『所得概念と会計測定』森山書店

─────［2002］「Ⅳ－1章利益の概念と情報価値（1）－実現の考え方－」斎藤静樹

編『会計基準の基礎概念』中央経済社
津守常弘［1996］「第8章　測定・公開と経済学」シャムサンダー・山地秀俊編『企業会計の経済学的分析』中央経済社
─── ［2002］『会計基準形成の論理』森山書店
東京金融先物センター編［1986］『先物金融取引の実務』中央経済社
徳賀芳弘［2001］「マクロ会計政策の評価－政策評価は可能か」『企業会計』第53巻第7号
─── ［2002］「V章　会計における利益観－収益費用中心観と資産負債中心観－」斎藤静樹編『会計基準の基礎概念』中央経済社
徳田行延［2000］「取引概念の拡張－金利スワップ取引を手がかりとして－」『産業経理』第59巻第4号
冨塚嘉一［1997］『会計認識論－科学哲学からのアプローチ―』中央経済社
富山正次［1992］「オプション取引の会計処理と開示」『企業会計』第44巻第12号
中村宣一朗［1992］『会計規制』税務経理協会
日本会計研究学会特別委員会［2001］『各国におけるデリバティブの会計・監査および課税制度に関する総合研究』
日本公認会計士協会［1985］『債券先物取引の会計処理』
─── ［2001］『会計制度委員会報告14号金融商品に関する実務指針』
西澤茂［1992］「契約から生じるコミットメントの会計上の認識－契約会計による現行会計の拡張－」『三田商学研究』第34巻第6号
─── ［1994］「会計上の認識と経済的実質の原則－契約会計に関連して－」『企業会計』第46巻第5号
─── ［1995］「未履行契約の経済的実質と会計上の認識」『会計』第147巻第3号
西村和雄［1995］『ミクロ経済学入門（第2版）』岩波書店
西村寿夫［2003］『リスクとデリバティブ』中央経済社
野口晃弘［1999］『条件付持分証券の会計』新世社
─── ［2004］『条件付新株発行の会計』白桃書房
野村総合研究所編［1991］『新債券運用と投資戦略』金融財政事情研究会
ハル，J．C．（三菱銀行商品開発部訳）［1994］『デリバティブ入門』金融財政事情研究会
─── （小林孝雄監訳）［2001］『先物オプション取引入門』ピアソン・エデュケーション
濱本道正［1988－1989］「会計政策の理論(1)－(10)」『会計』第134巻3号－第135巻5号

林兵磨［1995］「オプション取引の会計情報の検討－ＣＯＦＲＩ報告書を中心に－」『立命館経営学』第33巻第5号

藤井秀樹［1997］『現代企業会計論』森山書店

─────［2002］「英米型会計規制の信念としての意思決定有用性アプローチ－我が国はそれとどう付き合うべきか－」『ＪＩＣＰＡジャーナル』第14巻第8号

─────［2003］「会計基準の調和化をめぐる国際的動向と日本の調和化戦略」『会計』第163巻第2号

藤原浩一［1997］「第2章　先物・オプション市場の機能と役割」岩田暁一編『先物・オプション市場の計量分析』慶應義塾大学出版会

米国財務会計基準（金融商品）研究委員会編［1995］『金融商品をめぐる米国財務会計基準の動向：基準の背景と概要：米国財務会計基準（金融商品）研究委員会報告（上巻・下巻）』企業財務制度研究会

万代勝信［1996］「未履行契約の取り扱いにみる会計の二つの流れ」『産業経理』第55巻第4号

─────［2000］『現代会計の本質と職能』森山書店

─────［2002a］「伝統的会計からみた金融商品の会計処理の位置付け」『会計』第161巻第2号

─────［2002b］「第10章　商品先物取引の会計処理　－会計理論の立場から－」一橋大学大学院商学研究科編『新世紀の先物市場』東洋経済新報社

村井秀樹［1991］「金融先物取引における問題点」『商学集志』第60巻第2・3号，日本大学商学研究会

森田哲彌［1986］「為替予約と債券先物取引の会計」『会計』第129巻第1号

─────［1995］「原価主義会計の再検討」『企業会計』第47巻第1号

嶺輝子［1989］「先物契約の会計処理」『会計』第136巻第2号

八重倉孝［1998］「会計数値による企業評価－Ohlsonモデルの実務への適用」『ＪＩＣＰＡジャーナル』第10巻第4号

─────［2003］「証券投資分析における会計情報の役割」『企業会計』第55巻第9号

矢澤富太郎監修・太田昭和監査法人編［1997］『新金融商品の会計－デリバティブを中心として－』税務経理協会

安平昭二［1991］「勘定理論・会計構造論諸説の類型化とその概観－企業複式簿記の本質の構造論的考察への序説－」『商大論集』第43巻第3号，神戸商科大学経済研究所

山田康裕［1999］「包括利益にかかる連繋問題」『会計史学会年報』第18号

弥永真生［1998］『デリバティブと企業会計法』中央経済社

参 考 文 献

山桝忠恕 [1963]『近代会計理論』国元書房
―――― [1982]「『会計』の定義に関する吟味＜序説＞」『三田商学研究』第25巻第3号
―――― [1983]『複式簿記原理（新訂版）』千倉書房
―――― ・嶌村剛雄 [1992]『体系財務諸表論（理論編四訂版）』税務経理協会
吉田康英 [1999]『金融商品の時価会計論－会計とファイナンスの融合－』税務経理協会
―――― [2001]『金融商品の会計基準－国際基準・米国基準・日本基準の比較－』税務経理協会
―――― [2003]『金融商品会計論－キャッシュフローとリスクの会計－』税務経理協会
與三野禎倫 [2002]『ストック・オプション会計と公正価値測定』千倉書房
若杉敬明 [1988]『企業財務』東京大学出版会
ワッツ，R.L＆ジマーマン，J.L.（須田一幸訳）[1991]『実証理論としての会計学』白桃書房
Barth. M. E, & Landsman. W. R. [1995] "Fundamental Issues Related to Using Fair Value Accounting for Financial Reporting", *Accounting Horizons. Vol.9, No.4*.
Edwards, E.O., & Bell, P.W. [1961] *The Theory and Measurement of Business Income*, University of California Press.
FASB [1985] Elements of Financial Statements, SFACNo. 6
―― [1992] Interpretation No.39, Offsetting of Amounts Related to Certain Contracts.
―― [1993] Statement of Financial Accounting Standards No.115, Accounting for Certain Investments in Debt and Equity Securities.
―― [1998] Statement of Financial Accounting Standards No.133, Accounting for Derivative Instruments and Hedging Activities.
―― [2000] Statement of Financial Accounting Standards No.138, Accounting for Derivative Instruments and Hedging Activities (an amendment of FASB Statement No.133).
―― [2003] Statement of Financial Accounting Standards No.149, Accounting for Derivative Instruments and Hedging Activities (an amendment of FASB Statement No.133).
Hull, J.C. [2000] *Options, Futures, and Other Derivatives,* 4th ed., Prentice-Hall.

IASC[1989] Framework for the Preparation and Presentation of Financial Statement.
―― [1995] International Accounting Standard No.32, Financial Instruments : Disclosure and Presentation.
IASC[1997] Discussion Paper ; Accounting for Financial Assets and Financial Liabilities.
―― [1998] International Accounting Standard No.39, Financial Instruments : Recognition and Measurement.
Ijiri, Yuji [1980] Research Report, Recognition of Contractual Rights and Obligations, FASB.
JWG [2000] Draft Standard ; Financial Instruments and Similar Items.
Nair, Rittenberg & Weygandt [1990] "Accounting for Interest Rate Swaps ― A Critical Evaluation", *Accounting Horizons, September.*
Ohlson, J. A. [1995] "Earnings, Book Values, and Dividends in Equity Valuation", *Contemporary Accounting Research, Vol. 11, No. 2.*
Smithson, C.W. [1987] "The LEGO Approach to Financial Engineering : An Introduction to Forward, Futures, Swap, and Options", *Midland Corporate Finance Journal, Vol. 4, No. 4.*

初出論文一覧
　第1・2章　書き下ろし
　第3章　田口 [2002] [2003] に大幅に加筆修正
　第4章　田口 [2001] に大幅に加筆修正
　第5章　書き下ろし
　第6章　書き下ろし

索　引

〔あ〕

IASB ……………………………288
IASC ……………………………288
アウト・オブ・ザ・マネー ………242
アット・ザ・マネー ………………242
アメリカン型 ……………………239

〔い〕

意思決定有用性 ……………………8
一取引基準 ……………………246, 288
意味論 ……………………………31
イン・ザ・マネー …………………242

〔う〕

「受取利息」………………………156
売建コール・オプション …………302
売建プット・オプション …………302

〔え〕

FASB ……………………………288
エキゾチックオプション …………35

〔お〕

オプション ………………………238
オプション・プレミアム …………238
オプション型デリバティブ………32, 285
オブリゲーション・システム ……125
オンブック ………………………134

〔か〕

外貨建取引 ………………………246
「会計上の属性」…………………45
会計機能論 …………………………8
会計構造 …………………………8, 47
会計システム ……………………17
会計責任説 ………………………15
会計測定論 …………………………8
会計的変容 ………………………208
外生的ユースフルネス ……………298
買建コール・オプション ………32, 237
買建先物契約 ……………………32
価額帰属規則 ……………………70
「拡張の論理」………………10, 49, 258
確定約定 …………………………33
価値生産運動 ……………………89
「可能性の論理」……………………4
貨幣動態説 ………………………27
関係的定義 ………………………303
勘定分類依拠観 …………………27
勘定分類非依拠観 ………………27

〔き〕

企業会計的変容の深化 …………303
企業資本 …………………………307
企業資本運動 ……………………94
企業資本等式 ……………201, 208, 287
企業資本等式説 …………………27
企業資本の運用形態 ……………91
企業資本の調達源泉 ……………91
企業的変容 ………………………208
「擬似決済差益」…………………207
擬似決済 …………………………71
規範理論 …………………………309
基本財規則 ………………………69
キャッシュフロー …………………190
狭義発生主義 ……………………97
記録中心観 ………………………20
均衡思考体系 ……………………64
金融経済 …………………………29
金融商品 ……………………………3
金利スワップ…………………32, 153

金利の期間構造理論 …………………192

〔く〕

「区分の論理」 ……………………10, 49
クリアリング・システム …………99, 137
クリアリング・ハウス ……………100, 285

〔け〕

経済的便益 …………………………288
「計算」と「公開」 …………………298
「契約の連鎖」………………………266
契約会計 ……………………45, 47, 160
決済基準 ………………………………43
「決済基準・両建法」…………………53
原価 ……………………………………27
原価節約利得 ………………………130
現金収支 ………………………………94
現金主義会計 ………………………197
原資産を中心に捉える見解 …………51
現在価値 ……………………………189
現引き …………………………………53
原資産 …………………………42, 238
現代会計の論理 ……………………305

〔こ〕

交換概念 ………………………64, 205
広義の実現基準 ………………………76
行使分 …………………………………89
公正価値 ………………………………3
合成商品説 …………………………158
構造的定義 …………………………304
国民経済のシェーマ ………………208
固定金利 ……………………………153
固定利付債 …………………………171
コモディティ型 ………………………35

〔さ〕

財貨動態説 ……………………………27
財務諸表中心観 ………………………20

先物価格 ………………………………95
先物契約 ………………………………42
先物契約そのものに着目する見解……52
先物市場 ………………………………98
差金決済 ………………………………26
差金決済性 …………………46, 50, 57
算段分 …………………………91, 213

〔し〕

CMR資本維持 ………………………300
時価 ……………………………………3
『時価会計』 …………………………27, 293
時間的損益 …………………193, 291
時間的報酬 …………………………101
資金的裏付け …………………………45
「資産計上・原価基準」 ……………239
「資産計上・公正価値基準」 ………239
資産負債観 …………………13, 29, 135, 295
支出額系統 ………………………67, 69
支出差額 ……………………………128
市場での換金 ………………………272
実現可能性基準 …………………45, 76
実現基準 ………………………………45
実証的会計理論 ……………………297
実物経済 ………………………………29
実物資本・擬制資本説 ………………27
資本維持概念 ………………………300
資本循環シェーマ ……………………62
資本貸与運動 …………………………89
資本等式 ……………………62, 202, 287
資本派遣課程 …………………………65
収益費用観 ……………………13, 297
収支差額 ……………………………128
収入額系統 ……………………………67
収入差額 ……………………………128
充用分 …………………………………89
主観のれん説 …………………………27
『取得原価主義会計』 ………………27, 293
「純粋期待仮説」 ……………………229

索　引

商業資本·················64
証拠金·················116
「将来原資産」·············55
将来キャッシュアウトフロー·······170
将来キャッシュインフロー········170
仕訳·····················8
新株予約権付社債············302

〔す〕

ストック・オプション··········302
スペキュレーター·············99
「スワップ損益」·············156

〔せ〕

正正の関係················201
正の財産···············68, 204
正負の関係················202
説明理論··············10, 309
ゼロ認識··············80, 162
全体の論理·················9

〔そ〕

増価···················27
相殺···················46
相殺権················161, 164
相殺のレヴェル··············78
想定元本·················93
属性的定義················303
測定属性·················67
損益計算書能力··············45

〔た〕

「第1の意味での対応関係」········266
「第2の意味での対応関係」········266
待機分··················89
貸借対照表能力··············45
「単一の債券債務関係」·······32, 275
「断絶」············2, 101, 258, 273

〔ち〕

値洗基準・両建法·············43
値洗制度·················141

〔て〕

デリバティブ················3
デリバティブ負債············301

〔と〕

「投下資本なくして利潤なし」
　················50, 81, 211, 286
「特定期間選好仮説」··········229
匿名の売り手··············267
取引概念·················45

〔な〕

内在的コンシステンシー·········298
内的整合性···············298

〔に〕

「二重の債券債務関係」········32, 275
二取引基準·············246, 288

〔ね〕

値洗基準・「純額法」············43

〔は〕

売却損益·················75
売買目的有価証券··············3
派遣分················89, 210
発生主義会計············197, 229
パラダイム変革···············4

〔ひ〕

非均衡思考体系··············64
必要性の論理················4
「否定の論理」··············296
備忘記録················166

323

ビルディングブロック・アプローチ……35

〔ふ〕

フォワード型デリバティブ…………32, 285
複式簿記機構 ………………………8, 307
負の財産………………………………68, 204
部分の論理 ………………………………9
「＋／＋－型」………………………301
「＋／＋型」…………………………201
「＋／－型」…………………………202
ブラック・ショールズ・モデル ……263
プロダクト型……………………………48
分離可能性………………………………46

〔へ〕

併存会計……………………………27, 293
べき数 …………………………………192
ヘッジ会計…………………………33, 242
ヘッジャー………………………………99
変動金利………………………………153
変動利付債……………………………171

〔ほ〕

包括利益計算書………………………299
ポジション………………………………99
保有損益…………………………………75

ボラティリティ ………………………263
本源価値 ………………………………270

〔み〕

未履行契約…………………………44, 158

〔よ〕

ヨーロピアン型………………………238
予定取引…………………………………33

〔り〕

利益の産出原因………………………274
利益の算出方法………………………274
利子率…………………………………191
リスク移転機能…………………100, 286
「利息・元本交換法」………166, 200, 287
「利息交換法」………………159, 200, 287
流動性……………………………100, 192
流動性選好仮説……………………192, 229

〔れ〕

「連続」………………………1, 258, 273, 291

〔わ〕

割引率…………………………………190

著者紹介

田口　聡志（たぐち・さとし）

略　歴
1974年　千葉に生まれる
1998年　慶應義塾大学商学部卒業
2000年　慶應義塾大学大学院商学研究科前期博士課程修了
同　年　公認会計士第2次試験合格（会計士補登録）
2001年　慶應義塾大学商学部助手（有期契約。～2003年3月まで）
2003年　慶應義塾大学大学院商学研究科後期博士課程単位取得
同　年　新日本監査法人入所（～2004年3月まで）
同　年　財団法人地球産業文化研究所客員研究員（～2004年3月まで）
2004年　慶應義塾大学大学院商学研究科後期博士課程修了(博士(商学))
同　年　多摩大学経営情報学部助教授，現在に至る

著者との契約により検印省略

平成17年10月1日　初　版　発　行

デリバティブ会計の論理

著　者　　田　口　聡　志
発行者　　大　坪　嘉　春
印刷所　　税経印刷株式会社
製本所　　株式会社　三森製本所

発行所　東京都新宿区下落合2丁目5番13号　株式会社　税務経理協会
郵便番号 161-0033　振替 00190-2-187408　電話(03)3953-3301(編集部)
FAX (03)3565-3391　(03)3953-3325(営業部)
URL http://www.zeikei.co.jp/
乱丁・落丁の場合はお取替えいたします。

© 田口聡志 2005　　　　　　Printed in Japan

本書の内容の一部又は全部を無断で複写複製（コピー）することは，法律で認められた場合を除き，著者及び出版社の権利侵害となりますので，コピーの必要がある場合は，予め当社あて許諾を求めて下さい。

ISBN4-419-04565-5　C1063